**Gebrauchsanweisung
für Thailand**

Martin Schacht

**Gebrauchsanweisung
für Thailand**

PIPER

Mehr über unsere Autoren und Bücher:
www.piper.de

Überarbeitete und erweiterte Neuauflage
ISBN 978-3-492-27653-5
4. Auflage 2019
© Piper Verlag GmbH, München 2011, 2015 und 2018
Karte: cartomedia, Karlsruhe
Umschlaggestaltung: Birgit Kohlhaas
Umschlagmotive: Dieter Braun
Satz: le-tex publishing services GmbH, Leipzig
Druck und Bindung: CPI books GmbH, Leck
Printed in the EU

Inhalt

9	Warum ausgerechnet Thailand?
13	Unterwegs
36	Sprechen Sie Thai?
40	Thai-Food
55	Shopping
65	Wohnen
77	Bangkok – Stadt der Engel
84	Der Kern der »Großen Mango«
92	Wie man sich als Tourist anzieht
95	Nightlife – Pussy-Pingpong, Bars und Clubs
103	Der weiße Wahn
106	Khao San Road
111	Muay Thai
116	Pop
121	Neon, Plastik und Design
124	Der leere Blick oder Warum Expats Zyniker sind
130	Bye-bye Visa-Run
134	Politik – Der König ist tot, es lebe der König!
141	Massage

147	Buddhismus
152	Aberglaube und Amulette
163	Die Golfküste
173	Phuket und Phang Nga
182	Koh Samui und die Inseln im Golf
188	Tauchen: Es muss nicht immer Walhai sein
193	Monströse Dschungelblüte
197	Tief im Süden
205	Geziefer
210	Der Norden
217	Der Isaan – Thailands unbekannter Nordosten
221	Das Goldene Dreieck
228	Elepandas und andere Dickhäuter

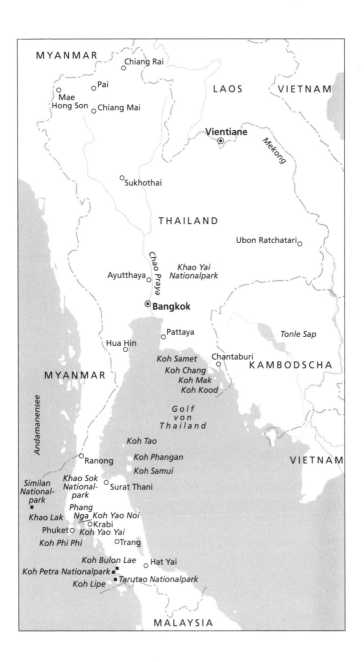

Warum ausgerechnet Thailand?

Sie wollen nach Thailand. Und damit haben Sie recht. Welches andere Land hat schon so angenehme Temperaturen, hervorragendes Essen, kulturelle Highlights und freundliche Einheimische zu bieten? Für Deutsche ist Thailand das exotische Traumziel schlechthin. Gut eine halbe Million von ihnen begibt sich alljährlich auf die Suche nach Traumstränden, spiritueller Erleuchtung oder auch käuflichem Sex. Aber wissen Sie wirklich, was da auf Sie zukommt? Was erwarten Sie? Was wollen Sie? Thailand präsentiert sich gern als exotisches Paradies mit ewig lächelnden Menschen. Aber ist tatsächlich alles so unkompliziert?

Auf den ersten Blick ja. Und auch auf den zweiten. Dann wird es schwieriger. Natürlich kann man sich darauf beschränken, am Strand zu liegen und die Einheimischen nur als freundliches Personal wahrzunehmen, hinter der bunten Fassade jedoch ist Thailand ein Land mit unübersichtlichen politischen Verhältnissen und einer Bevölkerung, hin und her gerissen zwischen der traditionellen Dorfgemeinschaft und der Moderne einer Mega-City wie Bangkok. Was man den

Touristen anbietet, ist nur die oberste Schicht einer Gesellschaft, die von Familie, Hierarchie, Religion und Nation geprägt ist. Selbst wenn man lange in Thailand lebt, stößt man immer wieder an Grenzen und hat das Gefühl, plötzlich nichts mehr zu verstehen.

Über das Wesen der Thais, wenn man das überhaupt verallgemeinern kann, gibt es unterschiedliche Meinungen. Thais sind freundlich und hilfsbereit – das ist der erste Eindruck. Manche Leute glauben aber auch, dass Thais hinter ihrem Lächeln eine gewisse Ausländerfeindlichkeit und Arroganz verbergen. Schließlich war Thailand im Gegensatz zu den anderen Ländern Südostasiens nie eine Kolonie des Westens und oszillierte politisch schon immer zwischen dem Wunsch nach Fortschritt und der Abschottung nach außen. Mit Distanz sind die Thais stets gut gefahren. Deshalb gilt: Auch wenn man Sie anlächelt, bleiben Sie ein Ausländer.

Im alltäglichen Umgang kann ein Lächeln alles Mögliche bedeuten: von »Ich bin glücklich« über »Ich kann dich nicht ausstehen« bis »Ich finde das komisch«. Wenn man sich bedankt, lächelt man, wenn man um etwas bittet, ebenfalls, und auch in Situationen, die jemanden in Verlegenheit bringen könnten. Wenn man sich nicht festlegen will, lächelt man vorsichtshalber. Ausländer missverstehen das gern als Zustimmung, aber Lächeln ist eben die effektivste Art der Konfliktvermeidung.

Thais hassen Auseinandersetzungen. Laut zu werden widerspricht dem Gebot, ein »kühles Herz«, das *yai yen*, zu bewahren – bei uns würde man »kühlen Kopf« sagen, was eigentlich schon wieder etwas über das Wesen der Thais aussagt. Gelassenheit an den Tag zu legen gilt in der thailändischen Gesellschaft in jeder Hinsicht als wünschenswert. Grundlage dieses Verhaltens ist das buddhistische Gebot: »Nichts Böses denken. Nichts Böses sagen. Nichts Böses tun.« Diese Vermeidungsstrategie haben Thais verinnerlicht, und wer nichts

Böses denkt, sagt oder tut – der lächelt eben. Ein weiterer Grund, sich selbst und seine Gefühle zu kontrollieren, ist die Angst, womöglich in der Öffentlichkeit das Gesicht zu verlieren. Das »Gesicht« umfasst dabei alles, was mit dem Selbstbild einer Person zu tun hat und wie andere Menschen sie sehen könnten. Man könnte es mit dem Gefühl vergleichen, sich zu blamieren, nur dass ein Gesichtsverlust viel existenzieller ist. Deshalb sollte man auf gar keinen Fall herumschreien, wenn man ein Problem mit einem Thai hat. Wer wütend wird, verliert dabei sein Gesicht ebenso wie der Beschimpfte. Kritik sollte man eher unter vier Augen und vor allem höflich anbringen. Wann immer es geht, entschärfen Sie die Situation mit einem Lächeln und einem *Mai pen rai*. »Macht nichts.« Für das, was wirklich hinter einem Lächeln steckt, bekommen Sie ganz schnell ein Gefühl.

Mai pen rai ist neben den Begriffen *sabai*, *sanuk* und *suay* der Schlüssel zum »Thai Way of Life«. Der Begriff *sabai* steht für »angenehm« oder »bequem«, und so sollte möglichst das ganze Leben sein. *Sanuk* bedeutet »Spaß haben«. Jede mögliche Aktivität wird danach beurteilt, ob sie Spaß bringen könnte. Was nicht *sanuk* ist, unterlässt man wenn möglich. *Suay* bedeutet »schön« oder »ansprechend«. Thais achten sehr auf Äußerlichkeiten. Beim Kauf eines Gegenstandes ist *suay* oft genauso wichtig wie der funktionale Nutzen, und auch die Erscheinung eines Menschen sollte möglichst ansprechend sein.

Für Ausländer ist die thailändische Gesellschaft wie eine große Familie, in die aufgenommen zu werden beinahe unmöglich ist. Zum Thai-Sein muss man geboren werden. Was sich genau dahinter verbirgt, kann keiner so genau erklären – und als Ausländer begreift man es erst recht nicht.

Allerdings kann es auch passieren, dass man ganz unverhofft als Thai vereinnahmt wird, zumindest wenn es dem Ansehen des Landes dient. Manchmal wird dann sogar die regulär kaum zu erlangende Staatsbürgerschaft verliehen. Man denke an die 2018 unter spektakulären Umständen aus einer überschwemmten Höhle in Nordthailand geretteten Teenager einer Fußballmannschaft. Über Wochen verfolgte die Weltöffentlichkeit gebannt ihr Schicksal. Dass viele der Kinder staatenlose Flüchtlinge waren, die von Bergstämmen aus dem Grenzgebiet zu Myanmar abstammen, tat hinterher nichts mehr zur Sache, und für die Kinder hat sich die Rettung gleich dreifach gelohnt. Sie waren nicht nur mit dem Leben davongekommen, sondern wurden auch mit dem begehrten Thai-Reisepass und einer Reise nach Hollywood belohnt, deren Höhepunkt der Verkauf der Filmrechte an ihrer Geschichte darstellte. Die Höhle wird aktuell zu einem Erlebnispark umgebaut und soll als Touristenattraktion zur Hauptsaison eröffnen.

Was man daraus lernen kann? Manchmal sind Thais sehr überraschend, und wie sie einem gegenübertreten, kann sich schnell ändern und hängt von den Umständen ab. Ich selbst verbringe seit über zwanzig Jahren den Winter in Thailand und werde für die Einheimischen wohl nie mehr sein als ein netter Nachbar. Als ich das erste Mal nach Thailand kam, gab es noch nicht an jeder Ecke ein Thai-Restaurant, und ich hatte keine Idee, worauf ich mich einließ. Eigentlich wollte ich es nur sonnig und günstig haben und war überwältigt von dem, was ich fand. Inzwischen habe ich in Thailand eine tolle Zeit gehabt, SARS, die Vogelgrippe, den Tsunami und drei Militärputsche erlebt, und immer, wenn es in Deutschland ungemütlich wird, packt mich der unbezähmbare Wunsch, in den Flieger nach Bangkok zu steigen. Thailand gibt mir etwas, das ich in Europa nicht finde, ein Versprechen auf etwas Spannendes, Neues, anderes.

Deshalb: Was immer Sie von Thailand erwarten – es wird anders sein als in Ihrer Vorstellung. Thailand wird Sie überraschen.

Unterwegs

Generell ist das Reisen in Thailand kinderleicht und bestens organisiert. Es gibt Flüge, Busse, Sammeltaxis, Taxis und Mopeds, Boote, Flöße, Kutschen und sogar Sänften, die einen in die entlegensten Winkel des Landes transportieren. Selbst wenn man von einem Pick-up mitten auf einer Dschungellichtung abgesetzt wird, kann man sicher sein, dass man zur vereinbarten Zeit von irgendeinem Gefährt abgeholt wird. Und nichts bringt einem so viele Bekanntschaften ein wie ein Zugticket zweiter Klasse ohne Aircondition. Nur die Tuktuks in Bangkok sind etwas für naive Neuankömmlinge, die bedenkenlos jeden Preis akzeptieren, oder Fortgeschrittene, die ihn kennen.

Übrigens ist das Reisen auch für allein reisende Frauen angenehm unkompliziert. Ein Ehering oder eine Ehering-Attrappe macht eine Frau für einen thailändischen Mann unantastbar. Da Europäerinnen und Amerikanerinnen gern mit der Idee von freiem Sex verbunden werden, kann ein sittsames Auftreten dennoch nicht schaden, obwohl viele thailändische Männer gegenüber Europäerinnen ohnehin eher schüchtern agieren. In der thailändischen Gesellschaft wird die Rolle, welche die Frau zu spielen hat, durch ein Sprichwort verdeutlicht: »Stehe vorher auf, gehe später zu Bett.«

Mit anderen Worten: Frauen erledigen einen Großteil der Arbeit, was ihnen ein gesundes Selbstbewusstsein verleiht. Auch wenn Frauen in den Großstädten und vor dem Gesetz heute gleichberechtigt agieren, ist die Gesellschaft patriarchalisch geprägt. Die Faulheit der Männer, auf die sie einen natürlichen Anspruch zu haben glauben, geht manchmal bis zur Unsichtbarkeit, dafür haben die Frauen häufig zu Hause die Hosen an. Im Umgang mit Fremden sind sie oft flexibler als Männer. Wenn ich mir aussuchen darf, ob ich etwas von einem Mann oder einer Frau erledigen lasse, ziehe ich die Frau vor. Thailändische Frauen sind meist sorgfältiger und motivierter, da sie sich nicht einfach auf ihre Stellung als Mann verlassen.

Wer das erste Mal nach Thailand kommt, hat meist einen zehn- bis zwölfstündigen Flug in unbequemer Haltung hinter sich, leidet unter der Zeitverschiebung und sehnt sich nach einer Dusche. Ein Schwall feuchtwarmer Luft trifft ihn bei Verlassen des Flugzeugs, ein kurzer Vorgeschmack auf einen Urlaub in den Tropen, dann ist es wieder kalt, sehr kalt sogar. Wie alle öffentlichen Gebäude ist auch der Flughafen auf Pullitemperatur heruntergekühlt. Leicht benommen möchte man sich fallen lassen in eine Welt aus Traumstränden, Spas und goldenen Buddhas, doch zwischen dem Abstempeln der Einreisekarte und dem Hotelzimmer liegt eine weitere, mehr oder weniger beschwerliche Reise ins Zentrum von Bangkok. Bereits bei den ersten Schritten ins Land kann man jede Menge falsch machen – dabei ist doch eigentlich alles ganz einfach.

Wer nicht zu den privilegierten Gästen jener Luxushotels gehört, die ihre Gäste mit hauseigenen Limousinen und livrierten Fahrern abholen lassen, die sich um das Gepäck kümmern und den Check-in bereits auf der Fahrt in die Stadt abwickeln, sieht sich nach dem Zoll von einem Heer von Limousinenvermietern umringt. Der erste Impuls des gestressten Reisenden ist, einem von ihnen die Taschen in die Hand zu drücken und sich zu entspannen, doch dieser Impuls ist falsch und kann teuer werden.

Vor meinem ersten Besuch in Thailand hatten mich landeskundige Freunde mit ihren Warnungen vor kriminellen Taxifahrern so weit verunsichert, dass ich mich stattdessen für die billigste aller Varianten entschied, den öffentlichen Bus ohne Aircondition. Zweifellos ist auch das eine Möglichkeit, nach Bangkok zu kommen, aber vermutlich die nervenaufreibendste. Deshalb wird sie fast ausschließlich von Locals genutzt oder von Touristen, die entweder krankhaft geizig sind oder es mit dem Wunsch, es der heimischen Bevölkerung gleichzutun, etwas zu genau nehmen. Dieser Wunsch nach vermeintlicher Authentizität, dieses »Wenn die Einheimischen das machen, ist es auch gut für mich«, ist ohnehin eine Sackgasse, die das Reisen nicht nur beschwerlich machen kann, sondern einen auch in den Augen dieser Einheimischen etwas verrückt wirken lässt. Schließlich haben die Touristen ja sonst für alles Geld. Warum nehmen sie dann freiwillig etwas in Kauf, worauf die Einheimischen gern verzichten würden? Gewiss haben Busse, die ohne jeden Stoßdämpfer auszukommen scheinen, einen altmodischen Charme, und es kann Spaß machen, damit durch die Stadt zu fahren, diesen Reiz zu entdecken empfehle ich jedoch nur fortgeschrittenen Thailand-Reisenden.

Ich hievte also meine Tasche in einen solchen Bus und ergatterte einen Stehplatz zwischen palavernden Hausfrauen, die scheinbar einen kompletten Umzug mithilfe jener karierten Gewebeplastiktüten organisierten, ohne die in Asien gar nichts geht, und einem Mann, der mehrere Putzeimer in Neonfarben nebst Schrubbern mit sich führte. Der Bus war voll, und in jeder Kurve fürchtete ich, einen Schrubberstiel ins Auge zu bekommen. Alle Fahrgäste starrten mich an, da ich der einzige Ausländer war, und ich starrte hilflos in das Gesicht der Schaffnerin, die auf mich einredete und hektisch mit einer Blechdose klapperte, in der sie die Rolle mit den Fahrscheinen aufbewahrte. Ich vermutete, dass sie mein Fahrtziel wissen wollte, und murmelte irgendwas von Bangkok City Center, was sie offenbar nicht verstand. Ich beendete die für uns beide peinliche Situation damit, dass ich ihr einen 100-Baht-Schein in die Hand drückte und dafür ein Ticket erhielt. Akribisch zählte ich das Wechselgeld nach und rechnete. Mit zwölf Baht, umgerechnet also 25 Cent, konnte ich, zumindest finanziell gesehen, nicht viel falsch machen.

Sonst dafür umso mehr. Die anschließende Odyssee führte mich durch gesichtslose und hässliche Vororte Bangkoks, vorbei an riesigen Baustellen, Wellblechhütten und Straßenzügen mit maroder Bausubstanz, bis der Fahrer mir schließlich bedeutete, wir seien an der Endstation angekommen. Die Straße war vielspurig; am Straßenrand standen ein paar Garküchen. Darüber spannte sich ein Highway, es war unerträglich heiß und stickig. Am liebsten wäre ich im Bus sitzen geblieben. Schließlich hatte ich keinen Schimmer, wo ich mich befand. Ich vermute mal, es war irgendwo am oberen Ende der Sukhumvit Road, wo sich der Busbahnhof für den Osten befindet. Heute ist dieser Busbahnhof in unmittelbarer Nähe der Skytrain-Station Ekkamai und ausgesprochen gut organisiert. Hier wie auch am nördlichen Busbahnhof Mo Chit und am südlichen Sai Tai Mai verkehren die Busse oft sogar im Stundentakt. Das wusste ich damals jedoch noch nicht, und der Tuktuk-Fahrer, der plötzlich auftauchte, erschien mir wie ein rettender Engel.

Ebenso wenig ahnte ich, dass ich die kommenden Stunden in den Shops irgendwelcher Cousins und Schwäger des freundlichen Tuktuk-Fahrers verbringen würde, die rein zufällig und gerade heute wahnsinnig günstige Edelsteine und Seidenstoffe anzubieten hatten. Tuktuks, diese dreirädrigen Gefährte, die man aus allen Bangkok-Reportagen kennt, sind ein Thema für sich. Sie sehen zwar lustig aus, sind es aber nicht. Schon die Sitzhöhe und das Dach sind so ungünstig, dass man als normal großer Europäer eigentlich nur den Straßenbelag sieht. Natürlich muss man einmal damit fahren, so wie man sich, wenn man in St. Petersburg ist, das Bernsteinzimmer oder in Berlin die Mauerreste ansehen muss. Tuktuks sind laut, sie stinken, und man ist den Abgasen ungeschützt ausgesetzt. Eine Viertelstunde im Tuktuk bringt einen an den Rand der Kohlenmonoxyd-Vergiftung, da sie im Stau (und Stau ist eigentlich immer) meist genau ein paar Zentimeter hinter dem Auspuff eines Lkw zum Stehen kommen. Zudem verhandelt man so lange um den Fahrpreis, bis man entnervt aufgibt und meist genauso viel bezahlt wie für das klimatisierte Taxi.

Aber es geht auch anders! Gehen wir zurück auf Anfang, zurück in die Halle des zumindest unter designerischem Aspekt (Einheimische verfluchen die endlosen Wege) sehr gelungenen neuen Flughafens Suvarnabhumi, zurück zur Situation direkt nach dem Zoll: Folgen Sie hier, ohne sich von Limousinen-Services und privaten Taxifahrern ablenken zu lassen, einfach dem Wegweiser »Public Taxi«. Ich weiß, das fällt schwer nach dem langen Flug und bei all den ungewollten Helfern, aber schon nach wenigen Minuten steht man vor einem Schalter, an dem des Englischen kundige Mitarbeiter das Fahrtziel auf Thai notieren und einen in die Obhut eines zuverlässigen Taxifahrers übergeben, der einen genau dahin bringt, wo man auch hinwill. Dieser Service kostet umgerechnet etwa einen Euro. Den sogenannten Insider-Tipp, dass man die Taxis lieber auf der Abflugebene nehmen solle, weil sie da viel billiger seien, kann man getrost vergessen. Meistens bringt das nichts als Ärger und unnötige Diskussionen über den Fahrpreis. Außerdem fährt vom Flughafen aus ein bequemer Skytrain – durchaus eine Alternative zum Taxi, wenn man wenig Gepäck hat. Allerdings ist zu bedenken, dass man in der Innenstadt sowieso ins Auto umsteigen muss, und das Taxi, das einen direkt zum Hotel bringt, kostet selten mehr als umgerechnet zehn Euro.

Das Einzige, worauf man im Taxi achten muss, ist, dass der Fahrer tatsächlich das gern von Amuletten und Blumengirlanden verhängte Taxameter einschaltet und den Highway in die Stadt nimmt. Zumindest theoretisch gibt es jedoch auch die Möglichkeit, eine gebührenfreie Straße zu nehmen. Wären wir beim Monopoly, entspräche das der Ereigniskarte »Gehe nicht über Los. Ziehe keine 4000 Baht ein«, sprich, man quält sich unberechenbar und stundenlang durch den Verkehr. Mit dem Highway hingegen kann man die Fahrtzeit vom Flughafen in die Innenstadt ziemlich genau auf eine halbe Stunde kalkulieren – und das für umgerechnet acht Euro. Jetzt kann man sich in die Polster sinken lassen und die Fahrt in die Stadt genießen.

Mich erfüllt diese Fahrt jedes Mal aufs Neue mit Vorfreude. Langsam verdichtet sich das ländliche Gebiet, bis dann am Horizont die ersten Hochhäuser auftauchen. Dazwischen springen einem goldene Spitzgiebel ins Auge und riesige LED-Werbetafeln, auf denen hippe und extrem weißhäutige junge Thais coole, fremdartige Produkte anpreisen. Außer einem Häusermeer erkennt man erst einmal gar nichts, und auf den ersten Blick sieht alles gleich aus. Später lernt man dann, Landmarks wie den MahaNakhon-Tower, die Hochhäuser am All Seasons Place, den Siam Square oder den State Tower auf dem Stadtplan zu verorten. Wenn man einmal so weit ist, kennt man sich beinahe schon aus in Bangkok, aber die Stadt erfüllte mich schon beim ersten Besuch mit Respekt: So gigantisch und überwältigend hatte ich mir das alles nicht ausgemalt, und meine Vorstellung, was nun Erste,

Zweite oder Dritte Welt sei, war ins Wanken gekommen. Baustellen, wie sie beispielsweise in Berlin beim Stadtschloss oder am Potsdamer Platz über Jahre als touristische Attraktion herhalten müssen, sieht man hier an jeder Ecke. Nur wie ich mich in dieser Stadt zurechtfinden sollte, wusste ich nicht.

Viele Touristen nehmen diese Herausforderung nicht an und reisen möglichst schnell in ein Resort weiter, wo sie sich nur zwischen Strand und Restaurant orientieren müssen. Für mich jedoch war klar: Wenn ich es hier bis ins Hotel geschafft hatte, würde ich mich auch im Gewirr der Straßen und Sois zurechtfinden. Heute kann ich jedem nur raten: Lassen Sie sich auf diese Zwölf-Millionen-Metropole ein. Es lohnt sich, auch wenn sie einem die ersten Tage vielleicht anstrengend und laut und unübersichtlich vorkommt. Das ist sie auch, aber im Hotel bleiben gilt nicht!

Was viele Besucher missverstehen, ist die Art, wie Bangkok funktioniert. Bangkok ist laut, dreckig, stinkend und heiß, aber auch exotisch, überraschend, wunderschön und romantisch. Um Bangkok zu mögen, muss man begreifen, dass es all das gleichzeitig ist. Und vor allem ist Bangkok keine Stadt zum Flanieren. Es gibt hier keine Boulevards, an denen man gemütlich im Café sitzt und die Leute beobachtet, sondern man sieht zu, wie man von A nach B kommt. An Ort A ist es toll und an Ort B auch, dazwischen ist es hässlich und laut, und was auf dem Stadtplan nach ein paar Querstraßen aussieht, entpuppt sich rasch als schweißtreibender Gewaltmarsch. Am besten fährt man direkt von A nach B und freut sich, dass man nicht durch die Hitze laufen muss. Umso größer ist dann die Entdeckerfreude, wenn man das neue, schicke Restaurant, von dem noch nicht mal der Taxifahrer gehört hat, im 35. Stock eines ansonsten unauffälligen Büroturms tatsächlich findet. Die einzigen Orte in Bangkok, an denen man spazieren gehen und einen Caffè Latte trinken kann, sind die teuren Shopping-Malls, in denen sich eine alternative Indoor-Kaffeehauskultur entwickelt hat. In oder zwischen zwei Shopping-Malls ist die einzige Gelegenheit, zu der man in Bangkok zu Fuß geht, möglichst überdacht. Wenn man sich bewegen will, fährt man ins Gym.

Manchmal und speziell zur Rushhour empfehlen sich auch andere Verkehrsmittel. Alles, was sich in Flussnähe befindet, erkundet man am besten mit dem Boot. Die Boote verkehren von morgens früh bis Sonnenuntergang und verbinden nicht nur die meisten Sehenswürdigkeiten, sondern sind zudem schnell und praktisch. Nirgends sonst hat man einen so unverstellten Blick auf Bangkok wie vom Wasser, und es gibt kaum etwas Schöneres, als kurz vor Sonnenuntergang den Chao-Praya-Fluss hinunterzufahren, vorbei an den großen Hotels, den Chedis des Wat Arun, am Palast, dessen goldene Dächer in der Abendsonne glänzen, und irgendwo, wo es einem gefällt, von Bord zu springen und mit Blick auf den Fluss in einem Restaurant zu dinieren.

Auch der Skytrain und die U-Bahn sind eine gute Alternative, viele Bangkoker haben ihretwegen den Privatwagen abgeschafft. Sie sind sauber und kühl und von allen Verkehrsmitteln die schnellsten. Außerdem sind sie nur zur Rushhour voll und bringen einen meist in die Nähe des Ziels. Für die Kurzstrecken zum Skytrain bieten sich Mopedtaxis an, die in der Regel am Eingang längerer Sois – Querstraßen – warten. Zwar herrscht in Thailand offiziell Helmpflicht, doch die wird meist so ausgelegt, dass es reicht, wenn nur der Fahrer einen Helm trägt. Besonders vorsichtige Fahrgäste haben einen eigenen Helm dabei, aber wer will den schon mit sich herumschleppen? Solange die Fahrer nur Seitenstraßen benutzen, ist das Risiko ohnehin überschaubar.

Man erkennt sie übrigens an ihren roten und grünen Westen. Meistens stehen sie an belebten Ecken, und häufig bieten sie ihre Dienste selbst an. Das geraunte »Want Motobiiike?«, das man nicht unbedingt versteht, wenn man nicht weiß, worum es geht, ist also nichts Ungesetzliches oder Unanständiges, wie man angesichts des verschwörerischen Tonfalls (es ist der gleiche wie bei »Want DVD-Sex?« oder »Have Dior-Copy-Bag!«) denken könnte. Hat man es wirklich eilig, gibt es kaum eine Alternative. Dann heißt es: Reisetasche vorn zwischen die Beine des Fahrers stellen, Helm aufsetzen und ab auf den Rücksitz. Die Mopeds schlängeln sich so schnell durch den Verkehr, dass ich noch manchen schon verloren geglaubten Zug erreicht habe.

Ohnehin ist die Bahn in einer Zeit, wo günstige Airlines wie Air Asia oder Nok Air alle größeren Städte anfliegen, nicht die schnellste Verbindung, aber eine, die man ausprobieren sollte. Im Zug bekommt man ein Gefühl für die Distanzen und die Menschen. Wer Thailand wirklich kennenlernen will, sollte zumindest einmal mit dem Zug fahren. Genau hier lernt man einen Querschnitt der thailändischen Gesellschaft kennen, wie man ihm als Tourist sonst nirgends begegnet. Denn ob man will oder nicht: Die meisten Leute, die man trifft, sind auf die eine oder andere Art als Kunde an einem interessiert. Sei es, weil man ihnen Tickets oder Souvenirs abkauft oder in ihrem Restaurant zu Mittag isst. Im Zug ist man Gleicher unter Gleichen. Auch die anderen Fahrgäste wollen erst mal von A nach B.

Ich war lange nicht mehr mit dem Zug gefahren und hatte mich für den Schlafwagen nach Hat Yai nahe der malaysischen Grenze deshalb entschieden, weil über Weihnachten und Silvester alle Flüge ausgebucht waren und ich mich mit Freunden verabredet hatte. Hat Yai mit seinem großen Busbahnhof ist neben Trang der beste Ausgangspunkt für die Inseln im Süden, aber manchmal ist es gar nicht so einfach, dort hinzukommen. Tatsächlich ist um die Weihnachtsfeiertage, den Jahreswechsel, das chinesische Neujahrfest und das Sonkran-Fest im April oft tagelang alles ausgebucht. Vom Flugzeug bis zum Bus – nichts geht mehr, wenn man nicht rechtzeitig ein Ticket bucht. Manchmal hilft dann wirklich nur noch das Taxi, das bei vorher ausgehandeltem Preis auch über Langstrecken erstaunlich günstig ist. Will man zum Beispiel vom Flughafen Suvarnabhumi in Bangkok direkt in Richtung Koh Chang weiterreisen, ist das Taxi schon zu zweit günstiger und genauso schnell, als wenn man in einen anderen Flieger umsteigt.

In jenem Jahr kam hinzu, dass die Besetzung des Flughafens durch Demonstranten gerade mal ein paar Wochen her war und niemand so recht wusste, wie die politische Situation sich weiterentwickeln würde. Die Lage war angespannt, und die Urlauber waren verunsichert. Zum ersten Mal hatten die schwelenden politischen Unruhen direkt in ihre Belange eingegriffen, was alle beteiligten Parteien sonst tunlichst vermeiden. Selbst von einem Militärputsch bekommt man in Thailand als Tourist normalerweise kaum etwas mit. Jetzt wurden Flüge abgesagt, saßen Gäste in ihren Resorts fest und stellten sich plötzlich Fragen: Würde der Flughafen geöffnet bleiben? Sollte man schnell abreisen? Würde das Militär eingreifen? Gar der König sich äußern? Und war Thailand überhaupt das paradiesische, sichere Urlaubsland, als das es die Reiseveranstalter gern darstellten?

In dieser Situation war ich froh, dass ich überhaupt ein Ticket bekam. Zugfahren in Thailand schlägt im Vergleich die allgegenwärtigen Minibusse um Längen. Busse sind vielleicht pünktlicher als die Bahn, aber auch um vieles langweiliger. Schon wenn die weiße Kuppel des Bahnhofs Hua Lamphong aus den engen Straßen von Chinatown auftaucht, bekommt man eine Idee, wie das Reisen früher einmal gewesen sein mag: ein Abenteuer auf Schienen.

Nach sechs Jahren Bauarbeiten wurde der Bahnhof im Juni 1916 eröffnet, eine Konstruktion mit Stahlskelett im Stil der italienischen Neorenaissance, verziert mit hölzernen Dächern und Bleiglasfenstern, entworfen von dem Turiner Architekten Mario Tamago, der mit seinem Landsmann Annibale Rigotti Bangkoks öffentliche Gebäude mit seinem italienischen Stil geprägt hat. Auch wenn die historisierende Pracht inzwischen etwas gelitten hat: Der Wirkung dieser riesigen Halle kann man sich nicht entziehen. Nicht umsonst ist Hua Lamphong heute Ausgangspunkt des Eastern Oriental Express, jenes Luxuszuges, der zwischen Bangkok und Singapur und auf einer zweiten Strecke in den Norden zwischen Bangkok und Laos verkehrt. Leider ist diese exklusive Reise im Privatabteil etwas, das sich nur die »nearly dead and newly wed« leisten, reiche Pensionäre und Flitterwöchner.

Die Holzklasse hat einen anderen Reiz. Kaum stand ich vor der Leuchttafel, welche die Abfahrten anzeigt, wurde ich von einer jungen Frau freundlich an den Ausländerschalter verwiesen, wo man mir alles erklären und buchen würde. Auf diese Service-Idee sollte die Deutsche Bahn auch mal kommen, ausländische Freunde sind an dem mürrischen deutschen Personal schon verzweifelt. Dagegen ist das etwas unbeholfene »Where you go?« der lächelnden Thailänderin schon eine Offenbarung. Wenigstens empfindet sie fremdsprachige Kunden nicht als Zumutung.

Jetzt allerdings muss man sich entscheiden: Bett »upper« oder Bett »lower«, Aircondition oder nicht. Ich persönlich rate von Aircondition ab. Entweder kommt man am Reiseziel mit einer Erkältung an oder mit einem steifen Nacken. Außerdem ist es in den teureren Aircon-Abteilen einfach langweilig. Man trifft dort fast nur Touristen und Leute, die sich für etwas Besseres halten. Nachts werden die Waggons abgeschlossen, nur Security patrouilliert dann durch die eisigen Gänge. Zweite Klasse hingegen ist ein Erlebnis. Ob man oben schläft oder unten, ist Geschmackssache und eine Größenfrage. Unten hat man mehr Platz und die Fenster, allerdings besteht das Bett aus zwei zusammengeschobenen Sitzen, die in der Mitte durch einen metallenen Rahmen geteilt werden, der sich (bei mir) auf Höhe des Hüftknochens befindet. Das kann schmerzhaft werden. Ich bevorzuge daher upper.

Die Fahrt von Bangkok nach Hat Yai sollte sechzehn Stunden dauern, ein ziemlicher Unterschied zu den eineinhalb Stunden mit dem Flugzeug, doch ich rechnete mir die Reise schön. Mit der Fahrt zum Flughafen, Check-in und Taxi würde ein Flug auch viereinhalb Stunden dauern, trotzdem: Immer noch ein Unterschied von elfeinhalb Stunden. Die konnten lang werden. Zur Abfahrt am nächsten Nachmittag hatte ich mich deshalb mit Büchern und DVDs eingedeckt und kaufte am Gleis noch ein bisschen Verpflegung: gebratene Hühnerschenkel, ein Tütchen Klebereis und ein paar Mangos. Mein Abteil befand sich am hinteren Ende des Zuges, der wirkte wie aus den Sechzigerjahren und seitdem nur unregelmäßig gewartet: verschlissene graue Kunstledersitze, Ventilatoren, die hektisch unter der Decke kreisen, und Tische aus einem Material, das bei uns seinerzeit Resopal hieß. Eine Besonderheit war, dass immer zwei Fahrgäste einander gegenübersaßen. In meiner Nähe saßen ein älteres Ehepaar mit mutmaßlichem Enkelkind, zwei Frauen in den Zwanzigern und ein junger Mann in Uniform, anscheinend ein Soldat auf Heimaturlaub. Ihm gegenüber nahm ein ernst wirkender Mann mit Schnauzer und rotem Hemd Platz, ein älterer Herr hängte sorgfältig sein rosafarbenes Sakko auf einen mitgebrachten Bügel. Die Vorliebe älterer Herren für rosa Sakkos lässt sich übrigens ganz einfach erklären: Der König trägt gern Rosa.

Obwohl der Zug fast ausgebucht war, blieb der Platz mir gegenüber leer. Langsam und quietschend setzte der Zug sich in Bewegung. Als er mit nur leichter Anfangsverspätung von zwanzig Minuten aus dem Bahnhof rumpelte, legte ich die Füße hoch und stellte meine Taschen auf den anderen Sitz. Anscheinend hatte ich Glück und zwei Plätze für mich. Der Zug fuhr kaum mehr als Schritttempo, denn nach der Brücke über den Fluss durchquerten wir einen Slum, der so dicht an die Gleise heranreichte, dass man die Wäsche von der Leine hätte pflücken können. Was mich dabei am meisten überraschte, war, dass alle Leute, die hier lebten, ordentlich gebügelte Sachen und weiße Hemden trugen. Nie wäre ich auf die Idee gekommen, dass diese adretten Menschen in einem Slum lebten. Schließlich kam der Zug an einem Vorort-Bahnhof wieder zum Stehen. Und dann kam mein Gegenüber: »Hello«, flötete sie. »My seat ...«

Schnell nahm ich meine Füße herunter, räumte meine Tasche beiseite und setzte meine Sonnenbrille auf. Es erschien mir weniger unhöflich, sie hinter den dunklen Gläsern zu beobachten als ohne. Die Person mir gegenüber war über 1,80 groß, für Thais eine exorbitante Körpergröße, sicher 100 Kilo schwer und trug bei 30 Grad ein volles Bühnen-Make-up mit falschen Wimpern und grellroten Fingernägeln, die wie Stichwaffen aus ihren Patschhänden ragten, dazu ein Rüschenkleid mit Puffärmeln, ebenfalls in Rot. Das Ganze sah aus, als hätte man eine Puppe auf groteske Art aufgeblasen. Ach ja, und außerdem war sie ein Mann.

»I'm Nong«, piepste die unheimliche Riesenpuppe und schenkte mir einen kleinmädchenhaften Augenaufschlag. Dann riss sie eine Plastikpackung auf, die sie aus einer Hello-Kitty-Tasche zog, und bot mir einen grellrosa Puffreiskeks an, der mit Zuckerguss überzogen war. Er war unglaublich süß und schmeckte nach künstlichem Vanillearoma. Nong spülte ihren mit roter Fanta herunter, für die sie einen Strohhalm benutzte, vermutlich um den Lippenstift nicht zu beschädigen. Zögernd schob ich die Sonnenbrille hoch und lächelte. Mir war klar, dass das eine offizielle Kontaktaufnahme war. Wenn ich Pech hatte, würde ich Nong die ganze Fahrt über nicht mehr loswerden und wäre spätestens in Hat Yai verlobt mit ihr. Schon weil ich Angst hätte, ihr etwas abzuschlagen. Sie war mit Sicherheit viel stärker als ich.

Tatsächlich erwiesen sich meine Befürchtungen als völlig unbegründet, und ich schien der Einzige zu sein, der Nong merkwürdig fand. Angelockt durch einen weiteren Puffreiskeks, war ein kleiner Junge der Erste von den Thais, der mit ihr zu reden begann. Eine gute Stunde später standen alle auf dem Gang und umringten sie. Eine winzige alte Frau tätschelte mütterlich Nongs dicken Unterarm, und alle schienen sich prächtig zu amüsieren. An den Bahnhöfen stiegen immer wieder Verkäufer zu, und Gefahr, dass Nong irgendwann vom Fleisch fallen würde, schien schon deshalb ausgeschlossen, weil alle ihr ständig etwas zu essen zusteckten. Hühnerbeine, Fried Rice, Mangostückchen, Süßigkeiten und Wasabi-Nüsse – alles verschwand in Nongs zierlich gespitztem Mund.

Was mir dabei auffiel, war, dass sie die ganze Zeit in der Rolle des schüchternen kleinen Mädchens blieb, als das sie sich bei mir vorgestellt hatte. Und genauso wurde sie von allen anderen behandelt: wie ein kleines Mädchen, das zum ersten Mal allein mit dem Zug unterwegs ist. Man stelle sich vor, welche Reaktion eine ähnlich flamboyante Erscheinung in einem deutschen Bummelzug hervorrufen würde: bestimmt keine so nette. Tatsächlich sind die meisten Thais erst einmal neugierig. Wenn etwas anders ist als sie selbst, fühlen sie sich durch das Anderssein nicht angegriffen oder bedroht. Vermutlich ist das der Grund dafür, dass man Transsexuelle nicht nur in Bangkok sieht, sondern ganz selbstverständlich auch irgendwo auf dem Land als Verkäuferin in einer Garküche.

Vor den Fenstern zogen Reisfelder, Palmen und Dörfer vorbei, Büffel suhlten sich in Teichen, in den Tümpeln vor den Stelzenhäusern blühten Lotusblumen. Irgendwann nach Hua Hin ging die Sonne unter. Mit vierzig wildfremden Leuten in einem Wagen zu übernachten hat etwas von Klassenfahrt, und schon nach kurzer Zeit entwickelt man ein Verhältnis zueinander. Ich bot der alten Dame meinen Sitz an, während der Schaffner begann umzubauen. Das obere Bett wurde heruntergeklappt, das untere aus den Sitzen zusammengeschoben. Vor die so entstandenen Kojen wurde ein Vorhang gehängt. Es sah aus wie der Schlafwagen in »Manche mögen's heiß«. Während des Umbaus hatte ich mit Nong noch ein paar Kekse verdrückt und erfahren, dass sie bei einem Zahnarzt arbeitete. Ich fragte mich, ob Nong den Film wohl kannte, als sie mit einem koketten Lächeln den Vorhang vor ihrer Koje zuzog. Marilyn Monroe hätte es nicht besser machen können.

Gegen halb neun war das Abteil leer, die meisten Leute hatten sich hingelegt, aus manchen Kojen hörte man halblaute Stimmen oder auch ein Schnarchen. Immer noch lagen fast zwölf Stunden Fahrt vor uns. Am Ende des Wagens stand die Tür offen, festgebunden mit einer Schnur. Auf den Stufen saßen der Schaffner und ein Fahrgast und tranken Mekong-Whisky, neben sich einen Blecheimer mit Eiswürfeln, den der Schaffner am letzten Bahnhof besorgt hatte, wie der Mann mir erzählte. Er trug ein Tanktop und sah auffallend gut aus, muskulös, mit sanften braunen Augen. Ich tippte auf Italiener. Er bot mir eine Zigarette an, und nachdem der Fahrer mir ein Glas besorgt hatte, setzte ich mich zu den beiden.

Wie sich herausstellte, war er Israeli und gehörte zu einer Spezialeinheit, die auf das Aufspüren von Selbstmordattentätern trainiert war. Nach ein paar Gläsern kam er ins Fachsimpeln. Das Problem bei seiner Arbeit sei nicht nur, die Selbstmordattentäter zu erkennen, sondern sie daran zu hindern, die Bomben zu zünden, denn den Tod hätten sie ja ohnehin vor Augen. Die Lösung sei ein blitzschneller Griff, mit dem man ihnen den Hals umdrehen müsste. Diesen, verriet er bereitwillig, würde er beherrschen. Seine Augen blitzten amüsiert. Draußen vor der offenen Tür sah man das Gleisbett und schemenhafte Umrisse von Sträuchern vorüberfliegen. Ich war inzwischen ziemlich angetrunken und traute mich nicht zu fragen, wie vielen Leuten der freundliche Israeli schon den Hals umgedreht hatte. Ich war allein mit dem Mann mit dem Todesgriff. Wo war denn eigentlich der Schaffner abgeblieben? Ich hatte ihn nicht mehr gesehen, seit ich von der Toilette zurückgekommen war. Wenn der Mann verrückt war und meine Leiche aus dem fahrenden Zug warf, würde mich niemand vermissen. Er brauchte nur meine Tasche an sich zu nehmen … Ich rückte unauffällig von ihm ab und verabschiedete mich. Dann trat ich den Rückzug in mein »Upper«-Bett an. Später nachts, als ich kurz aufwachte, sah ich ihn noch einmal mit einer unangezündeten Zigarette im Mundwinkel durch den Gang geistern, von dem Schaffner immer noch keine Spur. Das gleichförmige Rumpeln des Zuges wiegte mich wieder in den Schlaf.

Am Morgen weckten mich zugestiegene Essensverkäufer, die sich lautstark bemerkbar machten. Langsam krochen die Passagiere aus ihren Kojen, und der wieder aufgetauchte Schaffner klappte die Betten hoch. Ich kaufte mir einen Fried Rice mit Spiegelei und einen Kaffee und wartete gespannt auf Nong. Der Vorhang zu ihrer Koje war immer noch geschlossen, doch ihre Flip-Flops mit dem roten Tüllbommel standen am Fuß der Leiter. Ich war gespannt, wie sie morgens aussehen würde.

Erst als der Schaffner mit allen anderen Betten fertig war, zupfte er an Nongs Vorhang, und Miss Nong war bereit für ihren großen Auftritt. So graziös, wie ihre Körperfülle es zuließ, kletterte sie die Leiter herunter. Sie trug dasselbe Outfit wie am Vorabend, nur diesmal in unschuldigem Weiß, frisch gebügelt, jede Rüsche wie gestärkt. Als sie sich umdrehte, zwinkerte sie mir zu. Ihr Make-up war perfekt, von den falschen Wimpern bis zum passend rosafarbenen Lippenstift. Sie bückte sich, ersetzte den roten Tüllbommel an ihren Flip-Flops durch einen weißen und verließ den

Zug in einem Kaff, das nur durch ein Häuschen an den Schienen markiert wurde.

»See you«, flötete sie, winkte mir mit ihrer Tasche zu und verschwand, ohne sich noch einmal umzudrehen, zwischen Palmen und bunten Hibiskussträuchern. Es war, als hätte das Fotografenpaar Pierre et Gilles eine kitschige Tropenszene inszeniert.

Inzwischen hatte ich herausgefunden, dass der Zug zwei Stunden Verspätung hatte. Aktuell jedenfalls, später würden es vielleicht auch drei sein, meinte der Mann mit dem roten Hemd, der sich zu mir gesetzt hatte, als der Schaffner sein Bett machte. Mit ihm sollte ich die restliche Fahrt nach Hat Yai verbringen. Er war der erste Thai, den ich kennenlernte, der ganz erpicht darauf war, sich mit einem Ausländer über die thailändische Innenpolitik zu unterhalten. Üblicherweise war ich es gewohnt, in Hotels oder Restaurants auf Mitglieder der urbanen Mittel- oder Oberschicht zu treffen, und deren Sympathien lagen ganz eindeutig aufseiten der königstreuen »Gelben« oder des Militärs. Für sie waren Königshaus, Militär und eben die Partei der »Gelben« Garanten eines modernen, westlich orientierten und liberalen Lifestyles, die »Roten« schlicht dumme Bauern aus der Provinz, die es vor sich selbst zu schützen galt, weil sie den Einflüsterungen des korrupten Expremiers Thaksin zu erliegen drohten, der angeblich ihre Stimmen mit Bestechung und Solarzellen, die sie vor ihre Hütten stellen konnten, kaufte.

Mein Einwand, dass ja zumindest die Solarzellen keine schlechte Idee seien, wurde stets beiseitegewischt. Gerade daran erkenne man ja, wie ruchlos dieser Thaksin sei, dass er sich einer an sich nützlichen Idee bemächtige. Das sei so ähnlich, meinte ein deutsch-thailändischer Freund, wie mit Hitler und den Autobahnen. Insofern wäre eine Absetzung des »roten« Ministerpräsidenten, der ja nur eine Marionette und der Schwager Thaksins sei, durch das Militär für alle das

Beste. Ein Putsch würde gewissermaßen die Demokratie retten. Das war für mich nicht unbedingt logisch, aber die meisten Thais sprechen Ausländern schlichtweg jedes Verständnis für die politischen Verhältnisse ihres Landes ab und verbitten sich eine eigene Meinung.

Vielleicht lag es daran, dass die Stimmung noch von der Flughafenbesetzung aufgeheizt war, doch Prasit, so hieß mein neuer Bekannter, war es ein Bedürfnis, seine Englischkenntnisse zu verbessern. Höflich hatte er mich gefragt, ob ich bereit sei, mich mit ihm zu unterhalten. Er trug eine olivfarbene Hose aus Baumwollstoff, die nach Uniform aussah, und, wie viele Männer an der Grenze zu Malaysia, einen großen Schnauzer, dazu das bereits erwähnte rote Hemd, das ihn als Anhänger der damaligen Regierung auszeichnete. Wie sich herausstellte, war er Ranger im Taliban-Nationalpark an der Grenze zu Malaysia.

»Taliban?« Ich war überrascht, aber Prasit kannte das schon und lachte. Er klärte mich auf, dass dieser Thalee Ban geschrieben werde und trotz seiner Nähe zu den muslimischen Unruheprovinzen Yala und Pattani völlig harmlos sei. Die Namensähnlichkeit würde jedoch immer wieder dazu führen, dass Touristen sich neben einem Schild fotografieren ließen.

Nachdem ich ihn auf sein rotes Hemd angesprochen und gefragt hatte, ob dies als politisches Statement zu verstehen sei, brach es förmlich aus ihm heraus: »Die meisten Ausländer sind ja grundsätzlich aufseiten der ›Gelben‹, weil man ihnen erzählt, alle anderen seien zu dumm, um etwas von Politik zu verstehen. Was aber niemand kapiert, ist, dass in Thailand eine Zweiklassengesellschaft herrscht, die den armen Leuten ihr Recht auf Mitsprache verweigert. Es geht um zwei Drittel der Bevölkerung, die arm sind, gegen eines, das alle Macht in Händen hat. Die unteren zwei Drittel wollen jetzt ihre Rechte. Und sie werden darum kämpfen!«

Da ich zu wenig von thailändischer Politik verstand, mochte ich mich dazu nicht äußern. Zudem hatte sich inzwischen der alte Mann mit dem rosa Sakko eingemischt, der offenbar die Worte Red, Yellow, Airport und Thaksin aufgeschnappt hatte. Er warf immer wieder »Thaksin is pig!« ein, was die Diskussion nicht weiterbrachte und Prasit gehörig auf die Nerven fiel. Er erzählte mir, der Alte sei »stupid«, und wurde beinahe unfreundlich, ein Ausbruch an Emotion, wie man ihn selten von jungen Leuten gegenüber Älteren erlebt. Von daher war ich froh, als der Zug in die Stadt einlief.

»Rot und Gelb, das ist noch lange nicht vorbei«, verkündete Prasit prophetisch. »Das wird Thailand noch lange beschäftigen, und wenn es keine Lösung gibt, wird der Konflikt das Land lahmlegen.«

Wir hatten dreieinhalb Stunden Verspätung, als wir schließlich an dem Schild Hat Yai Junction zum Stehen kamen. Als ich aus dem Zug stieg, sah ich, wie Soldaten die Unterseite des Zuges mit Spiegeln absuchten. Auch die Taxis vor dem Bahnhof wurden gleichermaßen inspiziert und mussten den Kofferraum öffnen. Ich erinnerte mich an die Bomben, die regelmäßig in Yala und Pattani hochgehen. In westlichen Medien wird kaum darüber berichtet, weil ohnehin kaum ein Tourist dort mehr hinfährt, auch nicht über die Reisewarnung, die seit Jahren für dieses Gebiet besteht. Gewalt ist westlichen Medien eben ziemlich egal, solange sie sich nicht gegen Urlauber richtet.

Überall, wo die Bahn nicht verkehrt, fährt der Minibus. Wo vor ein paar Jahren allenfalls Pick-ups mit Holzpritschen fuhren, die Songtaews, die heute fast nur noch auf Kurzstrecken eingesetzt werden, ist der Minibus japanischer Bauart im Einsatz, der je nach Baujahr mehr oder weniger bequem ist und um die zehn Leute transportiert. Manchmal warten die Fahrer, bis der Bus voll ist, manchmal fahren sie auch einzelne Passagiere, manchmal kosten sie genauso viel, wenn man allein fährt, wie zu zehnt, mal wird nach Personen berechnet. Gern wird man scheinbar willkürlich auf Parkplätzen oder Staubstraßen in andere Minibusse oder Pick-ups verladen. Selbst wenn man das gleiche Ziel hat und im gleichen Bus sitzt, scheinen die unterschiedlichsten Verkehrsmittel dort hinzuführen. Warum das so ist? Besser nicht danach fragen, man würde sowieso nur ein Achselzucken ernten. Das thailändische Minibus-System birgt Geheimnisse, die man wohl nie wirklich lösen wird, aber das Netz ist gut ausgebaut, und erstaunlicherweise funktioniert es. Tickets werden von den Reiseagenturen oder direkt am Busbahnhof oft in Kombination mit Bootstickets verkauft. Ein Ticket Lanta – Samui umfasst zum Beispiel zwei verschiedene Boote, Minibus und Fähre.

Ohnehin kommt irgendwann der Moment, an dem es auf Rädern nicht mehr weitergeht. Dann, wenn man an einem Pier steht, in einem Hafen oder an einem Strand. Schließlich ist der Mythos der unberührten Insel zum Allgemeingut der Traveller geworden: langer weißer Strand, Kokospalmen, klares, türkisfarbenes Wasser und kein Mensch, allenfalls ein attraktiver zum Knutschen. Verfilmt worden ist diese kollektive Sehnsucht Reisender in Südostasien auch schon, und so spucken Speedboote und Fähren jeden Tag Tausende von Touristen auf Phuket, Koh Samui oder Phi Phi Island aus. Meistens kann man dort vor allem paragliden, sich auf aufblasbaren Riesenbananen durch die Wellen ziehen lassen und billiges Pad Thai essen.

Den perfekten Strand, sozusagen die blaue Blume der Individualtouristen, wird man dort nicht finden, auch wenn das Meer türkisfarben ist und der Sand weiß. Eher Biergarten, leichte Mädchen und »Ernst's Original Deutsche Bakery«, aber viele Touristen suchen wohl einfach nur ein kaltes Bier und angenehmes Klima. Am besten verstehen es heute Luxusresorts, die Illusion vom Tropenparadies darzustellen. Speziell Rucksacktouristen, die mit ihrem Wunsch, alles möglichst billig haben zu wollen, vielerorts eine Infrastruktur aus schäbigen Hütten, Reggae-Bars und Kifferhöhlen hinterlassen, mokieren sich gern darüber. Aber sehen wir es mal so: Auf gut gepflegten Privatinseln beweist man meistens mehr Geschmack als in schmuddeligen Travellerquartieren, und mehr Geld wird dort auch umgesetzt.

Wer Einsamkeit und Idylle sucht, muss heute entweder Geld ausgeben oder weit wegfahren, zumindest weiter als die anderen. Doch auch, wenn man kaum einen Platz finden wird, an dem nicht schon Touristen waren, braucht es nur ein bisschen Eigeninitiative, um abseits der Trampelpfade etwas zu entdecken, das einen vor Schönheit sprachlos macht. Es gibt das türkisfarbene Meer, die Korallengärten und den Strand. Um ihn zu suchen, lohnt es sich, mit dem privaten Longtailboot auf Erkundungstour zu gehen. Diese vier bis sechs Meter langen Holzboote mit Außenbordmotor sind die gleichen wie in den legendären Siebzigern, als angeblich ständig neue Tropenparadiese entdeckt wurden, und ein Longtail-Boat-Trip macht heute noch genauso viel Spaß wie damals. Die Motoren knattern (möglichst laut, weil das angeblich die bösen Geister des Wassers vertreiben soll), es riecht nach Diesel und Meer und großer Freiheit. Kann man besser an eine Schnorchelstelle kommen, die vom Strand aus nicht erreichbar ist? Kann man romantischer auf dem Meer unterwegs sein? Am Bug zu sitzen und an irgendeinem unbewohnten Felsen zu rasten kommt dem Ideal von Thailand immer noch ziemlich nahe.

Manchmal allerdings auch gefährlich nahe. Ich hatte einmal mit Freunden ein Boot gemietet, das uns auf eine Insel bringen sollte, an deren Ende angeblich wieder einmal der perfekte Strand lag. Plötzlich schepperte es, und das Knattern des Außenbordmotors ging in eine Art Heulen über. Wie der Kapitän herausfand, war eine Kurbelwelle gebrochen, ohne die wir nicht weiterfahren konnten. Erschwerend kam hinzu, dass das Handy des Bootsmanns keinen Empfang hatte. Ruder gab es an Bord ebenso wenig wie Schwimmwesten. Das einzige Land, das wir am Horizont entdecken konnten, war ein spitzer Felsen, und die Strömung trieb uns langsam, aber sicher aufs offene Meer hinaus. Glücklicherweise wurden wir nach einer Stunde oder zweien von einem anderen Boot entdeckt und abgeschleppt. Seitdem beschwere ich mich nicht mehr über die Handyempfangstürme und Satellitenantennen, die neuerdings selbst auf den kleinsten Inseln zu sehen sind – übrigens auch, um die Bewohner vor möglichen Tsunamis warnen zu können.

Generell sollte man darauf achten, dass die Boote seetüchtig sind. Wenn eine Tour schon damit anfängt, dass Wasser in den Bilgen steht und die Fahrgäste schöpfen müssen, ist Vorsicht geboten. Man kann Boote stundenweise mieten oder auch für Tage. Proviant und Tauch-Equipment gibt es auf Wunsch gleich dazu, und meistens kümmert der Kapitän sich auch um Lagerfeuer und Essen. Am besten ist es, gerade bei längeren Touren, wenn man selbst vorher mit dem Bootseigner spricht. Schließlich soll man ein paar Tage mit diesem Mann verbringen, und wenn er überhaupt kein Englisch versteht, kann das mühsam werden. Aber ich habe auch schon einen Bootsmann getroffen, der hervorragend Bayrisch sprach. Er lebte seit mehreren Jahren bei seiner deutschen Frau am Ammersee und verbrachte die Wintersaison bei seiner Familie in Thailand.

Speziell in der Andamanensee, südlich von Koh Lanta, kann man dem durchorganisierten Tourismus mit dem Longtailboot wunderbar ausweichen. Hier gibt es zahllose kleine Inseln, oft nicht mehr als ein paar malerische Kalksteinfelsen mit ein paar Metern Strand oder einer Höhle, die ein, zwei Stunden Fahrtzeit auseinanderliegen, die größeren vielleicht mit einem Dorf und einer Kokosplantage. Eine Bungalowanlage und ein Restaurant haben die meisten, und wenn einem danach nicht der Sinn steht, kann man dort ebenfalls wunderbar zelten.

Das vielleicht größte Geschenk am Reiseland Thailand ist, dass man alles haben kann und dass es nicht unbedingt mit dem Preis zu tun hat, ob etwas gut ist. Ein schlichter Bungalow aus Bambusmatten kann genauso schön sein wie ein Fünfsterneresort, ein *Som Tam* in der Garküche am Straßenrand sogar besser schmecken als im Restaurant, weil es authentischer ist. Und das gilt natürlich auch für die Art des Reisens. Unterwegs zu sein in einem Land ist manchmal eine Geld-, aber auch eine Geschmacksfrage. Was will man sehen? Wie viel Zeit hat man zur Verfügung? Wie sieht man sich selbst als Reisender? Schließlich ist das Reisen selbst ein Teil des Urlaubs, bei dem man etwas über das Land erfahren will, in dem man unterwegs ist. Und über sich selbst.

Sprechen Sie Thai?

In dem wunderbaren Film »Mars Attacks« wird die Erde von fiesen Außerirdischen angegriffen, die sich untereinander mit einem blechernen Krächzen verständigen. Genauso klingt es, wenn in Thailand Pick-ups mit Lautsprechern, die für Parteien oder Boxkämpfe werben, über die Dörfer fahren. Bei einer Wiederholung des Films wurde mir plötzlich klar: Die Aliens sprechen ein durch Soundeffekte verzerrtes Thai.

Ich bin mir sicher, Phrasen und Worte, die ich aus dem Alltag kenne, zweifelsfrei identifiziert zu haben. *Aroi maak maak*, also »sehr lecker«, oder die Wortzusätze *krap* und *kaa* kamen jedenfalls dauernd vor. *Krap* bezeichnet in Thai einen männlichen Sprecher, *kaa* einen weiblichen. *Krap / kaa* gehören übrigens zu den wenigen Worten, die man sich wirklich merken muss, schließlich kann man damit eine ganze Unterhaltung bestreiten. Zwar heißt die Begrüßung eigentlich *Sawadee krap / kaa*, aber wenn Sie irgendetwas nuscheln und die Endung *krap* oder *kaa* dahintersetzen, ist es auch okay. Auch beim *Kop khun krap / kaa*, dem Dankeschön, reicht als Verkürzung das kleine Endungswort, es dient auch als

Zustimmung oder Bejahung. *Krap/kaa* macht einfach alles höflicher und Sie zu einem Menschen mit guten Umgangsformen. Solange Sie sich wohlfühlen, nicken Sie immer und antworten mit *krap/kaa,* wobei das R bei *krap* häufig verschluckt wird, sodass es klingt wie »kaap«. Im Verschlucken sind die Thais wahre Meister, aber dazu später mehr.

Thai ist keine besonders melodische Sprache, sondern eher eine genäselte. Es gibt lange Vokale und seltsame Konsonanten, und die Betonung liegt meist auf der letzten Silbe – irritierenderweise auch im Englischen. Bei einer Transkription der »Wurm-Schrift« in lateinische Buchstaben können Sie von einer englischen Aussprache ausgehen. *Poot thai geng,* in etwa »Sie sprechen gut Thai«, wird als *puut thai ging* ausgesprochen. Wenn Sie dann noch eine geschlossene Nase simulieren, sind Sie schon ganz weit vorn.

Ob Sie jemals weiter kommen, ist fraglich. Die thailändische Schrift verfügt über 44 Konsonanten und 16 Vokale, dazu kommen noch unzählige Zeichen, die den Ton angeben, und Sonderzeichen. Die thailändische Sprache ist nämlich eine sogenannte Tonsprache. Es gibt im Allgemeinen fünf verschiedene Tonhöhen, in manchen Regionen bis zu acht, und ein Wort kann in jeder Tonhöhe etwas anderes bedeuten. Falsche Betonungen können zu Missverständnissen führen, häufig wird das Kauderwelsch eines bemühten Urlaubers auch gar nicht erst als Thai identifiziert.

Trotzdem freut man sich auch über hilflos gestammelte Phrasen, mit denen Touristen zeigen, dass sie sich Mühe geben, die Sprache des Gastlandes zu sprechen. Thais können sich köstlich über eine falsche Aussprache amüsieren, und wenn man sich selbst nicht zu ernst nimmt, kann man damit erheblich zur Unterhaltung aller beitragen. Ansonsten ist es nicht unbedingt erforderlich, Thai zu sprechen. Die meisten Leute in den Städten und Berufen, in denen sie mit Ausländern zu tun haben, sprechen zumindest ein paar Brocken Englisch, viele sogar richtig gut. Auch bei Banken oder Behörden kommt man mit Englisch gut zurecht. Anders sieht es in ländlichen Gebieten aus, in die kaum Ausländer kommen. Ohne Übersetzer oder mimische Fähigkeiten ist man dort ziemlich aufgeschmissen.

Kompliziert wird es manchmal auch, wenn Thais Englisch sprechen. Sie neigen dazu, ganze Endsilben zu verschlucken, vor Vokalen wird das R manchmal zu einem L, in anderen Fällen können sie es wieder hervorragend artikulieren. Hier hilft nur, den Wortsinn aus dem Zusammenhang zu kombinieren. Schließlich kann »I« sowohl »ich« als auch »Eis« oder »Reis« bedeuten. Wenn eine Bedienung fragt: »Wan som I?«, heißt es ist den meisten Fällen vermutlich »Want some rice?«, also »Möchten Sie Reis?«. Mit »Koh watee – fei bahh!« wird kaltes Wasser für fünf Baht angeboten: »Cold water – five baht.« Auch die Angewohnheit, die letzte Silbe zu betonen, macht vor Fremdsprachen nicht halt, und so wird aus dem Shopping-Center ein »shping centeeer«.

In dem Sinne: *Pop gan mai*! Bis bald!

Wichtige Wörter

Danke	Kop kun kaa/krap
Vielen Dank	Kop kun maak kaa/krap
Guten Morgen/Tag/Abend	Sawadee kaa/krap
Bis bald/Wir sehen uns	Pop gan mai
Macht nichts/Schon okay	Mai pen rai
Ich verstehe das nicht	Mai kao chai (kaa/krap)
Ich kann nicht Thailändisch sprechen	Puud passa Thai mai dai
Ja	Tschai
Nein	Mai
Was kostet das?	Rah kah tao rai

Wasser	Nam
Toilette	Hong Nam
Westlicher Ausländer	Farang
Zu teuer	Peng pai

Im Restaurant

Sauer-scharfe Suppe mit Garnelen	Tom Yam Gung
Kokoscremesuppe mit Huhn	Tom Ka Gai
Grünes Curry mit Huhn	Gaeng Kiau Wahn Gai
Erdnuss-Curry mit Rindfleisch und Süßkartoffeln	Gaeng Massaman Nuea
Mildes gelbes Curry (indische Art) mit Huhn	Gaeng Garie Gai
Gebratener Reis mit Huhn/Schwein/Meeresfrüchten	Khao Phad Gai/Moo/Thalee
Gebratenes Gemüse mit Huhn/Schwein/Meeresfrüchten	Phad Phak Gai/Moo/Thalee
Gebratene Nudeln mit Gemüse, Tofu, Erdnusssplittern und Ei (wahlweise mit Huhn, Garnelen, Schwein oder Rind)	Phad Thai (»gai«, »gung«, »moo« oder »nuea«)
Scharfer Papaya-Salat	Som Tam
Nicht so scharf	Mai pet
Sehr gut	Die maak maak

Thai-Food

Thai-Food ist gesund, leicht und schnell zubereitet. Zudem ist es würzig und kalorienarm. Kein Wunder, dass sein Siegeszug in der westlichen Welt kaum aufzuhalten scheint. Am leckersten schmeckt es natürlich in Thailand selbst, wobei das Preis-Leistungs-Verhältnis auf seltsame Weise außer Kraft gesetzt ist. Streetfood kann genauso gut sein wie das gleiche Gericht in einem edlen Restaurant, manchmal sogar besser. Du kriegst, wofür du bezahlst – dieses eherne Gesetz der Gastronomie ist in Thailand auf seltsame Weise ungültig.

Wenn man die spezielle Atmosphäre auf der Straße zu schätzen weiß, bekommt man für ein paar Baht an einem Foodstall ein perfektes Curry und fast alle klassischen Gerichte der thailändischen Küche. Denn viele Köche, die eine Garküche betreiben, bieten nur ein einziges Gericht an, das sie seit vielen Jahren perfektioniert haben. Fleisch, Fisch und Gemüse liegen meist in einer Glasvitrine, und man muss nur darauf deuten. Zur stilechten Atmosphäre gehören schäbige Plastikhocker, Klapptische und ein Propangaskocher. Dass man dabei vielleicht an einer Highway-Auffahrt unter einer

Brücke sitzt oder in einer Straße, wo nichts als Motorenteile verkauft werden, ist der besondere Reiz des Provisorischen. Nun ist in Thailand vieles improvisiert, aber was einen bei Handwerkern in den Wahnsinn treiben kann, ist beim Essen ein Pluspunkt. An den Garküchen ist Thailand authentisch, und verbringt man ein paar Tage am gleichen Ort, ist es interessant zu beobachten, wie sich eine Straßenecke im Laufe des Tages verändert. Es ist nämlich so, dass die Welt der Garküchen und ihr Angebot von Tageszeit, Wochentag und Laufkundschaft abhängen. So kann es sein, dass an einer Straßenecke morgens frisches Obst und Päckchen mit süßem Klebreis für die Schulkinder verkauft werden, mittags Curry, Som Tam oder gegrillte Hühnerbeine für Büroangestellte, abends gegrillte Tintenfische und Snacks für Nachtschwärmer.

Die meisten Reisenden haben anfangs Angst vor den Straßenrestaurants, weil sie deren hygienische Standards anzweifeln und ihnen eingeschärft wird, nichts zu essen, was womöglich nicht durch Kochen keimfrei gemacht wurde. Doch Thailand ist schließlich nicht Indien, wo jeder Verstoß gegen die Hygieneregeln mit grässlichen Darminfekten geahndet wird. Und was ist schon das verschwindend geringe Risiko einer Magenverstimmung gegen die Köstlichkeiten, die einem am Straßenrand schlaraffenlandmäßig wie gebratene Tauben zufliegen?

Etliche Straßenrestaurants haben sogar geradezu Kultcharakter, wie beispielsweise die beiden Seafood-Restaurants an der Ecke der Yaowarat zur Soi Texas. Beide unterscheiden sich optisch nur durch die roten oder blauen Plastikhocker und sind unerhört lecker.

Die beliebte Straßenecke an der Sukhumvit Soi 38 wurde, wie so viele andere Straßenküchen im Innenstadtbereich, leider erst kürzlich geschlossen. Unglücklicherweise hat sich die Stadtverwaltung vorgenommen, Bangkok nach dem Vorbild von Singapur aufzuräumen, und verbannt das Streetfood neuerdings in sehr eng gesteckte Gebiete, ohne dabei zu bedenken, dass viele Reisende gerade wegen des charmanten Chaos kommen, das Bangkoks Markenzeichen ist. So wirkt die obere Silom Road ohne den Nachtmarkt genauso tot wie die Thonglor ohne ihre Suppenküchen

Als Kontrastprogramm zum Streetfood bietet es sich an, den Abend in einer Rooftopbar zu beginnen, beispielsweise im »Octave« des Marriott Thonglor, wo man erst einmal im 45. Stock einen Sundowner genießt, bevor man dann wieder mit dem Aufzug nach unten fährt und sich auf der Straße etwas zu essen besorgt. Montags ist übrigens Straßenreinigungstag, und die Garküchen haben geschlossen. Genaueres über die Gerichte und spezielle Foodstalls findet man auf der Website www.migrationology.com des Food-Autors Mark Wiens. Der Mann kennt sich bestens aus!

Thais essen eigentlich ständig und zu jeder Gelegenheit und bleiben dabei beneidenswert dünn. Zumindest war das bis vor ein paar Jahren so, doch sieht man sich in der Hauptstadt um, entdeckt man immer mehr unförmige Kinder und Teenager, die ganz wild auf westliches Fast Food sind.

Mich reizt eher das gesunde Thai Fast Food, und ich muss mich stets beherrschen, nicht an jedem Snackstand stehen zu bleiben. Wenn die Gerichte auch ähnlich sind, werden sie jedes Mal anders zubereitet. Mein Lieblingsgericht von der Straße ist *Som Tam*, ein frischer Salat, der meist aus grünen Papayas, manchmal auch aus unreifen Mangos zubereitet wird. Mit einer speziellen Raspel wird die Frucht in feine, sauerkrautartige Streifen geschnitten und in einem großen Holzmörser mit Chilischoten, Limettensaft, Palmzucker, kleinen, getrockneten Shrimps und Fischsauce gestampft. Auch Karottenstreifen gehören dazu und zum Knabbern frischer Kohl und rohe Schlangenbohnen. Man isst den Som Tam meist mit gegrilltem Huhn oder eingelegten schwarzen Salzkrabben, die allerdings für den westlichen Gaumen eher gewöhnungsbedürftig sind. Dieses einfache Gericht aus dem Isaan hat alles, was ein Snack braucht: Er ist kalorienarm, würzig, schmackhaft und – will man Ärzten glauben – auch noch wahnsinnig gesund, weil die grüne Papaya Enzyme enthält, die als Marinade angeblich nicht nur Fleisch zart machen, sondern den menschlichen Stoffwechsel anregen. Tatsächlich bringt eine Entschlackungskur mit Som Tam und gegrilltem Fisch am Abend pro Woche etwa drei Kilo – ich habe es probiert.

Auch die klassische Nudelsuppe mit Einlagen wie Fischbällchen, zartem Rindfleisch und frischen Kräutern schmeckt nie so authentisch, wenn man sie im Restaurant bestellt, wie auf der Straße. Wahrscheinlich kann dieses ganz spezielle Aroma nur dann entstehen, wenn alle möglichen Zutaten stundenlang in einem Blechkessel vor sich hin köcheln. Die ursprünglich chinesischen Nudelsuppen sind das einzige Gericht, bei denen die Thais Stäbchen benutzen, normalerweise essen sie mit Gabel und Löffel.

Auf ein Messer kann man meist verzichten, da die einzelnen Fleisch- oder Gemüsestücke bereits mundgerecht zerkleinert sind. Verlangt man in einem Restaurant nach Stäbchen, so wird das meist eher als Marotte der Touristen belächelt, die das irgendwie asiatisch finden. Was Thais nur selten verstehen, ist die europäische Aufteilung in die verschiedenen Gänge Vorspeise, Hauptgericht und Dessert. Alle Speisen werden hier zusammen serviert, sodass bei der Zusammenstellung zwischen scharfen und milden Komponenten auf ein ausgeglichenes Verhältnis geachtet wird. Häufig wird dazu auch Rohkost gereicht.

Die meisten Thais kochen übrigens selbst nicht besonders gern. Das liegt zum einen daran, dass die meisten Wohnungen kleine Küchen haben, zum anderen kann man das, was man mühsam zu Hause kochen würde, bequem unterwegs kaufen und daheim wieder aufwärmen. Es sieht zwar nicht besonders appetitlich aus, wenn man sich Suppen, Currys und Reis in Plastiktüten abfüllen lässt, lecker ist es allemal. Und wenn sich die Möglichkeit ergibt, sitzt man ohnehin lieber zu vielen auf der Straße als allein zu Hause. Allein essen zu müssen finden Thais deprimierend.

Von der Herkunft her ist die thailändische Küche, die heute so einzigartig scheint, ein Mix aus chinesischen, indischen und europäischen Einflüssen. So wurde der Chili, der heute exzessiv verwendet wird, erst im 17. Jahrhundert von portugiesischen Missionaren eingeführt. Ebenso wie die Papaya stammt er ursprünglich aus Südamerika.

Tatsächlich ist die thailändische Küche auch für ungeübte Köche nicht besonders schwierig nachzukochen. Falsch machen kann man wenig, wenn man sich die ungewohnten Zutaten und Kräuter einmal vergegenwärtigt hat. Manche Leute mögen Koriander nicht, für andere ist er unverzichtbar, ebenso wie Thai-Basilikum oder Minze und Fischsauce ganz typisch für das Thai-Aroma sind. Außerdem ist Knoblauch eher ein Gemüse als ein Gewürz, es gibt ihn in unterschiedlichen Sorten, geröstet oder eingelegt. Generell kann man fast alles mit allem mischen, und ein Gericht, das mit *gai*, also Huhn, schmeckt, funktioniert auch mit Shrimps, *gung*, Fisch, *pla*, oder Tofu.

Thais verwenden viel frisches Gemüse, viel Reis und wenig Fett. Da fast alle Gerichte im Wok gebraten werden, wird nur wenig Öl für das Anbraten der Fleisch- oder Gemüsestücke benötigt. Außerdem kennt die asiatische Küche keine Milchprodukte wie Crème fraîche oder Sahne. Wo in Europa viel mit Sahne gearbeitet wird, wird in Thailand höchstens Kokosmilch verwendet.

Die Gerichte bewegen sich immer zwischen den vier Koordinaten scharf, süß, sauer und salzig. Idealerweise sollen in einem Gericht alle vier Geschmacksrichtungen vorkommen, meistens geht die Tendenz in Richtung »scharf« oder

»höllisch scharf«. Ein typisches Gericht wie *Laarb*, ein Hackfleischsalat mit Kräutern, ist in der Variante für Einheimische manchmal so scharf, dass es einem die Tränen in die Augen treibt. Ein wichtiges Wort in diesem Zusammenhang ist das Wort *pet*. *Pet* bedeutet scharf, *mai pet* weniger scharf und *pet mai?* die Frage, ob etwas scharf ist. Wenn etwas *pet pet* ist, also sehr scharf, ist Vorsicht geboten! Wasser hilft übrigens gar nicht, wenn man direkt auf ein Stückchen Chili beißt, das Brennen mildert ein Löffel Reis.

Jedes Gericht ist ein Balanceakt zwischen den Geschmacksrichtungen. Die Currys sind säuerlich und cremig süß zugleich, abgeschmeckt mit saurer Tamarinde, Kokosmilch, feurigen Chilis und einer Handvoll Basilikum, Koriander und Minze. Die Zubereitung der meisten Thaigerichte dauert nicht länger als acht bis zwölf Minuten. Das Schnippeln und Mörsern ist das Einzige, was an der Zubereitung aufwendig ist. Hauptsache, man hat das richtige Equipment. Die entsprechenden Spatel, Mörser, Bambuskörbchen, Hackmesser und Schüsseln bekommt man übrigens inzwischen auch in Deutschland in jedem besseren Asien-Supermarkt.

Wer bei Thailand nicht nur auf Strandurlaub aus ist, kann in vielen Hotels Kochkurse besuchen, sei es für einen Tag oder gleich eine ganze Woche. Wer das Ganze in »High-End« genießen möchte, findet keine schönere Kulisse für einen Kochkurs als das »Oriental Hotel« in Chiang Mai.

Eine Viertelstunde braucht mein Taxi vom Flughafen auf der staubigen Landstraße, dann überqueren wir einen schmalen Flusslauf. Hier rechnet man mit allem Möglichen, aber nicht mit einem Märchenschloss. Das »Oriental Dhara Devi« ist einem burmesischen Palast nachempfunden und ungefähr doppelt so groß. Atemberaubend ist nicht nur die üppige Parkanlage, sondern sind auch die Villen, die sich um ein Reisfeld gruppieren, auf dem zur Ergötzung der Gäste dekorativ Bauern mit einem Büffel auf und ab laufen. Dazu flötet eine Landesschönheit, und ich fühle mich wie in einem kostspieligen Ausstattungsfilm. Das Verblüffendste ist allerdings, dass dieses thailändische Neuschwanstein nicht schon seit Jahrhunderten existiert, sondern der Phantasie eines kunstsinnigen Gebrauchtwagenhändlers und eines größenwahnsinnigen Architekten entsprungen ist. Auch die Kochschule ist in einem der offenen spitzgiebeligen Teak-Pavillons untergebracht, welche die traditionelle Architektur des Nordens prägen.

Unser Kochkurs beginnt mit einem Marktbesuch. Es hat 32 Grad im Schatten, überall explodieren Farben, Lärm und vor allem Gerüche. Papayas, Mangos, Pfeffer – fruchtige Aromen mischen sich mit Fisch und auch Verwesung. Für einen Moment weiß ich nicht, wo ich zuerst hinsehen soll, dann entdecke ich den Frosch. Er ist giftgrün, mit schönen goldenen Augen und ungefähr so groß wie zwei geballte Fäuste. Hüpfend wagt er einen letzten Fluchtversuch und landet in einem blauen Plastiksieb bei seinen Artgenossen.

»Werden die gegessen?«, frage ich zaghaft, und Ann nickt begeistert. »Nur die Beine«, verrät sie, »der Rest ist zu knochig.« Annchalee, kurz Ann, ist meine Kochlehrerin, eine stämmige junge Frau mit strahlendem Lächeln, der man ihre Leidenschaft fürs Kochen anmerkt. Nachdem sie schon als Kind im Restaurant ihrer Eltern aushalf, hängte sie nach ein paar Semestern ihr Englischstudium an den Nagel, um an den Herd zurückzukehren. Jetzt bringt sie ahnungslosen *farang*, westlichen Ausländern, die Feinheiten der thailändischen Küche nahe. Auf dem Markt sollen wir die Zutaten kennenlernen.

Ganz so persönlich wie bei dem bereits erwähnten Frosch hatte ich mir das allerdings nicht vorgestellt, und so sehe ich vorsichtshalber weg, als ein Hackmesser auf den Delinquenten niedergeht. Was Tiere anbetrifft, bin ich zartbesaitet, und ich muss schlucken, als die Marktfrau dem nunmehr kopflosen Frosch die Beine mit einer gekonnten Handbewegung abdreht. Kochlehrerin Ann lächelt mitleidlos weiter, und vermutlich lassen ihr auch kulinarische Herausforderungen wie die Wasserkäfer oder die frittierten Riesenameisen das Wasser im Mund zusammenlaufen. Diese werden, wie Heuschrecken oder Skorpione, als Snacks angeboten und schmecken knusprig-nussig, ein wenig wie Chips mit einer weichen Füllung. Für Touristen sind Insekten eher eine Mutprobe als ein kulinarisches Erlebnis.

Meine Grenze ist endgültig bei Fischen erreicht, die in einem Bottich verrotten. Die Brühe gleicht übel riechendem Klärschlamm und würzt als *pla ra* viele Gerichte, denen man das zum Glück nicht anmerkt. Die ähnlich hergestellte, aber nach dem Filtern klare Fischsauce ist meistens der Ersatz für Salz und darf als *prik nam pla* mit Knoblauch, klein geschnittenen Chilis und Limettensaft als Würzmittel auf keinem Tisch fehlen.

Dass man sich nicht immer vom Geruch leiten lassen sollte, lerne ich wenig später. Die stachelig grüne Durian gilt als »Königin der Früchte« und verströmt den Duft alter Sportsocken. Tatsächlich müffelt sie so penetrant, dass es verboten ist, sie in Hotelzimmern aufzubewahren oder im Flugzeug zu transportieren. Letzteres ist auch der Grund, warum sie eher selten nach Europa gelangt. Natürlich bin ich es, der probieren muss, denn alle anderen Kursteilnehmer sind Frauen. Nachdem ich schon bei den Ameisen gekniffen habe, schiebe ich mir beherzt eines der zartgelben Segmente in den Mund. Es zergeht cremig auf der Zunge wie eine überreife Avocado. Der Geschmack ist eine kleine Sensation und mit nichts, was ich kenne, vergleichbar. Am ehesten Vanillepudding mit einem Hauch von Chili und Käse. Klingt merkwürdig, schmeckt aber sehr lecker. *Aroi maak*, wie man hier sagt. Aus Durian wird, meist in Kombination mit Chili, auch eine hervorragende Eiscreme hergestellt.

Für die Gerichte, deren Zubereitung wir lernen sollen, brauchen wir allerdings nur ganz einfache Zutaten wie Rinderfilet, Trauben, Koriander und Knoblauch. Pfefferminze ist übrigens ein gutes Beispiel dafür, wie sehr unser Geschmack von der Erziehung geprägt ist. Minze in Süßspeisen oder Cocktails ist den Thais fremd, sie wird ausschließlich für herzhafte Gerichte verwendet. Avocados hingegen gelten als süß, ein Avocado-Lassi ist hier ein erfrischendes Dessert.

Zurück in unserer schlossartigen Kochschule erklärt Ann die Grundlagen thailändischer Küche: »Klein, aber tödlich.« Sie kichert und deutet auf die winzigen grünen Vogelaugen-Chilis. Es gilt: Je kleiner, desto schärfer. Vermutlich kennt sie das Missgeschick, das mich ereilen wird.

Als Erstes lernen wir Schnippeln. Zitronengras ist eines meiner liebsten Gewürze, aber bislang war mir nicht klar, welche Teile man benutzt, und insofern hatte ich mich aufs Mitkochen der holzigen Stängel beschränkt. Wenn man jedoch die äußeren Lagen abschält und das Innere nur bis zum Ende des purpurfarbenen Ringes sehr fein aufschneidet, verleihen die Scheibchen roh ein frisches Aroma und ein knackiges Essgefühl.

Bei diesem Kurs lerne ich übrigens eines meiner Lieblingsgerichte kochen, einen scharfen Rindfleischsalat mit Minzsauce und Trauben. Das Wichtigste ist dabei die scharfe Sauce, die aus grünen Chilis, Korianderwurzeln, Minzestängeln, Fischsauce, Limettensaft und Zucker besteht; übrigens schmeckt diese Sauce auch in der Variante für Vegetarier zu gebratenem Tofu sehr gut. Die Zutaten werden in einem Steinmörser so fein zerstoßen, bis keine Pflanzenfasern mehr zu erkennen sind. Das sieht einfach aus, aber auf ein Armtraining kann man nach einer Runde Mörsern getrost verzichten.

Als ich mir den Schweiß aus dem Gesicht wische, begehe ich den entscheidenden Fehler. Mein Auge brennt wie Feuer, und ich bin minutenlang außer Gefecht gesetzt. Also: Wann immer Sie mit Chili hantieren, waschen Sie sich die Hände, bevor Sie damit in die Nähe irgendwelcher Schleimhäute kommen!

Als ich mich erholt habe, ist der Rest relativ einfach: Rinderfilet, rare oder medium gebraten, wird in dünne Scheiben geschnitten und mit halbierten und entkernten Trauben, Minzeblättern, dem fein geschnittenen Zitronengras sowie der scharfen Sauce vermischt; ein paar Kaffir-Limetten-Blätter geben dem Salat eine zusätzliche frische Note. Lauwarm ein perfektes Sommergericht.

Scharfer Rindfleischsalat mit Trauben und Minzesauce

800 g Rinderfilet oder Tenderloin
200 g Trauben
40 g Pfefferminzblätter
60 g Zitronengras (äußeres Blatt entfernen, sehr klein schneiden, nur bis zum Ende des rötlichen Inneren benutzen)
8 Blätter Kaffir-Limette (sehr klein schneiden, Blattader entfernen)

Sauce

Grüne Chilis nach Geschmack
40 g Minzestängel
10 Korianderwurzeln
8 Knoblauchzehen
8 Teelöffel Fischsauce
4 Teelöffel Limettensaft
2 Teelöffel Zucker

Selbst erstklassige Restaurants sind in Thailand im Vergleich zu Europa überraschend günstig. Speziell Bangkok ist (neben Singapur) die Welthauptstadt des »Sunday Brunch«. Fast alle

Luxushotels bieten sonntags und auch an Feiertagen opulente Büfetts an, bei denen von thailändischen oder japanischen Gerichten über europäische bis hin zu feinsten französischen Patisserien alles zu haben ist, worauf man Appetit entwickeln könnte. Manchmal gibt es sogar Austern und Champagner oder Foie gras, nach der viele Asiaten ganz verrückt sind. Am besten, man informiert sich vorab im Internet über das Motto des Tages und reserviert einen Tisch.

Im Gegensatz zur modischen Fusion-Küche, die manchmal wahllos Elemente der verschiedensten Kochtraditionen mischt, beruft sich das momentan wohl bekannteste und vielfach ausgezeichnete Thai-Restaurant »Nahm« (Wasser) ausdrücklich auf traditionelle Rezepte, die der australische Chefkoch David Thompson in alten Kochbüchern entdeckt hat. Der mit einem Michelin-Stern ausgezeichnete Küchenchef lehnt es ab, diese Rezepte dem Geschmack der Touristen anzupassen. Und kreiert köstliche Gerichte, die man sonst vielleicht höchstens noch irgendwo auf dem Land bekommen könnte, aber sicher nicht in dieser Auswahl und mit diesen hervorragenden Zutaten – und vor allem nicht in diesem Ambiente.

Das »Nahm« liegt nämlich direkt am Pool des »Metropolitan Hotels«. Das Interieur selbst besteht aus massigen Backsteinsäulen im Thai-Stil mit dezenten, hölzernen Gittern, die andere Gäste auf Abstand halten. Mittags kommt man übrigens ohne eine Reservierung aus, die man abends in Bangkoks besseren Restaurants immer machen sollte. Der Concierge erledigt das gern. Das Lunch-Menü im »Nahm« reicht von leichten Vorspeisen wie Salat von Flusskrebsen mit Schweinefleisch und Wasserkresse bis zur köstlichen Spezialität des Hauses: einem herrlich cremigen roten Curry mit Krebsfleisch. Thompsons Vorliebe für die authentische Thai-Küche zeigt sich auch in einem Buch über Streetfood, in dem er die beliebtesten Rezepte zum Nachkochen präsentiert.

Nur die Desserts sind in Thailand im Vergleich zum extrem würzigen Rest des Menüs merkwürdig fade, eher süßlich, geleeartig und mit einem Hauch von Kokos. Das auf den ersten Blick etwas unheimlich anmutende schwarze Tee-Gelee schmeckt eigentlich nach gar nichts, maximal ein bisschen rauchig, und auch die Glibberwürmer aus Bohnenpaste, die in einer Kokossauce schwimmen, sind eher geschmacksneutral. Interessanterweise – und auch das habe ich bei meinem Kochkurs gelernt – kommt es bei einem Dessert weniger auf den Geschmack an als auf die Konsistenz und darauf, welches Gefühl dieses auf der Zunge und im Gaumen hinterlässt. Vor diesem Hintergrund muss man die Glibberwürmer und Sago-Kugeln natürlich ganz anders bewerten. Die häufig bunten Farben der Süßigkeiten sind überraschenderweise oft natürlich. Die Blüte einer Ziererbse zum Beispiel ergibt, aufgegossen mit heißem Wasser, ein erstklassiges Lebensmittel-Blau.

Das höchste der Gefühle sind unterschiedliche Konsistenzen in einem einzigen Dessert, wie übrigens bei den zu Recht beliebten runden Kokosküchlein, die in einer speziellen Pfanne gebraten werden. Außen bestehen sie aus knusprig gebratenem Reismehl, dann kommt eine cremige Schicht, und im Inneren sind sie mit einem flüssigen Kokoskern geimpft. Diese Kokosküchlein haben einen hohen Suchtfaktor, ebenso wie das Lieblingsdessert aller Urlauber: Mango mit *sticky rice* und Kokossauce.

Das liegt allerdings nicht zuletzt an den köstlichen Mangos, und Obst überhaupt ist ein Kapitel für sich. Nirgends bekommt man so herrliche Früchte wie in Thailand: saftige Mangos, die Fruchtsegmente der riesigen, grüngelben Jackfrucht, kleine, süße Bananen, Büschel von Longans, haarige Rambutan oder riesige Pomelos, aus denen mit Garnelen und Seafood herrlich erfrischende Salate zubereitet werden. Aus dem Norden kommen sogar Erdbeeren und Trauben, und um Surat Thani liegt eines der größten Anbaugebiete für Ananas.

Mein persönliches Geschmacks-Highlight ist die Mangosteen, eine violettbraune Frucht, deren Äußeres irgendwie stylish aussieht, einen aber auch ratlos lässt. Reinbeißen? Schälen? Halbieren? Weder noch! Einmal rundherum einschneiden, aufklappen und dann auslöffeln! Profis gelingt es auch, die Frucht mit einer Hand aufzubrechen, doch ich rate davon ab – meistens endet das mit einer Sauerei. Die harte, bittere und stark färbende Schale enthält weiße Fruchtsegmente, die von der Größe und Form an Knoblauchzehen erinnern und ein feines, ganz eigenes säuerliches Aroma haben.

Auch die Kokosnuss findet sich als Kokosmilch in vielen Gerichten; am erfrischendsten aber ist das Wasser der grünen Nüsse, die auf der Straße angeboten werden. Kokosnusswasser ist ein natürlich isotonisches Getränk, das viele wertvolle Nährstoffe enthält. Unter anderem hat es einen höheren Anteil des Elektrolyts Kalium als handelsübliche Sportgetränke. Diese Eigenschaften machen Kokosnusswasser zu einem idealen Durstlöscher nach jeder Form von körperlicher Anstrengung. Es besitzt einen köstlichen, leicht nussigen Geschmack und sollte am besten gut gekühlt getrunken werden.

Ein Paradies ist Thailand auch für die Liebhaber von Fisch und Seafood, schließlich verfügt es über fast 2600 Kilometer Küstenlinie.

In Bangkok gibt es hervorragende Seafood-Restaurants, und am leckersten ist Seafood da, wo Europäer es ungemütlich finden: zum Beispiel in den taghell erleuchteten und gekachelten Restaurants von Somboon Seafood in der Suriwongse Road und in Chinatown. Curry-Krabbe mit Ei und Frühlingszwiebeln ist hier das bekannteste Hausgericht. Die tellergroßen Krabben kann man in der Auslage noch im lebenden Zustand bewundern. Die Abwesenheit von Touristen in diesen meist überfüllten Restaurants ist so etwas wie ein Qualitätssiegel.

Am besten ist der Fisch natürlich fangfrisch. Ich persönlich verbringe gern meine Zeit auf kleinen Inseln, die dadurch bestechen, dass dort absolut gar nichts los ist. Die einheimischen Fischer fahren hier noch jede Nacht aufs Meer und nehmen auch gern Gäste an Bord, wenn man sein Abendessen selbst angeln möchte.

Ich kann mich dort den ganzen Tag damit beschäftigen, mir vorzustellen, welchen Fisch ich abends essen möchte, zubereitet in allen erdenklichen Varianten. Mit Knoblauch über dem offenen Feuer gegrillt, mit Limone gedünstet oder in einer Curry- oder Tamarinden-Sauce mit Gemüse.

Red Snapper, Jackfish, Makrele, Barrakuda, Thunfisch, Yellow Fin, Squid und Schwimm-Krabben – es gibt alles, und alles ist lecker. Die eher fette Makrele eignet sich gut zum Grillen, der feinere Snapper eher zum Dünsten, der Gelbflossenthunfisch ist mein persönlicher Favorit. Mit der Zeit wird man automatisch zum Fischexperten.

Freunde und ich gerieten einmal in einen Fischkrieg mit einer schwedischen Familie, die den gleichen Geschmack hatte wie wir. Nicht zuletzt hing unser Dinner vom Tagesfang ab und davon, an welcher Stelle der Nahrungskette wir als Gäste standen. Es bekam nämlich jener den besten Fisch, der zuerst bestellte. Dafür benötigte man die besten Informationen und die besten Beziehungen zum Personal, und man musste am schnellsten sein.

Bereits am späten Vormittag scannten wir den Inhalt der Eistruhen, begutachteten den Fang und reservierten die besten Exemplare für unser abendliches Dinner. Wenn die Schweden nur Minuten später auftauchten und nichts mehr bekamen, beobachteten wir bei einem Fruchtshake ihre langen Gesichter und bedachten sie mit einem hämischen *Sawa-*

dee krap. Uns grüßten die Schweden schon lange nicht mehr, gesprochen wurde ohnehin nicht miteinander. Manchmal ist das Leben eben im Kleinen wie im Großen, schließlich streiten sich Nationen auch gern über Fangquoten.

Jahre später lernte ich einen der Schweden, ich hatte dieses Gesicht nie vergessen, zufällig auf einer Party in Stockholm kennen, und er gestand mir, dass ihr liebstes Hobby in diesem Urlaub darin bestanden hatte, sich abfällige Spitznamen für uns Deutsche auszudenken. Er war übrigens sehr nett, und wahrscheinlich hätte ich das auch vorher schon festgestellt, wenn wir das Problem gleich im Thai-Style gelöst hätten. Thais bestellen immer verschiedene Gerichte, von denen jeder sich bedienen kann. Futterneid kommt so gar nicht erst auf.

Shopping

Irgendwie machen sie süchtig: Bangkoks Shopping-Malls bieten nicht nur die üblichen internationalen Luxusmarken, sondern auch nützliche Dinge wie Visitenkarten, Ölbilder nach Passfotos oder Läden, in denen man sein iPhone entsperren lassen kann. Nach einem Tag zwischen MBK, Siam Paragon und Pratunam ist man reif für ein erstklassiges Dinner. Auch das gibt es in der Mall. Meistens befinden sich in den oberen Etagen Food Courts, welche neben internationalen Spezialitäten auch das typische Streetfood anbieten – nur eben in klimatisierten Räumen.

Eigentlich macht das Einkaufen im Zeitalter der Globalisierung kaum noch Spaß, überall auf der Welt gibt es heutzutage das Gleiche zu kaufen. Große Marken klotzen, entworfen von einem Stardesigner, ins Stadtzentrum einen Flagship-Store, der überall stehen könnte, und überall gibt es die gleichen Artikel zum gleichen Preis zu kaufen. Nicht einmal das Gefühl, dass etwas deutlich billiger ist als zu Hause, verschafft mehr einen kleinen Triumph. So ist es zumindest in Singapur und in Hongkong, aber Bangkok – und wenn man in Thailand von Shopping redet, meint man Bangkok – ist da anders.

Jeder weiß, dass Thailand ein Einkaufsparadies ist. Wer glaubt, nur deshalb nicht dem Shoppingrausch zu verfallen, weil er vorgewarnt ist, muss besonders aufpassen. Natürlich gibt es auch hier alle großen Marken, spannend wird es jedoch, wenn man auf die Märkte geht oder die zahllosen kleinen Shops rund um den Siam Square oder den Pratunam-Markt erkundet. Hier findet man zwar jede Menge überflüssigen Mist, aber auch Kostbarkeiten, die man ganz bestimmt nirgends sonst bekommt. Hemden in absurden Mustern, spottbillige Flatterkleidchen, bestickt mit Pailletten-Papageien, eigentümliche Korbwaren, über deren Gebrauch man nur rätseln kann, oder von Bergstämmen gewobene Wickelröcke, die sich hervorragend als Tischdecke eignen.

Wie bei jeder richtigen Sucht wird man auch beim Shopping durch eine Kleinigkeit angefixt, und dann gibt es kein Halten mehr.

Irgendwann will man nicht mehr nur *irgendein* nachgemachtes Louis-Vuitton-Portemonnaie, sondern *das* perfekt gefakte Louis-Vuitton-Portemonnaie aus einer ganz bestimmten Kollektion. Bei solch einer Suche kann man sich tagelang durch Malls und Märkte treiben lassen. Ich habe einmal alle Märkte Bangkoks nach dem perfekten Holzhocker abgesucht. Holzhocker sind in so ziemlich allen billigen Kneipen zu sehen, aber wenn man sie, wie viele Alltagsgegenstände, für die sich Urlauber normalerweise nicht interessieren, kaufen möchte, findet man sie nicht.

Schließlich entdeckte ich abseits von Chatuchak einen Hocker aus massivem Palisander für einen Spottpreis von umgerechnet fünfzehn Euro. Jeder, der weiß, was massive Holzmöbel in Deutschland kosten, kann sich ausmalen, wie glücklich ich über diesen Fund war. Zum Vergleich empfehle ich den Manufactum-Katalog.

Der Shoppingrausch verläuft im Allgemeinen in drei Phasen: Erst will man alles kaufen, was man sieht. Zwei Wochen später findet man alles doof und viel zu teuer. Wieder zu Hause, ärgert man sich, dass man doch nicht alles gekauft hat.

Eine goldene Shoppingregel heißt: Man kann nicht alles kaufen, was man sieht. Wenn man aber das erste Mal im MBK-Center oder auf dem Chatuchak Weekend Market steht, überwältigt von all den begehrenswerten Schnäppchen, Scheußlichkeiten und Kitsch, möchte man eigentlich genau das: alles an sich raffen und mitnehmen, am besten sofort. Zu groß scheint die Gefahr, dass es genau diesen Gürtel, diesen Seidenschal oder diese Handtasche nirgends sonst in dieser Qualität zu kaufen gibt, ein Gefühl, das die Verkäufer mit eingeworfenen Sprüchen wie »only today«, »very special«, oder »good quality« nach Kräften unterstützen. Sie merken sofort, welcher Tourist neu ist im Umgang mit gefälschten Sportschuhen und Balenciaga-Handtaschen.

Beruhigen sie sich! Erst einmal hinsetzen und einen eiskalten Lemongrass-Icetea trinken. Es gibt all das wirklich auch morgen noch zu kaufen, und vielleicht wissen Sie dann, ob Sie das Set von gedrechselten Schüsseln aus Teakholz, die Zahnbürstenhalter in Comictier-Form oder die Essstäbchen mit den versilberten Enden tatsächlich brauchen.

Shoppen in Bangkok beginnt mit Begeisterung über die schier unglaubliche Menge des Warenangebots und endet schnell in Überforderung. Man kennt dieses Phänomen von Leuten, die aus extrem armen und rückständigen Ländern in die zivilisierte Welt kommen: Vor dem Überangebot kapitulieren sie und kaufen schließlich gar nichts, nur dass in Thailand selbst gestandene westliche Shoppingprofis in einen Zustand geistiger Verwirrung geraten können.

Eine Freundin von mir, Münchner Redakteurin und von daher, was Konsum anbetrifft, einiges gewohnt, erlitt auf Chatuchak, dem berühmten Weekend Market in Bangkok, einmal eine Art Nervenzusammenbruch. Ohnehin geschwächt von der Reise und der ungewohnten Hitze wurden ihre Bewegungen und Wortmeldungen zusehends fahriger, während sie wie eine Motte angesichts von Kerzenflammen von einem Stand zum nächsten taumelte und schließlich nur noch Wortfetzen wie »Strandtasche« oder »Die rosa Tagesdecke ... ich habe vergessen, wo die war ...« hervorstieß. Am Ende sackte sie an einem Massagestand auf eine Liege und fing hemmungslos zu weinen an. In Filmen versetzt man der Schockwirkung wegen den Opfern eines traumatischen Ereignisses meist eine Ohrfeige, um sie wieder zur Vernunft zu bringen. Ich schüttelte sie.

»Ich bringe dich jetzt zur U-Bahn, da drin ist es schön kalt«, sagte ich langsam und deutlich zu ihr, auch wenn mir nicht ganz klar war, ob mein Vorschlag zu ihr durchdringen würde und wie ich sie überhaupt aus dem Gewühl herausbringen sollte. Die Wirkung war verheerend.

»Nein«, schluchzte sie auf. »Ich brauche diese Strandtasche mit den Bambushenkeln und die Tagesdecke. Die mit dem indischen Muster. Die kostet bei uns das Fünffache!«

»Ich kann sie dir ja holen«, sagte ich besänftigend. »Schaffst du es, hier sitzen zu bleiben und auf mich zu warten?«

Statt einer Antwort wimmerte sie wieder und klammerte sich an meinen Arm. Sie war von Schweiß überströmt und kurz davor, zu hyperventilieren. Die Idee, sie allein zu lassen, war sicher keine gute. Nach einem eiskalten Fruchtshake hatte sich ihr Zustand so weit stabilisiert, dass es mir gelang, sie in die U-Bahn zu bugsieren. Kaum in dem klimatisierten Zug, fing sie wieder an, von der rosa Decke mit dem indischen Dekor zu phantasieren. Schließlich versprach ich, am nächsten Wochenende wieder nach Chatuchak zu fahren und ihr sowohl die fatale Decke als auch die Strandtasche nachzuschicken.

Tatsächlich ist Chatuchak eine Feuerprobe für jeden Shopper und hat ungefähr das Ausmaß einer Kleinstadt. Über 250 000 Leute schieben sich an jedem Verkaufstag über den größten Open-Air-Markt der Welt mit etwa 15 000 Ständen, und es gibt nichts, was es hier nicht gibt. Das Angebot reicht von Kleidung, Nahrungsmitteln, Haushaltsgegenständen und Möbeln, Antiquitäten, antiquarischen Büchern und Zeitschriften sowie thailändischem Kunsthandwerk bis zu Haustieren, Zierpflanzen, Hieb- und Stichwaffen und Devotionalien. Der Markt ist übrigens auch der größte Umschlagplatz für illegale Wildtiere.

Man kann auf Chatuchak nichts suchen, sondern nur etwas finden, sagt man, aber das stimmt nicht ganz. Auf den ersten Blick wirkt das Chaos ziemlich erschlagend, es gibt jedoch ein paar hilfreiche Orientierungspunkte. Der in diesem Zusammenhang gern erwähnte Uhrenturm in der Mitte des Markts ist jedoch völlig nutzlos, da man ihn nicht sieht, wenn man zwischen den Ständen herumläuft. Hat man sich tatsächlich verirrt, geht man einfach immer weiter geradeaus, bis man auf den breiten, nicht überdachten Gang stößt, der einmal rund um den Markt führt. Folgt man diesem, kommt man automatisch zu den drei Eingängen, der U-Bahn-Station und dem Verwaltungsgebäude, wo es übrigens jede Menge Geldautomaten gibt, an denen man – wie überall in Thailand – am einfachsten und günstigsten mit der EC-Karte Geld ziehen kann.

Hier bekommt man auch einen Plan. Chatuchak ist in 26 Sektionen unterteilt, deren Nummern man überall sieht. Auch wenn er einen nicht vor endlosen Gängen, vollgestopft mit müffelnden Secondhandsachen und alten Armyboots, warnt, so bekommt man zumindest einen Überblick.

Neben den Abteilungen für Möbel und Accessoires sind die Sektionen 2 bis 4 für Besucher am dankbarsten. Hier findet man kleine Boutiquen, in denen junge Designer ihre ersten Kollektionen vorstellen, sowie nette Cafés und Restaurants. Auch direkt um die MRT-Station Kamphaeng Pet (die bringt einen mitten rein ins Getümmel) findet man viele hochwertige und modische Shops. Im Chatuchak Plaza bekommt man ähnliche Produkte wie auf dem Markt, jedoch eher billiger – aus dem einfachen Grund, dass man hier kaum Touristen antrifft. Nach einem Discount fragen kann man aber auch hier. Das ganze Viertel wuchert übrigens ständig weiter. In Sichtweite entstehen weitere Riesenmalls, die 2014 und 2015 eröffnen. Außerdem sollen drei Parks zusammengelegt werden, um die Gegend aufzuwerten. Zusammen bilden sie dann die größte Grünfläche Bangkoks nach dem Lumpini-Park.

Donnerstags ist hier der Tag der Blumen: Dann verwandelt sich der Markt in ein Blütenmeer, das Pflanzenliebhaber zum Schwärmen bringt. Orchideen, exotische Farne oder Lotusblumen gibt es zudem in der Kamphaeng Pet Road gleich gegenüber. Manchmal nehme ich mir einen halben Tag Zeit, einfach nur, um mir die Pflanzen anzusehen, die es bei uns höchstens in botanischen Gärten oder Spezial-Gärtnereien gibt.

Das Problem mit Blumen ist: Wie bekomme ich sie nach Hause? Möglich ist das – in begrenztem Maße. Einmal kaufte ich in Chatuchak Wurzelstöcke exotischer Farne, die aussahen wie riesige Dreckklumpen, die Reise im Koffer aber unbeschadet überstanden. Eingepflanzt entwickelten sie in kurzer Zeit zweieinhalb Meter lange Blätter, die mehr in die Breite als in die Höhe wuchsen, und nach dem dritten Farnwedel war das Zimmer voll.

Orchideen kann man, da sie kaum etwas wiegen, in Kartons oder Luftpolsterfolie verpackt als empfindliches Sondergepäck aufgeben. Entweder sie kommen heil an oder eben nicht. Ein möglicher Verlust ist zu verschmerzen, da Pflanzen in Thailand kaum etwas kosten.

Was den Transport angeht, ist mein Motto: Man kann es ja mal probieren. Es gibt kaum etwas, das man nicht im Handgepäck oder als Sperrgepäck außer Landes bekommt. Besonders von komplizierten Dingen mit Landesbezug wie riesigen Geisterhäuschen aus Teakholz, bei denen alle möglichen Türmchen und Zinnen abbrechen können, sind thailändische Schalterbeamte am Flughafen manchmal so gerührt, dass sie völlig vergessen, dass diese auch ein Gewicht haben. Schicken ist natürlich auch eine Möglichkeit, und in Chatuchak wird einem diese leicht gemacht. DHL, UPS und zahlreiche Speditionen haben hier ihre Büros. Nach dem Einkauf liefert man einfach alles ab und wartet. Die Zeit aber, in der das Verschicken mit der thailändischen Post und per Schiff so billig war, dass man einfach alle Sommersachen und Einkäufe nach Deutschland schickte, wo sie etwa acht Wochen nach dem Winterurlaub pünktlich zum Frühlingsanfang eintrafen, ist leider vorbei. Billiger als Übergepäck ist der Postweg aber immer noch.

Neben dem Ausflug nach Chatuchak gibt es die Shoppingtour durch die Malls. Dabei braucht man die klimatisierten Zonen nur dann zu verlassen, wenn man auf den Übergängen von einer Mall zur nächsten geht. Praktischerweise gibt es dafür um den Siam Square den Skywalk, sodass man sich nicht durch den Autoverkehr quälen muss. Man muss dazusagen, dass Shopping-Malls in Bangkok weit mehr sind als Einkaufszentren, sie sind der Mittelpunkt thailändischer Alltagskultur, wie es vielleicht einmal der Dorfplatz oder Markt war. Hier findet man Supermärkte, Restaurants, Kinos, Bowlingbahnen, Madame Tussauds Wachsfigurenkabinett oder Aquarien. Teenager flanieren Händchen haltend auf und ab, man trifft sich und schaut, was es Neues gibt. Geht man in Venedig auf den Markusplatz, trifft man sich hier im Siam Paragon Shopping Center.

Der Mall-Crawl folgt einer schon klassischen Route rund um den Siam Square, beginnend mit dem legendären MBK-Center. Hier gibt es alles, was billig ist oder elektronisch. Auf Raubkopien von Computerprogrammen und die neuesten Filme auf DVD stößt man hier ebenso wie auf alles, was man an Kleidung für den Urlaub braucht. Innerhalb einer halben Stunde kann man selbst designte Visitenkarten drucken lassen und sich währenddessen einer perfekten Pediküre unterziehen. Überquert man die Straße, wird es zunehmend eleganter.

Im Siam Discovery Center findet man Designermöbel und -bekleidung, teure Kosmetika und Marken wie Calvin Klein. Madame Tussaud ist besonders bei Asiaten beliebt.

Das Siam Center ist Bangkoks älteste Shopping-Mall und wurde kürzlich aufwendig und ausgesprochen stylisch renoviert. Bekannt ist es für die thailändischen Designer, deren Kollektionen sich hinter internationalen Brands nicht verstecken müssen und dabei wesentlich günstiger sind. Mein Tipp: das Label Greyhound, das seit den Achtzigerjahren hochwertige Materialien mit schlichten und minimalistischen Schnitten kombiniert.

Auf der anderen Straßenseite kann man sich in der gleichnamigen Elektronik-Mall auf den Digital Gateway begeben – oder dem Straßenverlauf zum Siam Paragon folgen, derzeit die Königin der Shopping-Malls. Dort findet man alles von Gucci bis Paul Smith, von Armani bis Marc Jacobs – im Original. Spätestens hier gerät man in eine Art Trancezustand, während man von Schaufenster zu Schaufenster wandert. Denn: Irgendwo ist immer gerade Sale.

Gegenüber, in den kleinen Gassen auf der anderen Seite des Siam Square, wird es wieder billiger, jünger und lokaler. Das trifft auch für das Publikum zu, das vorwiegend aus quietschenden Teenagern und Studenten besteht, die vom Campus der nahe gelegenen Chulalongkorn-Universität herüberkommen. Wenn man sich jetzt auf dem praktischen Skywalk vorbei am Central World bis zum Gaysorn-Center vorarbeitet, muss man sich entscheiden. Entweder biegt man hier in Richtung Pratunam-Markt und Platinum-Mall ab, einem Dorado für Billigklamotten, das in unmittelbarer Nähe des Phantip-Plaza liegt, wo es alles rund um den Computer gibt. Oder man folgt weiter der Sukhumvit Road in Richtung Terminal 21 und Emporium. Sie sehen, es nimmt kein Ende …

Planen Sie mindestens einen Tag für Shopping ein; es können auch zwei werden. Oder auch drei. Schließlich gibt es auch noch die Silom Road mit dem berüchtigten Nachtmarkt Patpong, der heutzutage relativ familientauglich ist. Es ist sozusagen für jeden etwas dabei: Go-go-Girls, Hello Kitty und alle Designer-Fakes dieser Welt. Da das Urheberrecht inzwischen auch in Thailand zumindest bekannt ist, bekommt man die Waren meist in einem echten Katalog zu sehen und muss dann ein paar Minuten warten, bis jemand sie aus dem Depot geholt hat. Sollte sich dann, was eigentlich nie vorkommt, tatsächlich die thailändische Obrigkeit für die Echtheit eines Produkts interessieren, wird nur das Teil konfisziert, das gerade am Stand ist, und nicht der gesamte Vorrat. Natürlich ist die Einfuhr von Fakes in Deutschland untersagt, aber es muss jeder mit seinem eigenen Gewissen vereinbaren, ob er Fakes für ein Kavaliersdelikt hält.

Handeln ist übrigens ein Teil des Shoppingvergnügens. Kein Straßen- oder Markthändler hat Festpreise, es sei denn für Standards wie DVDs, die überall dasselbe kosten, und in vielen Läden kann man auch nach einem »discount« fragen. Dabei ist nicht aggressives Feilschen gefragt, schließlich soll das Ganze beiden Parteien Spaß machen.

Früh am Morgen ist die beste Zeit zum Handeln, denn das Geld des ersten Kunden ist »lucky money«. Mit diesen Scheinen wird dann das ganze Sortiment betupft in der Hoffnung, der Verkaufserfolg möge sich auf die anderen Waren übertragen. Dass man grundsätzlich nur ein Drittel des verlangten Ausgangspreises zahlen sollte, ist schlichtweg ein Gerücht. Es hängt immer von dem Artikel ab und davon, wo man ihn kauft. Am besten fragt man an verschiedenen Ständen nach dem Preis, um überhaupt ein Gefühl dafür zu bekommen. Fangen Sie mit dem Gebot bei der Hälfte des verlangten Preises an, werden Sie ein verzweifeltes »Cannooot!« zu hören bekommen, eine Antwort, die Sie sich merken sollten. Schließlich weist sie, wenn Sie selbst sie benutzen, Sie schon als Kenner thailändischer Gepflogenheiten aus. Mit zehnprozentigen Schritten nähert man sich dann meistens einem Verkaufspreis an, mit dem beide Parteien leben können. Manchmal hilft es auch, sich enttäuscht zu verabschieden, ein paar Minuten später wiederzukommen und ein wirklich allerletztes Angebot zu machen.

Verbissenes Handeln um ein paar Cent bringt einen selten weiter, eher schon Charme oder die Inszenierung eines Minidramas, über das beide lachen können: »Selbst wenn ich wollte, könnte ich nicht mehr für diese Tasche ausgeben, und außerdem ist sie ein Geschenk für meine arme, einsame Frau, die allein im kalten Deutschland auf mich warten muss, weil sie ihren todkranken Vater pflegen muss, der sich beim Gang in die Kirche die Hüfte gebrochen hat.«

Gegen akute Erschöpfungszustände hilft am besten eine Fußmassage, die man ebenso in den Shopping-Malls bekommt wie eine gute Mahlzeit. Entweder im Keller oder ganz oben haben die meisten Malls Food Courts, in denen man von Thai-Food bis zum Sushi-Büfett alles bekommt, worauf man Appetit hat.

Erstarkt kann man sich danach wieder ins Getümmel stürzen. Und merken Sie sich eines: *Peng pai* heißt »zu teuer«…

Wohnen

Hinter dem mit italienischen Bisazza-Kacheln ausgelegten Infinitypool (das sind die tollen Schwimmbecken, die direkt in den Horizont übergehen) öffnet sich eine Lagune in allerlei Türkistönen, dahinter erhebt sich aus dem seichten Wasser eine Insel mit weißem Sandstreifen. Vor mir, am Fuß des Hügels, an welchen sich der erwähnte Pool schmiegt, liegt ein Restaurant »on the beach« mit ein paar Palmen, die sich sanft im Wind wiegen. Auf den kreisrunden Sofainseln (Dedon Orbit, Stückpreis ca. 4000 Euro) nippen einigermaßen attraktive Menschen an gesunden Fruchtcocktails, es säuselt leicht klinische Loungemusik.

Das ist ein typisches Klischee eines Thailandurlaubs und genau das Szenario, das ich vor mir sehe, während ich diese Zeilen schreibe. Das »Anantara Lawana« am Chaweng Beach auf Koh Samui gibt sich alle Mühe, diesem Klischee zu entsprechen, und ist damit sehr erfolgreich: üppige tropische Pflanzen, Villen mit lauschigen Veranden und privaten Jacuzzis, natürlich ein erstklassiges Spa und aufmerksames Personal, das einen mit »Sir« anredet. Das »Anantara« ist gewissermaßen der hotelgewordene Beweis, dass es einem gut geht. Es ist toll. Ich mag so was. Aber nicht nur.

Manche Leute lieben es, den ganzen Tag in der Sonne zu braten, andere besuchen ein Land wegen seiner Kultur, seiner Golfplätze oder Tauchgründe. Ich persönlich liebe Hotels. Alle Arten von Hotels eben. Grandhotels mit Tradition oder Hütten am Strand, nagelneue Luxushotels oder Pensionen, Designhotels in Citylage oder Homestays mitten im Dschungel. All das kann man in Thailand finden. Unterkünfte jeder Preisklasse und für jeden Geschmack. Auch hier muss der Preis nicht zwangsläufig etwas mit Originalität zu tun haben. Persönlich mag ich es sogar am liebsten ganz billig oder ganz teuer.

Ich glaube, meine Begeisterung für Hotels hängt damit zusammen, dass dort alles zusammentrifft, was ich interessant finde: Menschen, Architektur, Design, Mode, Einheimische und Touristen, Business und Freizeit. Man kann stundenlang in der Lobby sitzen und soziologische Studien über Gäste und Personal vornehmen, guten und schlechten Geschmack begutachten, und natürlich gibt es Bars, Restaurants und Spas. Ein Hotel hat immer was von einer Bühne, und ich liebe es, mir vorzustellen, was sich hinter den Kulissen abspielt. In Thailand wie auch in Asien allgemein spielen Hotels eine viel größere Rolle als bei uns, weil sie Inseln in der Stadt sind und häufig besser als das, was es draußen gibt.

Man kann nicht von Hotels in Thailand reden, ohne die luxuriösen Schlachtschiffe der Branche zu erwähnen wie das »Peninsula«, »Four Seasons«, »Amanpuri,« »Sukhothai« oder natürlich das legendäre »Oriental Hotel« in Bangkok. Und tatsächlich sind diese Hotels einen Besuch wert, selbst wenn man sich eine Übernachtung dort nicht leisten kann. Die Restaurants und Bars sind meist erstklassig, und viele bieten einen Sonntagsbrunch oder Lunch an, der auch bei beschränktem Budget erschwinglich ist. Meistens gibt es hier alles an westlicher und asiatischer Küche, was man sich wünschen kann. Hauptsache, Sie tragen keine Flip-Flops. Dann lässt man Sie nämlich gar nicht erst rein.

Das wohl berühmteste Hotel Thailands ist das »Oriental Hotel« in Bangkok. Seine Geschichte beginnt 1876, als zwei dänische Kapitäne in Bangkok ein Gasthaus für Seeleute eröffneten. Das alte Gebäude wurde bei einem Brand zerstört und 1884 von einem anderen dänischen Kapitän neu aufgebaut. Dieser Bau trägt heute den Namen »Author's Wing«, weil dort diverse bekannte Schriftsteller logierten. Der erste war der Seemann Josef Korzeniowski, 1888, später bekannt als Joseph Conrad, dann auch Graham Greene, John le Carré und Somerset Maugham.

Nach dem Zweiten Weltkrieg konnte das Hotel anfangs nicht an seine große Geschichte anknüpfen, bis 1967 der Deutsche Kurt Wachtveitl die Geschäftsführung übernahm und es erneut zu einem Spitzenhotel machte. Der charismatische Hoteldirektor, der die Leitung des Hotels nach 41 Jahren im Jahr 2009 aufgegeben hat, ist eine Legende seiner Branche und ein Füllhorn an Anekdoten. Schließlich hat in seiner Zeit von Liz Taylor bis Michael Jackson so ziemlich jeder Prominente sein Haus beehrt.

Auch wenn Sie nicht gleich den Direktor eines Hauses kennenlernen: Ein guter Concierge – und alle Luxushotels haben einen – ist ein Quell an Informationen nicht nur über sein Hotel, sondern auch über seine Stadt. Meistens kann man sich auf seine Tipps blind verlassen, und wenn er etwas nicht weiß, findet er es für Sie heraus.

Mein erster Besuch im »Oriental«, er ist vielleicht zwanzig Jahre her, war eine Enttäuschung. Der Neubau des »Oriental« war ein schmuckloser weißer Kasten, gelegen in bester Lage am Fluss, innen ganz Animal-Print, hochflorige Auslegware und seidenes Chichi. Nur der historische Flügel, der so klein war, dass man ihn suchen musste, verströmte eine Atmosphäre von müdem Luxus, ganz so, als würde gleich Noël Coward die Treppe herabsteigen und ein Bonmot von sich geben.

Die Suiten im Neubau waren nach zeitgenössischen Autoren benannt und entsprechend hässlich. Die beliebteste Suite war damals die Barbara-Cartland-Suite, die komplett in Pink und Rüschen gehalten war, und ich bezweifle, dass es sie heute noch gibt. Ich irrte also desorientiert durch die Lobby und tat, als würde ich mir am Kiosk Zeitschriften ansehen. Hauptsache, keiner der Angestellten bemerkte, dass ich nicht hierher gehörte. Ich war ein Student, der sich fein gemacht hatte, und genauso unbehaglich fühlte ich mich.

Schließlich landete ich beim Frühstücksbüfett auf der Terrasse am Fluss. Ein Kellner verbeugte sich, spannte einen Sonnenschirm auf, legte eine gestärkte Serviette in meinen Schoß und brachte die Bangkok Post. Irgendwo war eine Bombe hochgegangen, und die winterliche Grippewelle hielt Europa in Atem. Ich stellte mir umgehend vor, meinen Lebensabend, der von mir aus gleich heute anfangen konnte, wie jene Rentner zu verbringen, die hier die Terrasse bevölkerten. Mit Butlern, Yoga und Cocktails in einem rheumafreundlichen Klima. Leider würde meine Rente, wenn mein Einkommen sich weiter so entwickelte, gerade mal für eine Nacht im »Oriental« reichen. Pro Monat.

Gleichzeitig mit diesem angenehmen Gefühl von Reichsein auf Probe stellte sich auch eine diffuse Angst vor der Zukunft ein. Gebt mir einen Job, dachte ich, gebt mir eine Rente, gebt mir einen Platz auf der Terrasse des »Oriental«!

Ein paar Renovierungen später, oder, wie der ehemalige Direktor Wachtveitl es ausdrückte, nach der »diskreten Restaurierung einer anmutigen Dame«, hat das »Oriental« seine manchmal etwas verstaubte Atmosphäre verloren und hält heute die perfekte Balance zwischen Tradition und Moderne.

Speziell das Spa des »Oriental«, gelegen auf der anderen Flussseite in einem Teakpavillon mit privaten Massagesuiten, ist einen Besuch wert. Ein Highlight ist auch das chinesische Restaurant, das in einer Kolonialvilla untergebracht ist und aussieht wie aus einem Wong-Kar-Wai-Film. Die Einrichtung ist eine Hommage an das chinesische Art déco im Shanghai der Dreißigerjahre. Ein Himmel aus scharlachroten Laternen führt den Gast in ein glamourös-düsteres Haus. Geschnitzte Ebenholztüren, die teilweise mit Spiegeln hinterlegt sind, trennen die Opium-Betten nachempfundenen Separees von einem von Säulen gehaltenen, zweistöckigen Raum, der an einen Ballsaal erinnert und mit roten Lackpaneelen getäfelt ist. Allein die Dekoration ist einen Besuch wert, mehr noch die kantonesische Küche. Sehr zu empfehlen ist das Dim-Sum-Büfett, das zum Lunch angeboten wird. »All you can eat« übrigens, und das kann bei den kleinen Snacks eine Menge sein. Dim Sum bedeutet »kleine Leckerbissen, die das Herz berühren«, und dass der Koch mit Herz bei der Sache ist, merkt man. Serviert werden nicht nur die Klassiker mit Garnelen oder Fleisch, sondern auch Teigtaschen, die mit Sauce oder Süßem gefüllt sind.

Um bei Bangkok zu bleiben, denn Bangkok ist nun mal das Mekka für Hotelliebhaber: Man muss unterscheiden zwischen Fluss- und Cityhotels. Am Fluss zu wohnen hat immer etwas von einer großen Geste, aber auch von einer gewissen Distanz. Man ist eben nicht mittendrin in der Hektik der Stadt. Den besten Blick hat das »Peninsula Hotel« zu bieten, das als einziges der großen Hotels von allen Zimmern Flussblick garantiert. Wenn man am Morgen im dreißigsten Stock sitzt und hinter der Skyline die Sonne aufgeht, so ist das kaum zu toppen: rosa Wolken und Wolkenkratzer, die sich irgendwo im Dunst verlieren, unter einem der Fluss, auf dem die Frachter in Richtung Hafen ziehen. Auf der »anderen« Seite des Flusses zu wohnen ist nicht unbedingt ein Nachteil. Alle Hotels haben Boote, die ihre Passagiere direkt zur Skytrain-Station bringen.

Aber auch weniger kostspielige Hotels wie die »Arun Residence« nahe des Palasts, die einen hinreißenden Blick auf den nachts beleuchteten Tempel Wat Arun bietet, können mit malerischer Umgebung punkten. Gleiches gilt für das »Sala Rattanakosin«. Es liegt in einer winzigen Seitenstraße gegenüber des Wat Pra Keo und ist ein weiterer Beweis dafür, dass die Altstadt am Fluss und das Palastviertel im Kommen sind

Ein typisches Betongebäude aus den Siebzigerjahren, wie man sie in Bangkok häufig findet, wurde hier entkernt und in ein modernes Boutique-Hotel mit Flussblick und Dach-Bar verwandelt. Tatsächlich bieten diese Art von Bauten Innenarchitekten mannigfaltige Möglichkeiten. Die Außenwände lassen sich einfach entfernen und durch gläserne Fensterfronten ersetzen – ein Trend, den auch etliche Bars in der Hipster-Straße Thonglor aufgegriffen haben.

Zwischen der cremefarbenen klassizistischen Rosary Church und Chinatown gibt es ebenfalls nette Guesthouses und kleine Hotels direkt am Fluss wie das seit Jahrzehnten beliebte »River View Guesthouse«, das nach einer Renovierung mit einer wunderbaren Dachterrasse aufwartet. Wenn man die Zeit hat, macht es Spaß, sich für einen Nachmittag zwischen den wenigen verbliebenen alten Kolonialbauten, verfallenen Shophouses und neuen Condos zu verlieren und zu sehen, ob nicht wieder ein kleines Hotel aufgemacht hat, das man für sich entdecken kann. Mittlerweile werden Altstadttouren auch mit dem Fahrrad von verschiedenen Veranstaltern angeboten. Luk Krueng (Halb-Thai) Michael Biedassek von den Bangkok Vanguards (bangkokvanguards.com) führt kundig durch die engen Gassen von Chinatown und vermittelt auch Volunteer-Jobs für Reisende, die etwas Nützliches tun wollen.

Cityhotels sind praktisch, wenn man shoppen will oder geschäftlich unterwegs ist; sie befinden sich meist in der Gegend der Sathorn Road oder der Sukhumvit Road.

Das »Sukhothai« in der Sathorn Road ist ein gediegener Tempel des guten Geschmacks, dessen Design von der antiken ehemaligen Hauptstadt Sukhothai inspiriert ist: Stupas, Pagoden und ein Interieur, das mit traditionell thailändischen Materialien und Stoffen spielt, machen das Hotel zu einem zeitlosen Schmuckstück, das in sich perfekt ist. Wer es moderner mag, ist im »Metropolitan« nur ein paar Häuser weiter gut aufgehoben, das ganz auf modernes klares Design setzt.

An der Ecke zum Lumpini-Park liegt das derzeit auffälligste und von dem französischen Designer Christian Lacroix eigenwillig eingerichtete »So Sofitel«, das einen herrlichen Blick über den Park und die Skyline bietet. Unbedingt ansehen! Auch in der Silom Road, parallel zur Sathorn Road und gesegnet mit dem Nachtmarkt Patpong und seinen Go-go-Bars, sind jede Menge Hotels, die jedoch zwischen uninspiriert und abgewohnt changieren. Das Comeback der Silom dürfte allerdings nicht mehr lange auf sich warten lassen – angesagte Bars wie das »Maggie Choo's« im Souterrain des »Novotel« findet man bereits dort; außerdem Bangkoks höchsten Wolkenkratzer, der MahaNakhon, in dem die »Ritz Carlton Residences« eröffnet haben sowie elegante Bars und ein internationales Delikatessengeschäft.

Wenn es so etwas wie Zentren in Bangkok gibt, so sind es die Viertel Fluss – Silom – Sathorn und die Sukhumvit Road auf der anderen Seite des Lumpini-Parks. Die Sukhumvit Road war früher eine Ausfallstraße, in der sich indische Schneider niederließen. Diesen, so erzählt man sich, gehört die Straße immer noch, nur dass sie jetzt steinreich sind und nicht mehr schneidern müssen.

Die trendige Expat-Szene verlagerte sich in den letzten Jahren zunehmend in Richtung Thonglor (Sukhumvit Soi 55), und neben zahlreichen kleinen Hotels eröffnen in den Seitenstraßen immer durchgestyltere Bars und Restaurants. Ausländer, die in Bangkok wohnen, schwärmen gern davon, dass es hier so »gemütlich« sei, was angesichts der chronisch verstopften Hauptstraße vielleicht übertrieben ist, aber dafür gibt es ja den Skytrain.

Etwas inflationär wurden in den letzten Jahren die Etiketten »Boutique-Hotel« und »Spa« vergeben. Manchmal kann man sich des Eindrucks nicht erwehren, dass jedes Hotel, das unlängst mal renoviert wurde und über eine Masseurin verfügt, heute ein Boutique-Hotel mit Spa ist.

Um die Rajadamri Road finden sich zahlreiche Luxushotels wie das »Four Seasons«, das »Conrad« oder das neue »St. Regis«. Erwähnenswert ist auch das »Ariyasom« am ruhigen Ende der Sukhumvit Soi 1, das in einer liebevoll restaurierten alten Thai-Villa aus den Vierzigerjahren untergebracht ist. Kein aufgesetzt modernes Design, kein Chichi, hier ist alles klassisch Thai, viel Teak, dunkles Holz und Kronleuchter. Das kann sehr entspannend sein, denn manche neuen Hotels legen mehr Wert auf Design als auf Service. Die Küche des »Ariyasom« beschränkt sich auf Seafood und Vegetarisches, eine Oase der Ruhe, nur ein paar Hundert Meter entfernt von der quirligen Sukhumvit. Das Hotel gilt übrigens als diskretes Versteck für Patienten, die sich gleich nebenan im renommierten Bumrungrad-Hospital einer Schönheitsoperation unterzogen haben.

Direkt auf der anderen Seite der Sukhumvit Road, auch mit einer großen Auswahl an vegetarischen Gerichten, liegt am Ende der Soi 2 eine weitere Hotellegende, die nicht nur charmant ist, sondern auch unschlagbar billig: das »Hotel Atlanta«. Die Zimmerpreise, die bei etwa zwölf Euro für ein Einzelzimmer ohne Aircondition beginnen, sind einer der Gründe, warum man hier rechtzeitig reservieren sollte, denn es ist eigentlich immer ausgebucht. Was das »Atlanta« so einzigartig macht, ist seine Atmosphäre. Das Schild »Sex-Tourists not Welcome« und die extrem unkleidsamen Uniformen des Personals sind da nur Details.

Gegründet 1952 von dem deutschen Chemiker Dr. Max Henn, ist das »Atlanta« heute so etwas wie ein Museum, in dem man auch wohnen kann. Die Lobby, eingerahmt von zwei geschnitzten Dackeln, mit originalen roten Kunstledermöbeln und stilechten Bakelittelefonen an der Rezeption, sieht aus wie ein Filmset und wird auch ständig als solches genutzt. Die Treppe erinnert an Film-Noir-Szenen, in denen verführerische Frauen solche Treppen herabschreiten. Um das Ensemble perfekt zu machen, wird in dem in Rosa gehaltenen Restaurant nur Jazz und Fifties-Musik gespielt. Der Pool, gelegen in einem herrlichen Tropengarten, war zehn Jahre lang der größte Hotelpool in Bangkok.

Natürlich hat das »Atlanta« auch Nachteile. Der gravierendste ist, dass heute direkt hinter dem Garten ein Highway verläuft. Alle Zimmer über der Höhe der Lärmschutzwand sind so laut, als würde neben dem Bett ein Flugzeug starten. Außerdem ist das »Atlanta« eines jener Hotels, in denen man sich »hochschlafen« muss, übrigens ein Phänomen, das es in vielen preiswerten Hotels gibt. Die Zimmer werden irgendwie bei jedem Besuch besser, wenn man sich mit dem Personal versteht. Die Ausstattung des »Atlanta« ist einfach, und generell gilt: nur zur Straßenseite buchen.

Das Schlimmste, was ich mir allerdings für das »Atlanta« vorstellen kann, ist, dass es einem Investor in die Hände fällt, der alles auf Hochglanz bringt und dann den zehnfachen Preis verlangt. Dann würde es auch diese seltsame Mischung aus Gästen nicht mehr geben: verhuschte Akademiker, allein reisende Frauen mittleren Alters, junge Paare, ein paar Models und angehende Literaten. In einer Vitrine sind nämlich alle Bücher ausgestellt, in denen das »Atlanta« vorkommt, und das Hotel verleiht ein Aufenthaltsstipendium für Literaturprojekte.

Eine spezielle Gruppe von Touristen lässt sich um die Khao San Road im Stadtteil Banglampoo nieder: die Backpacker. Seltsamerweise bleiben sie fast ausschließlich unter sich, und man sieht sie eigentlich nie außerhalb ihres selbst gewählten Gettos. Ihr Lieblingsthema ist Sparen, und das gilt auch für die Guesthouses, in denen sie wohnen. Man muss aber ehrlicherweise zugeben, dass die Qualität der Unterkünfte sich dort in den letzten Jahren extrem gesteigert hat. Auch immer mehr Mittelklassehotels eröffnen in Banglampoo. Wer es also billig mag, der kann sich bedenkenlos dort einquartieren.

In der Pra Athit Road, die in Laufweite liegt, oder um die Samsen Road gibt es inzwischen aber auch nette Hotels, Restaurants und Guesthouses in einer nicht ganz so touristischen Nachbarschaft. Das Hotel »Praya Palazzo« auf der anderen Flussseite ist definitiv einen Besuch wert. Die herrschaftliche Villa aus den Zwanzigerjahren beherbergt heute ein Hotel und ein Restaurant.

Der Nachteil von Banglampoo ist, dass man abends ohne Taxi schlecht wegkommt, und Taxifahrer versuchen, sich das mit Phantasiepreisen bezahlen zu lassen. Wenn Sie Lust auf eine Auseinandersetzung haben, fotografieren Sie die Taxinummer und drohen mit der Touristenpolizei. Den Fahrer kostet das nämlich 1000 Baht. Wenn nicht, steigen Sie einfach aus und halten das nächste Taxi an.

Das archetypische thailändische Hotel jedoch findet man nicht in Bangkok und ansonsten leider auch immer weniger: das Beach-Resort auf der Insel. Ein Bett, ein Moskitonetz, Bastmatten, ein Dach aus Palmblättern und davor das Meer – das verkörperte viele Jahre das Bild von Thailand. Gleichzeitig einfach und romantisch, mit einem Restaurant, in dem eine nette Thai-Familie kochte. Hier konnte man wunderbar die kalte Jahreszeit verbringen und sich vormachen, dass man zum Leben nicht mehr als den Strand braucht und ein bisschen Fisch und Obst. Der Gedanke an Aircondition war da genauso absurd wie der an Rollkoffer oder Internetzugang.

Für mich als bekennenden Nostalgiker war deshalb der erste Besuch auf Koh Samui nach zehn Jahren ein Schock. Wo sich früher Kokospalmen im Wind wiegten, reiht sich am Strand heute ein Hotel an das andere, Jet-Skier rasen durch die Wellen, und Drachenflieger steigen aus ihnen auf. Auch die einstmals einzige geteerte Straße, die einmal rund um die Insel führt, ist heute fast vollständig zugebaut. Trotzdem ist natürlich nicht alles schlecht auf Koh Samui, ganz im Gegenteil. Man muss sich nur darauf einlassen.

Wenn ich ehrlich bin, bin ich sogar ein bisschen stolz darauf, dass man mir meine Idee gestohlen hat: Schließlich habe ich schon vor zwanzig Jahren darüber fabuliert, dass man an die Landspitze am Ende der sanft geschwungenen Bucht von Maenam, wo damals eine Kokosplantage war, ein tolles Hotel bauen könnte. Kürzlich hat an genau dieser Stelle das »W Retreat« eröffnet, eine Anlage mit Luxusbungalows und einem Restaurant vor atemberaubender Kulisse, wobei Retreat hier ein Schlüsselwort ist. Sowohl auf den Inseln im Golf von Thailand als auch an den Stränden der Andamanensee geht der Trend in Richtung äußerst komfortabler Hotelanlagen, die man eigentlich nicht mehr verlassen muss – höchstens für einen Strandspaziergang. Das ist schade, denn die Umgebung spielt in der neuen Luxuskulisse nur noch eine untergeordnete Rolle. Früher lebten alle in den gleichen Bungalows, und Geld spielte keine Rolle, denn der Strand und die Aussicht waren demokratisch für alle zugänglich, man war näher an den Einheimischen. Aber vermutlich sind viele der gepflegten Touristen mittleren Alters, die man heute am Chaweng Beach entlanglaufen sieht, die gleichen, die hier vor zwanzig Jahren in der Bambushütte saßen. Die Ansprüche ändern sich eben.

Und natürlich ist Thailand auch für die Liebhaber des Einfachen nicht ganz verloren. Man muss nur etwas weiter wegfahren und den Rollkoffer zu Hause lassen. An den Stränden von Koh Mak oder Koh Kood oder auch auf den südlichen Inseln der Andamanensee oder im Tarutao-Nationalpark findet man noch diese herrlich träge Resort-Atmosphäre, in der man so wunderbar abschalten kann. Auch die Inseln Koh Yum und Koh Phayam sind immer noch ein Reservat für Backpacker und Budget-Touristen, was zweifelsohne daran liegt, dass der Flughafen von Ranong lange Jahre nicht angeflogen wurde und man umständlich und unbequem mit Auto oder Bus anreisen musste. Inzwischen fliegt Happy Air die Stadt Ranong fast täglich an – ob zum Vorteil der Inseln sei dahingestellt. Ist erst einmal ein Flughafen in der Nähe, ist es mit dem Hippie-Feeling leider meistens schnell vorbei. Schon sind die Bungalows häufig aus Holz oder Beton statt aus den traditionellen Bambusmatten.

Das bringt Vor- und Nachteile mit sich. Zwar ist die Durchlüftung bei der Leichtbauweise besser, dafür hört man aber auch alles. Nie vergessen werde ich eine recht eng gebaute Anlage auf Koh Lipe, wo ein Pärchen einen Bungalow in unmittelbarer Nähe des Restaurants bezogen hatte. Jeden Tag nach dem Abendessen drang ein hohes Pfeifen etwa von der Frequenz einer Hundepfeife in den Barbereich, unterbrochen von tiefem Röhren. Was denken sich Leute dabei, wenn sie hinter papierenen, geflochtenen Wänden aus Palmblättern heftigen Sex haben und dabei solche Geräusche absondern? Wahrscheinlich gar nichts.

Bangkok – Stadt der Engel

Bangkok ist mein Lieblingsmoloch. Entweder man liebt die Stadt oder man hasst sie. Die thailändische Hauptstadt ist größer, bunter, ärmer, reicher und hässlicher als jeder andere Ort in Thailand und manchmal sogar schön. Es gibt Häuser in Roboterform oder nagelneue Wahrzeichen wie den auch »Pixelhochhaus« genannten MahaNakhon-Tower, derzeit das höchste Gebäude in der Stadt, ein paar Kilometer weiter ragen die Stahlskelette von Investitionsruinen der vorletzten Wirtschaftskrise in den Himmel. Tempel reihen sich an Slums, Rotlichtbars an Luxushotels. In Bangkok existieren alle Gegensätze nebeneinander, und niemand scheint sich daran zu stören. Nirgends wird so viel Geld ausgegeben und verdient wie hier, nirgends gibt es so viel Armut.

Schließlich lebt von den geschätzten 65 Millionen Einwohnern Thailands allein ein Fünftel in diesem Ballungsraum; etwa 75 Prozent von ihnen sind Thais, etwa 15 Prozent ethnische Chinesen, die jedoch einen ungleich höheren wirtschaftlichen Einfluss haben, als es ihr Anteil an der Bevölkerung vermuten lässt.

Bangkok ist seltsam chaotisch und gleichzeitig dynamisch. Eine Baustelle von der Größe des Potsdamer Platzes, für dessen Bebauung in Deutschland zehn Jahre oder mehr veranschlagt werden, ist in Bangkok ein Jahr später nicht mehr als solche zu erkennen. Für den Besucher mag der ewige Abriss und Neubau verwirrend sein, für den Bewohner ist er ganz normal. Es ändert sich eben alles im Leben. Man lebt, man stirbt, man ist arm oder reich. Und viele kennen nichts anderes als den ständigen Wandel. Fast die Hälfte der Einwohner ist unter zwanzig Jahren alt.

Die Klagen über schlechte Luft, Verkehrschaos, Immobilienspekulation, steigende Preise oder den sinkenden Grundwasserspiegel sind nicht mehr als ein Small-Talk-Thema, wahrscheinlich gibt es sie seit Mitte des 20. Jahrhunderts, als die siamesische Hauptstadt rapide zu wachsen begann. Bislang hat man immer eine Lösung für derartige Probleme gefunden. Außerdem kann sich kaum jemand vorstellen, hier wegzuziehen. Wohin auch? Aus Sicht eines Bangkokers ist alles andere in Thailand Provinz. An den Strand oder in die Berge fährt man für ein paar Tage zur Erholung, aber bestimmt nicht, um da zu leben! Man hat dafür den schönen Begriff »upcountry«, und was eigentlich »aufs Land« bedeutet, ist immer auch ein bisschen herablassend. Wenn jemand erzählt, er fahre ein paar Tage »upcountry«, so fragt man am besten nicht mehr nach.

Überhaupt ist alles anders in Bangkok als im Rest des Landes. Die in vielen ländlichen Gebieten immer noch sehr traditionelle Gesellschaft hat hier das enge Korsett aus Familie, Religion und Tabus abgelegt und ist ein Magnet für jeden Thai, der von Karriere, Geld und einem besseren Leben träumt. Bangkok ist Thailands wirtschaftliches, gesellschaftliches und kulturelles Zentrum – oder sein glamouröser, hektischer Wasserkopf. Trotz allem kann man sich hier wunderbar entspannen. Man muss nur wissen, wo und wie.

1782 entschloss sich der königliche Hof, die Hauptstadt Thailands an eine Flussbiegung am Ostufer des Chao Praya zu verlegen, nachdem die Burmesen die alte Hauptstadt Ayutthaya in Schutt und Asche gelegt hatten. Die neue sollte gut zu verteidigen sein und war weitgehend von Wasser umgeben, was heutzutage zu regelmäßigen Überflutungen führt. Dies war auch der Beginn der Chakri-Dynastie, die bis heute das Land regiert. Zur Festigung seines Herrschaftsanspruches ordnete König Rama I. den Bau des Grand Palace und des Wat Pra Keo an. Seine neue Hauptstadt nannte er Krung Thep, die »Stadt der Engel«.

Thais nennen ihre Hauptstadt nämlich nicht Bangkok, sondern stattdessen Krung Thep, die »Stadt der Engel«. Ganz offiziell jedoch verfügt Bangkok über den längsten Städtenamen der Welt: *Krung Thep MahaNakhon Amon Rattanakosin Mahinthara Ayuthaya Mahadilok Phop Noppharat Ratchathani Burirom Udomratchaniwet Mahasathan Amon Piman Awatan Sathit Sakkathattiya Witsanukam Prasit*, ausgesprochen ungefähr zwanzig Sekunden lang und übersetzt »Stadt der Engel, große Stadt, Residenz des heiligen Juwels Indras, uneinnehmbare Stadt des Gottes, große Hauptstadt der Welt, geschmückt mit neun wertvollen Edelsteinen, reich an gewaltigen königlichen Palästen, die dem himmlischen Heim des wiedergeborenen Gottes gleichen, Stadt, die von Indra geschenkt und von Vishnukarm gebaut wurde«.

Ungefähr genauso groß und unüberschaubar wie dieser Name ist der Großraum Bangkok mit seinen geschätzten zwölfeinhalb Millionen Einwohnern. Der Chao Praya River hat die Form eines S und bietet eine gute Möglichkeit, sich zu orientieren. Die linke Seite, Thonburi, konnte man bis auf die großen Hotels am Ufer und eine Klong-Tour lange komplett vergessen, doch auf einer großen Brache nahe des »Peninsula Hotels« entsteht jetzt eine riesige neue Mall, und ein paar Kilometer flussabwärts wird eine Dependance des bei Touristen und Einheimischen gleichermaßen beliebten Nachtmarkts »Asiatique« eröffnet.

Der Umgang mit den Straßennamen in Bangkok ist einfach. Die großen Straßen werden namentlich genannt, der Zusatz »Soi« mit einer Nummer bezeichnet die Querstraße, wobei die ungeraden Zahlen die rechte Seite markieren, gerade die linke. »Sukhumvit Soi 2« ist also die erste Straße auf der rechten Seite der Sukhumvit Road.

Wenn Sie in Bangkok Urlaub machen, liegt die Kunst in der Beschränkung. Bleiben Sie lieber in jeweils einer Ecke. So können Sie Bangkok in drei Tagen bequem kennenlernen. Ein guter Start für den ersten Tag ist eine Tour entlang des Flusses mit einem opulenten Frühstücksbüfett im »Peninsula« oder »Oriental«, anschließend nimmt man das Boot, das einen direkt zum Palast bringt. Nachdem Sie den besichtigt haben, ist noch genügend Zeit für ein, zwei Tempel und ein Abendessen entweder am Fluss oder in der Sukhumvit Road.

Tag zwei widmen Sie komplett dem Shopping rund um den Siam Square, unterbrochen von kleinen kulturellen Abstechern in das Bangkok Arts and Cultural Center oder das Jim Thompson House. Nach einer Massage und dem Dinner in der Silom oder Sathorn Road schlendern Sie über Patpong und den Nachtmarkt.

Der dritte Tag ist dann schon beinahe eine Zugabe, den man mit noch mehr Shopping, Spa-Aufenthalten oder kulturellen Highlights füllen kann. Fällt er auf ein Wochenende, würde ich in jedem Falle mit dem Chatuchak-Markt beginnen, solange es morgens noch kühl ist. Anschließend müssen Sie sich vermutlich beim High Tea in einem der besseren Hotels oder dem Gartenrestaurant des British Club erholen. Vielleicht lockt Sie noch ein Spaziergang durch die Gassen von Chinatown, und nach dem Dinner und ein paar Cocktails ist man reif für die Clubs der RCA, der Royal City Avenue.

Tipps, die man zwanglos auf drei Tage verteilen kann:

- *Königspalast*
  Der Palast und der königliche Tempel Wat Pra Keo, der den Smaragd-Buddha beherbergt, ist ein Muss, auch wenn man wenig für Sightseeing übrighat.
- *Wat Pho*
  Nicht nur der liegende Buddha ist eine Attraktion, auch die Massageschule.
- *Wat Arun*
  Der Tempel der Morgenröte ist ausgerechnet bei Sonnenuntergang am schönsten und abends dramatisch beleuchtet. Genießen Sie den Blick bei einem Dinner oder Drink von der anderen Flussseite.
- *Massage*
  Stretching und Akupressur bringen verspannte Muskeln und müde Beine wieder auf Trab.
- *Chatuchak*
  Kleider, Möbel, Haustiere, Blumen, Antiquitäten, Bücher – es gibt nichts, was es hier nicht gibt. Der größte Open-Air-Markt der Welt ist so groß wie eine Stadt.
- *Siam Square*
  Der beste Ausgangspunkt für eine ausgedehnte Shoppingtour. In den kleinen Gassen deckt sich Bangkoks Jugend mit günstiger Trendware ein.
- *Patpong*
  Der Nachtmarkt hat für jeden etwas zu bieten: Fakes, Plüschtiere, nackte Tatsachen.
- *Panthip Plaza*
  Ein Paradies für Nerds. Hier findet man alles rund um den Computer. Wirklich alles.
- *Siam Paragon, Central Embassy, Em Quartier*
  Ferrari gefällig? Gucci-Schuhe? Oder ein Paul-Smith-Anzug? In Bangkoks nobelster Shopping-Mall sind alle großen Labels versammelt. Ein 3D-Kino und die beste Delikatessenabteilung gibt es auch.

- *MBK*
  Das Mah Boon Krong Center ist die Mutter aller Shopping-Malls, ein Mekka für Schnäppchenjäger.
- *Opfern*
  Tun Sie etwas für Ihr Karma. Lassen Sie Vögel und Fische frei, oder verpflegen Sie Mönche mit vorgefertigten Fresspaketen.
- *Thai-Boxen*
  Die sonst so friedlichen Thais können auch zuschlagen. Beim Thai-Boxen tut schon das Hinsehen weh.
- *Jim Thompson House und Shop*
  Der ehemalige CIA-Spion belebte die thailändische Seidenindustrie wieder, bevor er in Malaysia verschwand. Nebenbei sammelte er antike Teakhäuser und Antiquitäten. Dort befindet sich auch eine Stiftung für zeitgenössische Kunst.
- *Garküchen*
  Convent Road / Ecke Silom, Surawong, Sukhumvit 38, Yaowarat oder Charoen Krung. Die Snacks auf der Straße schmecken manchmal besser, als was man in teuren Restaurants so bekommt.
- *Blumenmarkt*
  Neben der Memorial Bridge duftet es nach Rosen, Lilien und Orchideen. 24 Stunden täglich, aber vor allem wenn die Sonne aufgeht, ist Bangkok hier traumhaft schön, ein echtes Märchen.
- *Bangkok Arts and Cultural Center*
  Sieht ein bisschen aus wie das Guggenheim in New York und beherbergt alles, was es an zeitgenössischer Kunst in Thailand zu sehen gibt.
- *Boote statt Busse*
  Der Chao Praya River ist eine Verkehrsader ohne Stau und bietet einen ganz neuen Blick auf Paläste, Tempel und Hochhäuser.

- *Khao San Road*
  Das Backpacker-Dorado kann man scheußlich finden, doch es ist zweifellos eine Sehenswürdigkeit.
- *Cabarets*
  Calypso, Mango oder Golden Dome – die Lady-Boy-Shows in Thailand gehören zu den besten der Welt.
- *Bars mit Aussicht*
  Die Sky-Bars sind ganz oben auf den besten Hotels. Hier oben liegt Ihnen die Stadt bei einem Cocktail zu Füßen. Eine herrliche Aussicht haben Sie im »Park Society« (So Sofitel), »Octave« (Marriott Thonglor), im »Eagle Nest« (Sala Arun), im St. Regis Hotel, »Scirocco« (State Tower), »Vertigo« (Banyan Tree Hotel), »360 Degrees« (Hilton), »The Roof« (Sala Rattanakosin). Absolut angesagt ist derzeit in Bangkoks bevorzugter Ausgehmeile Sukhumvit Soi 11 das »Above Eleven« im 35. Stock der Frazer Suites.
- *Mor Lam*
  Die schnelle thailändische Volksmusik, bei der es immer um große Gefühle geht, kommt aus dem Isaan, dem ländlichen Nordosten. In Mor-Lam-Kneipen treten die Stars der Szene auf. In der »Tawan Daeng Thai German Brewery« in der Rama III Road erlebt man, was sich Thais unter deutscher Gemütlichkeit vorstellen und natürlich die Stars der Szene. Schrill ist untertrieben.
- *RCA*
  Die Royal City Avenue ist Bangkoks Clubmeile, auf eineinhalb Kilometern reihen sich Bars und Clubs aneinander. Wenn man sehen will, wie junge Großstadt-Thais feiern, ist man hier richtig.
- *Bang Krachao*
  Entspannen sie in Bangkoks »grüner Lunge« zwischen Obstplantagen mit dem Fahrrad. Vom Tempel Wat Klong Thoei Nok sind sie mit dem Longtailboot in wenigen Minuten in einer anderen Welt.

Der Kern der »Großen Mango«

Neben »Stadt der Engel« existiert noch ein weiterer Spitzname für Bangkok: »The Big Mango«. Und irgendwie passt das perfekt. Thailands Hauptstadt hat wirklich etwas von einer überreifen Mango: aromatisch, saftig, klebrig und süß, schnell verderblich und mit einem faserigen Kern, an den man nur schwer herankommt. Als Bewohner fragt man sich natürlich immer wieder, was wohl Bangkoks »Kern« sein mag, und in jedem Falle besteht er nicht aus den glitzernden Shopping-Malls, die überall wie Pilze aus dem Boden schießen, aus Hochhäusern und Designer-Bars. Vielmehr findet man ihn irgendwo in der Altstadt, in den Gassen von Chinatown und in den letzten grünen Oasen am Fluss.

Bangkok muss nicht laut und hektisch sein. Man kann alledem wunderbar aus dem Weg gehen. Es gibt Ecken, wo Bangkok immer noch fast beschaulich und nostalgisch ist, eine Stadt der Obstfarmen, Tempel und historischen Häuser. Schließlich begann die Metamorphose Bangkoks vor gerade mal zwei Generationen: So lange ist es erst her, dass die Stadt der Kanäle und Alleen zu einer Metropole nach westlichem

Vorbild wurde Und wie ein verblassendes Bild bei einer Überblendung scheint das alte Bangkok auch heute noch an vielen Stellen durch. Man muss nur ein wenig danach suchen.

Das historische Bangkok liegt in erster Linie auf der Halbinsel Rattanakosin. Wer es erkunden will, kann direkt an der Thaksin-Brücke anfangen. Gleich neben der BTS-Station, an der man sonst auf die Boote umsteigt, steht ein chinesischer Tempel, und folgt man der Gasse, die sich dort hinter dem »Shangri La-Hotel« entlangschlängelt, so gelangt man zum Wat Suan Plu, einem Tempel, in dem die Holzhäuser der Mönche noch in Gebrauch sind und der ein ganz irritierendes Panorama bietet. Steht man direkt davor, so sieht man nicht etwa den Himmel im Hintergrund, sondern die Balkone des State Towers, eines der bekanntesten Wolkenkratzer Bangkoks.

Nach einem kurzen Stück auf der Charoen Krung Road, vorbei an der Silom Road, biegt man zum »Oriental Hotel« ab. Hier im alten europäischen Handelsviertel liegen die katholische Assumption Cathedral und die East Asiatic Company mit ihrer venezianischen Fassade. Da man nicht direkt am Ufer entlanggehen kann, nutzt man am besten die kleinen Gassen in der zweiten Reihe. Die Residenz des französischen Botschafters in der Soi 36 ist ein koloniales, weißes Schmuckstück mit großen Freitreppen zum Garten. Das Anwesen liegt direkt am Flussufer, ist aber leider nicht immer zugänglich.

In derselben Gasse, neben den Teakhäusern um die Haroon-Moschee, verfällt das alte Zollhaus auf einem der schönsten Grundstücke Bangkoks. Kino-Fans kennen es aus Wong-Kar-Wais Film »In the Mood for Love«. Mit seinen Sprossenfenstern und imposanten Säulen war das von einem italienischen Architekten erbaute Verwaltungsgebäude einst das Tor zu Thailand, durch das alle Händler gehen mussten. Auch wenn immer mal wieder die Rede davon ist, dass Luxushotels sich für das Anwesen interessieren, so beherbergt es nach wie vor eine Feuerwache, in der auch die Familien der Feuerwehrleute wohnen. Die wollen zum einen nicht ausziehen, zum anderen wäre ein Umbau extrem aufwendig.

Wenn man vom Zollhaus über die Soi 34 auf die Hauptstraße zurückkehrt, kommt man an dem Restaurant »Harmonique« vorbei, das mit prächtigen Antiquitäten möbliert ist. Ein Stück die Surawong Road aufwärts liegt der British Club. Zu dem haben zwar nur Mitglieder Zugang, doch er bekocht auch das charmante und moderne Gartencafé neben der Neilson-Hayes-Bibliothek – perfekt für einen Lunch. Der Kuppelbau der Bibliothek aus dem 19. Jahrhundert eignet sich übrigens wunderbar für eine kühle Unterbrechung des Spaziergangs. Um zwischen den Vitrinenschränken in historischen Wälzern zu blättern, muss man noch nicht einmal einen Leseausweis haben. Und WLAN gibt es dort auch.

Wie die Menschen Mitte des 20. Jahrhunderts in der thailändischen Hauptstadt gelebt haben, zeigt das Bangkokian Museum. Das Ensemble von Holzhäusern steht versteckt inmitten eines Gartens in einer schmalen Seitengasse der Charoen Krung und ist nicht ganz leicht zu finden. Die Einrichtung der Häuser ist noch vollständig erhalten – von den schimmernden Teakböden bis hin zu den Lichtschaltern aus Bakelit. In der Sammlung sind vorwiegend Alltagsgegenstände ausgestellt, die eine ältere Dame dem Besucher gern ausführlich erklärt. Das Hauptpostamt, das mit seinen riesigen vergilbten Räumen bis vor Kurzem noch einer Zeitkapsel glich, wurde leider einer ziemlich hässlichen Renovierung unterzogen, die viel von der Atmosphäre zerstört hat. Es dient heute ebenfalls in erster Linie als Museum.

Nach der River-City-Shopping-Mall beginnt mein Lieblingsviertel: Talat Noi. Dieser Teil der Altstadt hat sich in den letzten Jahrzehnten kaum verändert. Vor der Rosary Church und der Bank of Siam verläuft die Soi Vanit 2, die mit einem Food-Markt beginnt und von sehr leckeren Straßenrestaurants gesäumt ist. Vor den Läden liegen riesige Berge ölverschmierter Gebrauchtwagenteile, die hier ebenfalls gehandelt werden. Folgt man dem Wegweiser zum »River View Guesthouse«, ohne jedoch in die Gasse zu diesem Hotel abzubiegen, gelangt man zu einem der schönsten chinesischen Häuser Bangkoks. Nur wenige dieser Anwesen sind heute noch erhalten, und dieses ist seit über 200 Jahren im Besitz der Familie von Mister Poosak. Ein uralter, mit bunten Bändern geschmückter Bodhi-Baum, vor dem ein Geisterhäuschen steht, markiert den Beginn einer winzigen Gasse. Wenn man den mit Fresken geschmückten Eingang durchquert, findet man sich in einem mit tonnenschweren Granitblöcken gepflasterten Innenhof wieder, auf dem bizarrerweise ein Pool steht. An der Wand hängen Tauchequipment und Neopren-Anzüge. Dabei riecht es eindeutig und intensiv nach Hund, und es kann passieren, dass eine Meute Beagles kläffend an einem vorbeijagt.

Mister Poosak, dessen Familie einst das ganze Viertel besaß, betreibt hier nämlich eine Tauchschule und eine Hundezucht; seine Tiere gewinnen weltweit renommierte Preise. Auch wenn das Haus eigentlich nicht für die Öffentlichkeit zugänglich ist, erzählt er dem Besucher gern die Geschichte seiner Familie. Mister Poosaks Vorfahren, so erfährt man, wickelten einst die Bankgeschäfte zwischen den chinesischen Einwanderern in Bangkok und dem Heimatland ab. Seine Großmutter sei die erste Frau in Thailand gewesen, die Steuern zahlen musste. Ein Großteil des Vermögens wurde zwar wieder verspielt, so behaupten zumindest tratschende Nachbarn, doch das Haus seiner Familie an eine Hotelkette zu verkaufen oder in ein Restaurant umzuwandeln kommt für Mister Poosak nicht infrage, und so erhält er das Anwesen, so gut er kann. In jedem anderen Land stünde ein so einzigartiges Baudenkmal längst unter Denkmalschutz. Der existiert in Thailand leider nur für öffentliche Gebäude, nicht für private. Und eins sollte man auch nicht vergessen: So traditionsbewusst sich die Thais auch geben – die meisten würden lieber eine nagelneue Wohnung beziehen als ein Haus wie das von Mister Poosak. Ältere Immobilien verkaufen sich generell schlecht, weil viele Käufer die Geister ehemaliger Bewohner fürchten.

Wenn er Zeit hat, zeigt Mister Poosak auch den ersten Stock seines prachtvollen Anwesens. Hinter den lackroten, geschnitzten Türpaneelen erstrecken sich Fluchten von düsteren Gemächern. Es ist still hier und kühl, nur manchmal knarrt eine Diele. Auf dem Familienaltar stehen vergilbte Ahnenbilder. Mister Poosaks verstorbene Verwandten scheinen den Betrachter aus dunklen Augen zu fixieren, ganz so als wollten sie klarstellen, dass die Vergangenheit nie ganz vorbei ist. Die Fäden, die den Raum durchziehen und zu den Bildern führen, sollen übrigens die Verbindung zu den Vorfahren herstellen.

Auch einen Cappuccino oder Kuchen kann man inzwischen tagsüber hier genießen und besonders die chinesischen Instagrammer haben das Talad-Noi-Viertel für sich entdeckt. Die beliebtesten Motive sind ein heiliger Bodhi-Baum, ein verrosteter Fiat 500, der malerisch an einer Mauer steht, und die Graffitis, die seit einiger Zeit viele Wände schmücken.

Gleich um die Ecke liegt das »River View Guesthouse«, das Traveller als günstige Unterkunft schon seit den Achtzigerjahren kennen. Doch seit seiner Renovierung ist es nicht nur durchaus komfortabel, sondern der namengebende Flussblick macht es zu einer beliebten Location für einen Sundowner oder für Partys. Von der Dachterrasse hat man einen herrlichen Blick auf fast vier Kilometer Flussbiegung.

Unverhofft sind Chinatown und Bangrak rund um die Charoen Krung Road als »Creative District« in aller Munde. Mit Galerien in alten Fabriken, die sich abends manchmal in Pop-up-Restaurant oder -Bars verwandeln, ist die Gegend dabei, ein ganz neues, junges Gesicht zu bekommen. Nicht zuletzt dadurch, dass das TCDC (Thailand Culture and Design Center) das Grand Postal Building aus den Vierzigerjahren bezogen hat und ein an Kunst und Design interessiertes Publikum anzieht. Auch der bisherige Hauptbahnhof Hua Lamphong soll nach Fertigstellung des neuen Fernbahnhofs in ein Museum umgewandelt werden. Die neue Wertschätzung, die die Altstadt bei Touristen und Einheimischen genießt, ist auch auf die bessere Anbindung zurückzuführen. Die Weiterführung der U-Bahn (MRT) macht das Viertel interessant für Investoren, denn im Umkreis von 500 Metern um die Trasse darf neu gebaut werden. Und so werden hier statt der typischen chinesischen Shophouses wohl bald vielstöckige Apartmenthäuser zu sehen sein. Direkt bedroht von Gentrifizierung und Abriss ist die Charoen Chai Community, eines der ältesten Viertel Chinatowns in unmittelbarer Nähe des Tempels Wat Mangkon Kamalawat.

In den engen überdachten Gassen stehen zweistöckige Shophouses, die über hundert Jahre alt sind. Viele Familien leben hier seit Generationen. In den kleinen Heimwerkstätten werden traditioneller Tempelschmuck und kunstvolle Grabbeigaben aus Papier gefaltet. Heute ist neben Totengeld allerdings auch das iPhone aus Pappe für das Jenseits zu haben. Die Mietverträge werden nur noch monatsweise verlängert, doch es regt sich Widerstand. Unter der Federführung der resoluten Foto-Händlerin Pee Lek entstand ein kleines Museum in der Charoen Krung Soi 23, das die Geschichte und historische Bedeutung von Charoen Chai zeigt. Mit einer der ersten Bürgerinitiativen in Thailand überhaupt setzen sich die Bewohner gegen die Gentrifizierung ihres Viertels zur Wehr.

»Wir sind nicht gegen die Modernisierung«, sagt Pee Lek, »aber warum muss sie gegen die Bewohner geschehen und nicht mit ihnen?«

Noch ist der Spaziergang durch die malerischen Gassen von Charoen Chai wie ein Fenster zur Vergangenheit. Durch die offenen Türen der kleinen Läden bekommt man einen Einblick in das Leben und die Arbeit der Bewohner. Bangkoks Stadtplaner täten gut daran, sich an den Nachbarländern zu orientieren, bevor hier alles abgerissen wird. Die wenigen in Singapur oder Kuala Lumpur verbliebenen Shophouse-Zeilen sind mittlerweile Touristenattraktionen, die von den örtlichen Behörden groß beworben werden. Bangkok hat ganze Viertel davon. Noch zumindest.

In eine ganz andere Welt versetzt fühlt man sich wiederum in Bang Krachao auf der Halbinsel Pra Pradaeng, die in einer Flussschleife direkt gegenüber dem Hafen Klong Thoei liegt. Am Ufer stehen malerische Häuser auf Stelzen, und viele Thais bauen hier neuerdings ihre Wochenendhäuser. Pra Pradaeng ist die grüne Lunge der Hauptstadt und erfreut sich wachsender Beliebtheit auch unter der jungen hippen Bevölkerung. Diese hat seit ein paar Jahren das Fahrradfahren für sich entdeckt und investiert ihr Geld in Luxusräder, die man in der Stadt nicht ausfahren kann. Auf Pra Pradaeng hingegen gibt es kaum Verkehr, und zwischen Dschungel, Obstplantagen und Kanälen kann man wundervoll biken. Am Wochenende ist auch der Talad-Bang-Nam-Pheung-Markt ein beliebtes Ausflugsziel, auf dem man von gegrillten Entenzungen bis zu ominösen gelee-artigen Süßigkeiten alle möglichen Spezialitäten probieren kann.

Ausländische Reisende haben Bang Krachao bislang kaum entdeckt. Dabei dauert es weniger als eine halbe Stunde von Downtown Bangkok, um von der chronisch staugeplagten Metropole auf die andere Seite des Flusses zu kommen. Wenn man sich mit dem Taxi zum Tempel Wat Klong Thoei Nok bringen lässt, gelangt man zu einer Anlegestelle, von der aus Longtailboote und kleine Fähren den Fluss überqueren. Am Pier Kamnan Khao kann man wie an vielen anderen Stellen in Bang Krachao Fahrräder ausleihen. Wer seine Auszeit im Grünen verlängern möchte, hat die Auswahl zwischen Homestays und dem »Bangkok Tree House«, einem schicken Öko-Hotel, von dessen Dachterrasse man durch die Palmwedel auf Bangkoks Skyline blicken kann, die von hier wie eine ferne Fata Morgana unter einer Dunstglocke aussieht.

Wie man sich als Tourist anzieht

Fremdschämen ist nicht meine Sache. Im Allgemeinen ist es mir völlig egal, wie Leute herumlaufen und was sie anhaben. Trotzdem fühle ich mich in Thailand allen Landsleuten, vielleicht sogar allen Europäern oder hellhäutigen Menschen, generell verbunden, und oft sind sie mir peinlich. Nur weil es warm ist, glauben viele Touristen, überall in Strandklamotten, Flip-Flops, Hotpants und Spaghettitops herumlaufen zu dürfen und das Projekt ihrer Ganzkörperbräunung starten zu müssen. Dabei ist all das außerhalb des Strandes und der Backpacker-Gettos unangebracht, ganz zu schweigen von Tempeln oder Palästen. Oder wie würden Sie reagieren, wenn asiatische Horden im Kölner Dom in Badebekleidung herumlaufen würden? Schlechte Kleidung ist für Thailänder eine grobe Unhöflichkeit.

Für Thailänder ist der Begriff des »Gesichts« sehr wichtig, und der umfasst neben dem Verhalten auch alle Formen der äußeren Selbstdarstellung. Dabei ist Kleidung ein wichtiges Merkmal, an dem man den Status eines Menschen und die Frage, wer sozial über oder unter einem steht, erkennen kann.

In der thailändischen Gesellschaft sind diese Signale sehr wichtig. So tragen Büroangestellte fast immer Anzüge, die Frauen Kostüme, sehr beliebt sind auch sämtliche Arten von Uniformen, an denen man jederzeit ablesen kann, welchen Status oder welche Funktion jemand innehat. Firmen-, Wachschutz- oder Schuluniformen verleihen zudem eine Gruppenzugehörigkeit, hinter der man sich als Individuum verstecken kann.

Die aktuelle Mode hat diese einfach erkennbare Kleidungshierarchie zumindest in Bangkok und in den modeinteressierten jungen Kreisen etwas aufgeweicht. Natürlich trägt man auch hier zerfetzte Jeans, wenn das gerade angesagt ist, aber um sich zu orientieren, hält man sich gern an Labels. Junge Thais aus den besseren Kreisen der Hauptstadt kennen jede Marke und wissen ganz genau, ob ein Teil aus der aktuellen oder der letzten Kollektion ist und auch was es kostet. Fakes, die man in erstaunlich guter Qualität bekommt und als Besucher nicht vom Original unterscheiden kann, sind verpönt. So etwas kaufen nur arme Leute – und Touristen. Mit einer gefälschten Handtasche deklassiert man sich auf einer schicken Party als Parvenü. Niemand wird etwas dazu sagen, aber man wird insgeheim mitleidig belächelt. Generell gilt jedoch, dass eine sozial höherstehende Person sich einen Verstoß gegen die Kleider- und Accessoireordnung eher erlauben darf. Eine Alternative zu internationalen Labels, deren Preise jeder ungefähr im Kopf hat, sind günstigere thailändische Labels. Die sind häufig auch sehr modisch, und man kann immer behaupten, dass man den thailändischen Stil besonders schätzt.

Für Touristen, die ohnehin einen vergleichsweise hohen sozialen Status haben (sonst könnten sie sich ja die teure Reise nicht erlauben), gilt, dass Kleidung sauber und gepflegt sein sollte. Damit macht man sich vieles einfacher, denn: Wer besser angezogen ist, wird auch besser behandelt. Es gibt einen unausgesprochenen Dresscode, der in Clubs, Restaurants und besseren Hotels gilt. Die meisten lassen einen zwar auch herein, wenn man etwas schlampig aussieht, aber wenn man einen guten Tisch und guten Service haben will, sind ärmellose T-Shirts, Shorts und Sandalen abends ein No-go. Auch auf Ämtern oder wenn man eine Verlängerung seines Visums beantragen möchte, sollte man eher sein Sonntags-Outfit herauskramen. Frauen sollten immer einen BH tragen, und oben ohne am Strand zu liegen ist verboten.

Schulterfreie Kleidung ist in Tempeln und Palästen grundsätzlich nicht erlaubt, desgleichen Shorts und Röcke, die über dem Knie enden. In vielen Tempeln bekommen Männer wie Frauen in unangemessener Kleidung kostenlos oder gegen eine kleine Gebühr Wickelröcke geliehen, um die beanstandeten Körperpartien zu verhüllen. Auch sehr eng anliegende Kleidung gilt bei Frauen als unschicklich. Abgesehen davon ist sie auch unpraktisch. Angenehmer sind bei Hitze eher weitere Sachen aus leichten Stoffen. Stellen sie sich in Bangkok am besten vor, Sie seien zu einer informellen Gartenparty eingeladen, bei der aber vielleicht auch Ihr Chef auftauchen könnte.

Auf dem Land und auf den Inseln sind die Regeln lockerer. Da braucht man selten mehr als ein paar Shirts, Shorts und Flip-Flops. Was Schuhe angeht, ist es ohnehin einfacher. Die meisten Leute tragen Sandalen, Slipper oder Stoffsneakers, da man Schuhe sowieso ständig ausziehen muss, wenn man einen Tempel oder eine Privatwohnung betritt. Viele Frauen haben jedoch auch einen Hang zu halsbrecherischen High Heels, die sie auch am Strand oder in unwegsamem Gelände nicht ablegen. Ich habe schon Thailänderinnen in Pumps durch Ruinenfelder kraxeln sehen. Wer hohe Schuhe trägt, hat dabei meistens auch eine hochtoupierte Frisur. Für Asiatinnen, die sich oft zu klein fühlen, ist das die einfachste Möglichkeit, locker zwanzig Zentimeter an Größe zu gewinnen.

Nightlife – Pussy-Pingpong, Bars und Clubs

Der Laden ist mit klebrigem roten Kunstleder ausstaffiert und von Männern besucht, die es mal so richtig krachen lassen wollen. Ein Trommelwirbel ertönt, und auf die Bühne drapieren sich vier Mädchen mit gespreizten Beinen. Untenrum tragen sie nichts, im Vordergrund baumelt eine Reihe Luftballons, gleich über dem Tresen, eine Perspektive, die tiefe Einblicke gestattet. Die Gäste johlen. Mit geübten Handbewegungen schiebt der Conférencier den Mädchen Dartpfeile zwischen die Beine. In ein Metallröhrchen, wie ich später erfahre, mit dem man übrigens auch Kronenkorken öffnen kann. Ein Mädchen nach dem anderen hebt die Hüften, schießt einen Pfeil ab, und jedes Mal platzt ein Ballon. Das ist wirklich gut. Die Nummern, auch die mit dem Kronenkorken und der Colaflasche, sind, um es mal so auszudrücken, verblüffend. Es hat ein bisschen was von Jahrmarkt.

Bangkok gilt als Sodom und Gomorrha und ist für sein ausschweifendes Nachtleben berühmt. Dabei umfassen die berüchtigten Amüsiermeilen Patpong, Soi Cowboy und Soi Nana gerade mal ein paar Gassen, alle zusammen vielleicht so groß wie die Reeperbahn und auch nicht verruchter. In der bekanntesten, Patpong, einer gerade mal 150 Meter langen Verbindungsstraße zwischen der Surawong und der Silom Road, ist das Sex-Business raffinierterweise gekoppelt mit einem familienfreundlichen Flohmarkt, auf dem die Frauen sich für Fake-Accessoires begeistern können und die Kinder für riesige Plüschtiere. Aus den Bars pulsiert derweil das Wummern von Discomusik, und durch die geöffneten Türen schimmern blassweiße, nackte Gliedmaßen im UV-Licht. Darauf riskieren die Väter dann gern mal einen Blick.

Man kann es so zusammenfassen: Auf der Straße wird gefeilscht, in den Bars getrunken, und drüber gibt es Shows und preiswerten Sex. Tatsächlich ist es sogar ganz amüsant, sich einmal eine Girl-Show anzusehen, wobei gilt: Kennst du eine, kennst du alle. Gegen den Mindestverzehr eines Biers kann man sich eine inszenierte Playback-Show ansehen, die mehr oder weniger freizügig ist, wobei die Darbietungen, bei denen die Akteure Live-Sex auf der Bühne haben, seit ein paar Jahren verboten sind. Das heißt selbstverständlich nicht, dass es sie nicht gibt. Eigentlich will jeder, der Touristen in den Rotlichtstraßen anspricht, sie genau dort hinbringen. Nach der Show paradieren die Mädchen – oder auch Jungen, wenn man von der Surawong Road in die Soi 11 geht – mit kleinen Höschen auf der Bühne und warten darauf, dass jemand sie auf einen Drink oder mehr einlädt.

Trotzdem ist der Niedergang von Patpong kaum zu übersehen. Seinen Ruf als exotischer Sündenpfuhl verdankt es den Siebziger- und Achtzigerjahren. Seitdem ist viel Zeit vergangen, und das Internet hat ein Übriges getan, sodass die Bars unter der Woche meist halbleer sind. Einfacher ist es, sich ein Callgirl direkt aufs Hotel zu bestellen. Auch dass viele Touristen aufgrund der Unruhen der letzten Jahre Bangkok meiden und gleich nach Pattaya fahren, hat dem Geschäft mit käuflichem Sex geschadet. Andererseits entsteht dort in den letzten Jahren eine Clubkultur jenseits der Gogo-Bars, was der

Gegend langfristig guttun dürfte. Oder man mischt das Konzept der Gogo-Bar gleich mit einem Club, in dem DJs auflegen. Für das »Black Pagoda« ist das ein Erfolgsrezept und durchaus unterhaltsam.

Gleich nebenan in der Soi 4 gibt es Restaurants, Karaokebars und Clubs. Vor dem »Telephone Pub«, Bangkoks ältester Schwulenbar, oder der Diskothek »Tapas«, die nichts mit dem gleichnamigen Snack zu tun hat, finden dann alle Gruppen von Touristen zueinander. Im Gedränge auf der Silom Road geht es nahtlos weiter mit T-Shirts, Porno-DVDs und Ständen voller Shirts und Flatterkleider, während zweifelhafte Schönheitsinstitute »Botox to go« anbieten. Die Soi 2 hat sich dem schwulen Entertainment verschrieben, das seit vielen Jahren dem gleichen Ritual folgt: Man beginnt den Tag am Nachmittag im »Babylon«, einer glamourösen Sauna im Botschaftsviertel, die gleichzeitig Gym, Bed & Breakfast, Kino und Sextreffpunkt ist. Frauen haben hier natürlich keinen Zutritt. Sobald es dunkel wird, trifft man sich vor dem »Telephone Pub« und dem gegenüberliegenden »Balcony«. Und rechtzeitig zur beliebten Drag-Show um halb zwölf im »DJ Station« zieht die Karawane dann weiter in die Soi 2. Die Drag-Shows sind wunderbar altmodisch und kostümlastig – Hardcore-Fans der verstorbenen Whitney Houston können hier jede Nacht der Illusion nachhängen, ihr Idol sei noch am Leben. Nach der Show wird zügig getanzt und Kontakt geknüpft, denn um zwei Uhr morgens ist Schluss. Zur After-Hour-Party ziehen die Schwulen weiter ins G.O.D.

Bangkok hat nämlich eine Sperrstunde. Zumindest offiziell seit dem Jahr 2004. Schuld daran ist der damalige Premierminister Thaksin, der den Drogen und der Prostitution den Kampf angesagt hatte. Der einzige Effekt war, dass jetzt auf der Straße oder in mehr oder weniger geheimen After-Hour-Clubs weitergefeiert wird, natürlich unter den Augen der Zivilpolizisten, die sich das bezahlen lassen. Ich persönlich finde die Sperrstunde ganz praktisch. Wenn ich daran denke, wie oft ich in Spanien oder Berlin verzweifelt versucht habe, die Zeit zwischen essen gehen und ausgehen zu überbrücken, bin ich dafür geradezu dankbar. Aber das Sex-Business läuft in Bangkok nonstop.

Dass Bangkok und speziell Pattaya Hochburgen der Prostitution sind, ist ein Erbe des Korea- und des Vietnamkrieges. Die GIs wurden damals zur Erholung ins benachbarte Thailand ausgeflogen, wo sie lernten, sich mit leichten Mädchen und billigem Heroin zu amüsieren. Allerdings ist Prostitution auch in der thailändischen Gesellschaft nichts Ungewöhnliches, man schätzt, dass bis zu siebzig Prozent der Thais ihren ersten Sex mit einer Prostituierten haben.

Nicht, dass ich das verwerflich fände, aber manchmal ist es einfach anstrengend. Eine Freundin von mir wohnt in der berüchtigten Sukhumvit Soi 4, genannt Nana, allerdings nicht am Anfang, wo die Go-go-Bars sind und frustrierte Männer schon mittags ihr Bier trinken, sondern am anderen Ende, wo es vergleichsweise seriös zugeht. Hier stehen große Wohntürme und das ein oder andere Hotel. Es könnte mir natürlich völlig egal sein, aber trotzdem ist es immer unangenehm, wenn man dem Taxifahrer als Fahrtziel »Nana« nennt. Ganz automatisch erntet man ein wissendes Lächeln, es kann auch passieren, dass der Fahrer einem sofort einen eingeschweißten Prospekt unter die Nase hält, in dem junge Frauen auf amateurhaften Fotos ihre Geschlechtsteile präsentieren. Wenn man darauf nicht anspringt, bekommt man noch im gleichen Atemzug einen ähnlichen Katalog mit nackten Männern oder Transsexuellen gereicht, die allerlei ungewöhnlichen Sexpraktiken nachgehen. Da jeder Thai denkt, dass man als weißer Mann ununterbrochen Sex sucht, ergänzen sich die gegenseitigen Vorurteile: Der dicke Deutsche mit der hübschen Thai-Frau – was die wohl kostet? Die blonde Frau mit dem Asiaten – eine russische Prostituierte? Man denkt bei gemischten Pärchen automatisch, dass bei ihrem Verhältnis nicht nur Zuneigung eine Rolle spielt.

Tatsächlich finde ich Nana ziemlich tragisch. Ich habe noch nie so viele eklige, unsympathische und hässliche Männer gesehen wie in der Soi 4. Nicht nur ihre Haut wirkt grau, auch innerlich scheinen sie vollkommen erloschen. Das Erstaunliche ist, dass Anwohner, die ein paar Hundert Meter weiter in ihren schicken Condos leben, sich überhaupt nichts dabei denken. Als ich meine Freundin fragte, wie ihre siebzehnjährige, halb asiatische Tochter damit umgehe, jeden Tag Prostituierte, Freier und Bettler ohne Gliedmaßen auf ihrem Schulweg zu sehen, zuckte sie nur mit den Schultern. Das sei halt so, meinte sie, und außerdem sei das doch eine gute Abschreckung. Angst habe sie nur vor den Mengen von Arabern, die mit ihren verschleierten Frauen im selben Haus wohnten und ihre Tochter im Fahrstuhl ansprächen. Nicht umsonst wird die Soi 3, die Straße gegenüber, im Volksmund »Gaza-Streifen« genannt. Hier wimmelt es von sehr leckeren arabischen Restaurants, aber auch Touristen aus dem Nahen Osten gibt es dort zuhauf. Die Frauen werden dann vorzugsweise in den Schönheitskliniken in der Nähe abgeladen, damit die Männer sich allein und zwanglos auf der anderen Seite der Sukhumvit amüsieren können.

Vielleicht macht das Bangkok so spannend: Alle Extreme existieren wie selbstverständlich nebeneinander, und alle haben ihre Berechtigung. Fünfsternehotels mit Helikopterlandeplätzen neben Garküchen und Go-go-Bars, edle Cocktailbars neben Sex-Clubs. Ein großer Vorteil gegenüber anderen tropischen Metropolen ist dabei, dass Bangkok eine relativ sichere Stadt ist. Man kann sich eigentlich zu jeder Tages- oder Nachtzeit bedenkenlos allein auf die Straßen trauen, ohne Gefahr zu laufen, überfallen, abgeknallt oder entführt zu werden. Kriminalität spielt sich eher im Bereich von Diebstählen oder kleineren Betrügereien ab, und meiner Meinung nach hat jeder selbst Schuld, wenn er falsche Edelsteine kauft oder Unbekannten seine Wertsachen überlässt. Neulich erzählte mir ein Kellner unter dem Siegel der Verschwiegenheit, dass Bangkok für Touristen furchtbar gefährlich geworden sei. Wie sich herausstellte, hatten Mopedfahrer Touristinnen im Vorüberfahren die Handtaschen entrissen. In ganzen zwei Fällen. Da sollten die Leute mal nach Rio oder Kapstadt fahren. Auch ein typisches Rotlicht-Verbrechen ist inzwischen so bekannt, dass kaum jemand darauf noch reinfällt: An den Brustwarzen von Barmädchen sollte man nicht lutschen. Die sind manchmal mit K.-o.-Tropfen präpariert.

Bangkok hat tatsächlich alles zu bieten, was man sich im Nachtleben vorstellen kann, vieles ist so elegant und sophisticated, dass man in Europa lange danach suchen müsste. Anderes ist einfach abgefuckt und verkommen. Von daher fällt es schwer, Tipps zu geben, zumal viele Locations auch nur eine kurze Taxifahrt auseinanderliegen. Vielleicht ist es sogar typisch für Bangkok, Viertel und Lokalität an einem Abend mehrfach zu wechseln, da die Straßen weniger verstopft sind als tagsüber. Die wichtigsten Ausgehviertel sind die Silom- und Sathorn-Gegend mit der eingangs erwähnten Patpong, die Sukhumvit Road mit ihren zahllosen Seitenstraßen, davon speziell die Soi 11, in der ständig neue Bars und Clubs eröffnet werden. Den besten Ausblick und sogar eine gute Küche (peruanisch und japanisch, eine etwas eigenartige Kombination) hat das »Above Eleven« in der 35. Etage des Frazer-Suites-Gebäudes. »Apoteka« oder »Alchemist« sind neuere Design-Bars, die »Q Bar« ist ein Klassiker. Auch in der Thonglor oder Ekkamai gibt es Bars für jeden Geschmack. Als einziger Club, in dem international bekannte DJs Elektro auflegen, gilt der ausgesprochen angenehme »Glow«. Die RCA – kurz für Royal City Avenue – mit ihren Megaclubs ist eher für ein Publikum unter 25 Jahren interessant. Ein erstaunliches Comeback hat zurzeit Chinatown rund um die

Charoen Krung Road. In ehemals heruntergekommenen Fabriken und Shop-Houses scheinen hier fast wöchentlich neue Bars und Galerien aufzumachen, fast fühlt man sich an Berlin nach der Maueröffnung erinnert. Auch die Verlegung des TCDC (Thailand Culture and Design Center) in das aufwändig restaurierte ehemalige Hauptpostamt aus den Vierziger Jahren soll dem Altstadtviertel neuen Auftrieb als Creative District geben.

Ein Abend nach meinem Geschmack würde in einer der spektakulären Open-Air-Bars beginnen, von denen man einen tollen Blick über die Stadt hat, etwa in der »Sky Bar« im 65. Stock des State Tower oder im »Vertigo« auf dem Banyan Tree Hotel in der South Sathorn Road. Zum Essen kann man weiterziehen, etwa ins beliebte »Bad Motel« oder ins »Soul Food« in der Thonglor oder in das eher familiäre »Eat Me« in der Convent Road, das dank seiner Zusammenarbeit mit Galerien immer wieder Künstler präsentiert. Nur eine kurze Taxi- oder Tuktuk-Fahrt entfernt liegt Chinatown mit seinen neuen Bars und Restaurants wie der »Soulbar«, dem »Foo John's« oder der zweiten »Soi Nana«. Vergewissern Sie sich, dass der Taxifahrer Sie nach Hua Lamphong bringt und nicht etwa in die gleichnamige Rotlichtstraße an der Sukhumvit. Dabei erlebt man häufig böse Überraschungen.

Viele Hotels haben tolle Bars, etwa die »Diplomat's Bar« im Conrad Hotel oder die »Bamboo Bar« im Oriental, die mit ihrem Animal-Print und der Jazzband so old-fashioned ist, dass sie schon wieder gut ist. Damit passt sie zum aktuellen Retro-Trend, ohne den kaum eine neue Bar auszukommen scheint.

Nichts falsch machen kann offensichtlich seit Jahren der australische Nightlife-Entrepeneur Ashley Sutton. Sein »Iron Fairies« ist vielleicht die beste und ungewöhnlichste Bar Bangkoks, eine Mischung aus Antiquitätenladen und Zwanzigerjahre-Bar mit einer eisernen Wendeltreppe in der Mitte des Raums, auf der am Wochenende eine Band spielt. Seine zweite Bar »Maggie Choo's« ist eine orientalische Phantasie mit viktorianischen Büsten und Models in Dreißigerjahre-Kostümen, die als lebende Deko auf Schaukeln sitzen.

Für eine anschließende Clubnacht braucht man dem Taxifahrer nur »RCA« zuzurufen, er weiß, was gemeint ist. Hier finden sich Clubs für unterschiedlichste Geschmäcker, von Indie-Rock im »Cosmic Café« bis zum »808«, wo eine hippe Thai-*farang*-Mischung zur Musik internationaler DJ-Größen tanzt.

Wer immer noch nicht genug hat, stellt sich auf einen Absacker an die Sukhumvit Road, wo pünktlich zur Sperrstunde improvisierte Bars in umgebauten VW-Bussen auftauchen. Oder man fährt zu »Wong's Place« in der Nähe des Malaysia-Hotels, einer Underground-Bar, die schon seit den späten Achtzigerjahren existiert und ihren ganz eigenen Regeln folgt. Die Öffnungszeiten hängen von der Laune des Besitzers Sam ab. Meistens wird es jedoch erst voll, wenn alles andere schließt.

Dass Bangkok seine Stellung als Ausgehhauptstadt Südostasiens demnächst an Saigon oder Singapur abtreten muss, bleibt deshalb wohl bis auf Weiteres nur ein Gerücht.

Der weiße Wahn

Ein erklärtes Ziel der meisten Touristen ist es, mit einer vermeintlich gesunden und Neid erweckenden Bräune in die kalte Heimat zurückzukehren. Spätestens jedoch, wenn man die Werbung auf den Monitoren im Skytrain sieht oder einen Supermarkt in Thailand betritt, kommt man an einem Phänomen nicht vorbei, das für Europäer schwer nachzuvollziehen ist und über eine bloße Modeerscheinung hinausgeht: Thais sind geradezu besessen von weißer Haut, und als besonders blasser *farang* wird man auf dem Land manchmal sogar von Kindern angefasst, weil es Glück bringen soll, so wie bei uns die Berührung eines Schornsteinfegers.

In Thailand gibt es kaum Deodorants, Gesichtscremes oder Körperlotionen, die nicht einen »Whitening«-Effekt versprechen. Der Lichtschutzfaktor 50, bei uns allenfalls in Apotheken für Allergiker erhältlich, ist hier durchaus üblich und wird von vielen Frauen sogar im Büro aufgetragen, aus Angst, ein verirrter Sonnenlichtstrahl könnte sie treffen und ihre makellose Haut verunstalten. Vor diesem Hintergrund versteht man plötzlich auch, warum Büroangestellte oft eine Aktenmappe oder Broschüre über ihren Kopf halten, während sie auf den Bus warten, oder Bauern auf dem Feld wollene Sturmhauben tragen, die bei uns unter das Vermummungsverbot fallen würden. Auch die Ganzkörper-Badeanzüge, die man häufig am Strand sieht, haben nicht unbedingt etwas mit Prüderie zu tun.

Im Gegensatz zu Europa, wo gebräunte Haut als Zeichen dafür gilt, dass man Zeit und Geld hat, sich in der Natur aufzuhalten, ist sie hier ein Zeichen der Unterklasse, die körperlich und unter freiem Himmel arbeiten muss.

Dabei nützen die meisten Mittel wenig, ganz zu schweigen von den Produkten, deren einziger Zweck das Aufhellen der Haut ist. Während die Mittel etablierter Firmen im besten Falle nicht schaden, führen Produkte, die auf dem grauen Markt zu haben sind, häufig zu hässlichen Hautschäden, was vielleicht auch die Popularität von Michael Jackson erklärt. Tatsächlich sah der späte, durchoperierte und gebleichte Sänger aus wie ein sehr blasser Thai, eher jedenfalls als wie ein schwarzer Amerikaner. Auch sein geradezu ikonisches Inkognito-Outfit mit Mundschutz und Handschuhen erinnert sehr an manche Strandverkäufer auf Koh Samui oder Phuket.

Allgegenwärtige Werbespots gaukeln den thailändischen Frauen vor, dass sie niemals einen Mann bekommen oder beruflichen Erfolg haben können, wenn sie nicht so weiß sind wie die gekachelten Badezimmer, in denen sie zu diesem Anlass gern gezeigt werden. Weiß, porenlos und glänzend – nicht einmal Koreanerinnen, die weißesten unter den Asiatinnen, haben eine solche Haut.

Eine andere Variante von Spots spielt mit dem Grauschleier, den wir aus unserer Waschmittelwerbung kennen, nur dass der in diesem Fall eine Sepiatönung hat und nicht über der Wäsche, sondern dem Körper liegt. Der Spot beginnt immer damit, dass das Leben einer dunkelhäutigen Frau grässlich ist, während ihre hellhäutigen Freundinnen eine tolle

Zeit haben. Eine von denen steckt dem dummen, ahnungslosen Ding dann die Lotion zu, die ihr Leben verändern wird, der Schleier verschwindet, und schon stehen die Männer Schlange.

Höhepunkt des Whitening-Wahns war eine Werbekampagne, bei der Aufkleber, die in der Aufmachung den Hinweisen für Behinderten- und Schwangerenplätze ähnelten, über Sitze im Skytrain geklebt wurden. Zu lesen war darauf: »Reserviert für Hellhäutige«.

Diese etwas rassistische Werbung wurde nach Protesten wieder eingestellt, was allerdings nichts daran ändert, dass ein geschätztes Drittel aller in Klatschmagazinen geschalteten Anzeigen für Whitening-Produkte wirbt. Spricht man Thais darauf an, bekommt man regelmäßig zu hören, man selbst habe unter dem Problem ja nicht zu leiden und könne da nicht mitreden.

Es gibt allerdings auch andere Lösungen für das Problem mit der Hautfarbe. Neulich sprach ich einen Thai-Bekannten auf seine Hautfarbe an, der sonnengebräunt von einem Strandurlaub nach Bangkok zurückkehrte: Das mit der Bräune sei für ihn kein Problem, erklärte er mir freudig. Er stehe nicht auf Thailänderinnen.

Khao San Road

Die Khao San Road ist ein Paradox. Obwohl sie eigentlich nichts mit Thailand zu tun hat, ein exterritoriales Gebiet gewissermaßen, ist sie ein Symbol für Thailands Besucher. Zumindest für eine bestimmte Klasse: die Backpacker. Die Wahrscheinlichkeit, in diesem Getto Thais zu treffen, tendiert gegen null, außer vielleicht als Kellner oder Straßenhändler. Viel eher trifft man hier Schweden, Deutsche, Australier, Israelis, Menschen aller Herren Länder eben, und die wollen unter sich bleiben und Backpacker kennenlernen, mit denen sie über andere Orte sprechen können, an denen sich nur Backpacker aufhalten. Sie gehen zusammen essen, shoppen, feiern und miteinander ins Bett. Besonders gern reden sie darüber, wo es irgendetwas noch billiger gibt. Außerdem haben sie einen zweifelhaften Geschmack und tragen Shorts, Flatterröcke und Flip-Flops, die sie weithin sichtbar als Mitglieder der Backpacker-Klasse ausweisen. Seltsamerweise sieht man sie nirgends sonst in Bangkok als hier. Das mag sich mit der Ankunft der U-Bahn in ein paar Jahren ändern, aber noch sind die meisten Leute scheinbar für Taxis zu geizig.

Natürlich ist die Khao San Road als entgleiste Studentenparty ein Klischee, aber eines, an dem viel Wahres ist. Die Khao San Road ist schrecklich, so schrecklich schön, dass jeder Bangkokbesucher einen Grund findet, warum er dort hinmuss. Es gibt Dinge wie Adapter, wasserdichte Rucksäcke, Sarongs, gefälschte Studentenausweise, Taschenlampen, Gebrauchtbücher und Hängematten, die man zwar woanders auch findet, aber nicht so schnell und geballt. Auf 400 Metern findet der Reisende hier alles, was er zum Überleben braucht. Wenn man nur eine Stunde Zeit hat, um alles von Medikamenten bis zur Taschenlampe zu besorgen, heißt mein Tipp Khao San Road. Und lassen Sie sich nicht von den penetranten indischen Maßschneidern ködern. Entweder sind die Schnitte schrecklich oder das Material, das sie anbieten. Meistens beides.

Wie konnte es so weit kommen? Die Khao San Road, übersetzt »Straße des ungekochten Reises«, verdankt ihren Namen der Ware, die früher hier verkauft wurde. Seit Mitte der Achtzigerjahre verdankt sie ihre Popularität billigen Gasthäusern, Kneipen und Restaurants, die sie bei Budgettouristen populär machten. Auch der Film »The Beach«, dessen Khao-San-Road-Szenen übrigens auf Phuket gedreht wurden, trug dazu bei, den Mythos vom Backpacker-Paradies in die Welt zu tragen. Momentan verändert sich das Gesicht der Gegend jedoch stark. Sie wird gentrifiziert, und immer mehr komfortable Mittelklassehotels siedeln sich an, ebenso Ketten wie McDonald's und Starbucks.

Einstweilen gilt jedoch noch eine Liste, die im Internet oder als Flyer kursiert. Du bist reif für die Khao San Road, wenn du
- ... mit dem Rucksack unterwegs bist, in dem du wirklich deine gesamten Habseligkeiten hast,
- ... schulterlange Haare hast (sofern du überhaupt welche hast) und die mindestens einmal in fünf Minuten mit den

Fingern durchfährst, sowohl oben von vorne nach hinten als auch im Nacken von unten nach oben, und die Arme dann zehn Sekunden lang bewegungslos über dem Kopf hältst,
- … deine Haare alle zehn Minuten neu zum Pferdeschwanz zusammenbindest,
- … superkurze Shorts anhast,
- … Latschen ohne Socken anhast,
- … mindestens zehn Sekunden brauchst, um die Beine von rechts nach links zu überschlagen,
- … beim Zigarettendrehen beim Ablecken mittendrin innehältst und entweder ein »ja, genau« oder nur einen wichtigen Blick in die Runde wirfst, bevor du zu Ende leckst,
- … einen Bart hast, sowohl ein ungepflegter Vollbart als auch ein schmaler Streifen am Kinn ist erlaubt,
- … gerne Geschichten aus aller Welt erzählst und hörst,
- … blond bist,
- … dir überlegst, wo du demnächst vielleicht arbeiten sollst, in Bangkok, Kuala Lumpur oder Singapur. »Aber eine Großstadt sollte es sein.« – »Als was denn, IT-Systems-Integrator, Fondsmanager oder …?« – »Vielleicht als Sprachlehrer!«,
- … denkst, du könntest billiger leben als die Einheimischen,
- … falls du einen Koffer haben solltest, ihn auf dem Kopf trägst,
- … mit dem Rucksack durch die Welt reist, um dir dann am Ziel der Träume mit Gleichgesinnten aller Herren Länder im nächsten Restaurant jeden Abend 5 DVDs reinzuziehen, um dann zu behaupten, du wärst in Thailand gewesen,
- … Dinge isst und trinkst, die lediglich zweckmäßig sind, aber nicht schmecken, nur weil du sonst nicht unter den

drei Euro pro Tag bleibst. Aber gleichzeitig die Eurocard Gold, die es von Papi zum Achtzehnten gab, im handbestickten Brustbeutel vom letzten Peru-Urlaub hast,
- … etwa achtzig Jahre alt bist, eine Kanada-Flagge um den Kopf gewickelt hast, eine etwa Fünfzehnjährige abknutschst und einen unglaublich coolen Gesichtsausdruck hast,
- … immer und überall eine Flasche Wasser, das billige, das so ekelhaft schmeckt, in der Hand hast. In der anderen Hand hältst du den »Lonely Planet«,
- … gerne Heineken oder Carlsberg vom Fass trinkst,
- … da wohnen willst, wo du direkt in den Bus nach Vientiane steigen kannst,
- … ein T-Shirt oder einen Hut aus Laos, Myanmar, Kaschmir, Nepal oder Borneo an-/aufhast, womit du deine Verbundenheit zum Asiatischen überhaupt zeigst. Angkor Wat zählt auf gar keinen Fall. »Das ist schon zu touristisch unterwandert.«,
- … dir den Rucksack deiner Partnerin auf den Bauch schnallst, damit du nicht nach hinten umkippst und sie sich derweil nach esoterischen Mitbringseln für die Freunde aus der WG umschauen kann,
- … wohnen willst, wo jeder dritte Laden ein Internetcafé ist und man zwar sehr billig essen kann, aber auch nur sehr kleine Portionen im Angebot sind. Wo es statt zwölf Shrimps zu 100 Baht vier Stück für 60 Baht gibt. Und die auch noch sehr klein sind,
- … Gleichgesinnten erzählst, du hättest alle Zelte hinter dir abgebrochen und hier nur einen Zwischenstopp eingelegt, um dann in Australien Opale zu schürfen,
- … dir täglich Live-Fußballspiele aus England ansehen willst,
- … den »Lonely Planet« als deine Bibel ansiehst,
- … nur einmal in den letzten zehn Jahren im Kino warst und »The Beach« gesehen, aber nichts verstanden hast,

- ... zwar ein Handy mithast, das aber niemals in der Öffentlichkeit zeigst, sondern in einer einsamen stillen Stunde Nachrichten abrufst,
- ... nicht mit Einheimischen, sondern nur mit Leuten deines Schlages in einer Art Getto wohnen willst,
- ... gerne Haustiere um dich hast, z. B. Ameisen und Kakerlaken,
- ... unter 25 Jahre bist, bekleidet mit diesen weiten Windel-Rock-Hosen zum Knoten und weißem Baumwoll-Schlabberhemd (alles in Goa gekauft), gern barfuß – zur Not mit Gummi-Flip-Flops –, aber auf jeden Fall mit diversen Tattoos, Piercings, Silberkettchen und Lederarmbändern geschmückt und ganz wichtig: die Dreadlocks; bei den Damen noch mit Baumwoll-Wickelstirnband in Schach gehalten! Als Steigerung zum gemeinen Rucksack hat dieses Völkchen nur einen kleinen bunten Stoffrucksack dabei (ebenfalls in Indien erworben) und ist – angeblich – seit mindestens zwölf Monaten unterwegs,
- ... einen Ort suchst, an dem du auf keinen Fall von Thais beklaut wirst. Sondern von anderen Rucksacktouristen.

Muay Thai

Wenn ich in Bangkok bin, wohne ich oft in einem etwas obskuren Hotel in Bangrak in der Nähe des Chao-Praya-Flusses, nur ein paar Hundert Meter entfernt vom »Oriental«. Obskur insofern, als es sich nicht um ein klassisches Touristenhotel handelt, sondern um ein etwas heruntergekommenes Hochhaus aus den Siebzigerjahren, vermutlich eines der ersten, die damals gebaut wurden. Heute beherbergt das achzehnstöckige Gebäude mit dem Namen »Executive Tower« unten eine Karaokebar für Chinesen, in den oberen Etagen besagtes Hotel und in den Stockwerken dazwischen Shops und Büros mit Mietern aus aller Herren Länder.

Bangrak ist das Schmuckviertel Bangkoks, und geht man die Charoen Krung Road entlang, die sich am Fluss Richtung Chinatown und Palastviertel zieht, so gibt es hier an jeder Ecke Läden, die mit »Gems« handeln. »Gems«, das kann so ziemlich alles sein: von Rubinen aus Burma und Saphiren aus Sri Lanka über Silberschmuck aus Pakistan bis hin zu Korallenketten vom Meter oder Zuchtperlen aus der Andamanensee. Im Aufzug begegnet man dort den dazugehörenden

Händlern, Gestalten, die aussehen, als würden al-Qaida und afrikanische Warlords gemeinsam hier ihre weltweiten Aktivitäten planen und finanzieren: riesige Somalier mit Frauen und Kindern in afrikanischer Tracht, die sich freundlich erkundigen, ob man Interesse an Diamanten, Blutdiamanten vermutlich, habe, Pakistanis in langen Gewändern mit ebenso langen Bärten, die Silberschmuck und Türkise an den Mann bringen wollen, oder smarte Afghanen, die mit mehreren Mobiltelefonen gleichzeitig hantieren, in die sie in unterschiedlichen Sprachen flüstern. Man kennt sich und grüßt sich freundlich, und die meisten verlieren schnell das Interesse, wenn man nicht im Steingeschäft ist, was immer die zweite Frage nach jener ist, woher man kommt. All das ist vermutlich ganz harmlos, aber irgendwie auch ein bisschen suspekt.

Klar, dass dieses Hotel einen Mann braucht, der im Zweifel alles im Griff hat. Dieser Mann ist Pong, auch wenn ich das viele Jahre nicht bemerkt habe. Pong ist ein freundlicher junger Mann, der meistens die Rolle eines Portiers oder Nachtwächters übernimmt, manchmal ist er allerdings auch Room Service oder Frühstückskellner. Ohnehin scheinen die Angestellten hier keine festgelegte Funktion zu haben, sondern machen im Zweifel alles.

Zwar war mir schon aufgefallen, dass Pong eine durchtrainierte Figur hat, soweit man das unter dem schlecht sitzenden schwarzen Anzug, den Angestellte billiger Hotels gern tragen, erahnen konnte, aber nie wäre ich auf die Idee gekommen, dass der Mann, der morgens meine Frühstückseier bringt, eine wahre Killermaschine ist.

Wir mögen uns, schließlich kennen wir uns seit Jahren, und ich vertraue ihm bedenkenlos über die Sommermonate mein Gepäck an, aber unsere Konversation ist eingeschränkt. Pong spricht nur ein paar Brocken Englisch und ich nur ein paar Worte Thai.

Eines Morgens hatte ich also meinen Laptop dabei und surfte ein bisschen im Internet herum. Als Pong mir Kaffee brachte, deutete er auf den Monitor und fragte, ob ich Lust hätte, ihn beim Sport zu sehen, was ich natürlich nicht ablehnen konnte. Ein paar Klicks später konnte ich Pong in einem YouTube-Video dabei zusehen, wie er einen Mann mit Tritten und Ellenbogenhaken traktierte. Er selbst ging nach einem Fausthieb kurz zu Boden, brachte aber seinen Gegner schließlich mit einem artistisch anmutenden Schienbeinkick in den Rippenbereich endgültig zu Fall. Pong ist nämlich Muay-Thai-Boxer, und das Video zeigte die Ausscheidungen zur Thailändischen Meisterschaft.

Muay Thai ist neben Takraw, einer Mischung aus Fuß- und Volleyball, das mit einem kleinen Rattanball gespielt wird, die wichtigste originär thailändische Sportart und hat es als Thai-Boxen oder Kickboxen auch im Westen zu Popularität gebracht. Seinen Ursprung hat dieser Kampfsport im Krieg. In früheren Jahrhunderten wurden die Soldaten des Königs von eigens geschulten Mönchen in der Kampftechnik »mit den acht Gliedmaßen« (Fäuste, Ellenbogen, Knie und Füße) ausgebildet, für den Fall, dass sie ihre Waffen verlieren sollten. Entsprechend brutal geht es beim Kampf zu. Neben Füßen und Fäusten kommen Stöße mit den Knien, Schläge mit dem Ellenbogen, Kopfstöße und Sprünge zum Einsatz. Über die Jahrhunderte wurde aus der tödlichen Waffe ein Sport und Familienspaß, der auf Volksfesten ebenso gezeigt wird wie in einer Liga.

Neben der staatlichen Lotterie, deren Lose an jeder Straßenecke angeboten werden, ist Glücksspiel nämlich in Thailand weitgehend verboten. Dabei sind die Thais, wie übrigens die meisten Asiaten, ganz verrückt danach. Ohne Watteinsatz kein *sanuk* (Spaß), ist die Devise. Es gibt unzählige illegale Lotterien, *huay dai din*, übersetzt etwa »Lotterie unter der Erde«, und eine Vielzahl von Spielen um Geld. Man trifft sich in dunklen Ecken und zockt, was das Zeug hält. Die Buchmacher im Lumpini-Stadion in Bangkok sollen an einem Abend mehrere Millionen Baht umsetzen, denn hier ist einer der wenigen Orte, an dem Wetten erlaubt sind,

Nachdem die beliebte, aber in die Jahre gekommene Sportstätte in der Nähe des gleichnamigen Parks im Frühjahr 2014 geschlossen wurde, finden größere Kämpfe nun im Rajadamnern-Stadion statt beziehungsweise in dem neu gebauten Lumpini-Stadion, das in der Nähe des Flughafens Don Muang liegt. Das ist zwar wesentlich größer als das alte, kann aber mit der früheren Arena nicht mithalten. Dort saß man noch auf Teakholzbänken und hatte die Möglichkeit, den Thai-Boxern unmittelbar beim Aufwärmen zuzuschauen. Das trübe Licht der Neonlampen passte einfach perfekt zu den alten Tribünen, dem Biergeruch und einer aufgeheizten Atmosphäre. Außerdem ist das neue Stadion vollklimatisiert – vergessen Sie den Pullover nicht. Die Kämpfe finden Dienstag bis Freitag ab 18:30 Uhr statt und starten am Samstag schon um 17:00 Uhr. Je nachdem, wie nah man am Ring sitzt und wie hochklassig der Boxkampf ist, zahlt man zwischen zehn und dreißig Euro – eine einmalige Gelegenheit, die andere Seite der sonst so freundlichen Thais kennenzulernen.

Pong hatte mich eingeladen, ihn zu einem Kampf zu begleiten, und seinen Nachtportieranzug gegen Jeans und modische, sehr spitze Schuhe getauscht. Schon als wir aus dem Taxi stiegen, wurden wir von Ticketverkäufern belagert, die uns die teuersten Karten verkaufen und uns das Anstehen an der Kasse ersparen wollten. Pong jedoch meinte, der Spaßfaktor sei auf den billigen Plätzen am größten, und wenn ich die sportlichen Regeln nicht kennen würde, komme es ja in erster Linie darauf an.

Als wir die Halle betraten, wurde bereits gekämpft. Zwei zierliche, drahtige Männer in glitzernden Höschen und mit Kopfschutz prügelten und traten aufeinander ein. Schließlich sprang der eine auf dem Brustkorb des Unterlegenen herum. Nach weniger als zwei Minuten war alles vorbei. Der Ringrichter hob die Hand des siegreichen Kombattanten, und schon tänzelten die nächsten Gegner in den Ring und verbeugten sich in alle Richtungen vor dem Publikum.

Auf den Rängen standen zu diesem Zeitpunkt vielleicht tausend Thais und knapp 200 *farang*. Bei jedem Kampf wurde das vielstimmige »Ui, ui, ui!« lauter, und dicke Geldbündel wechselten die Besitzer. Irgendwann brüllte ich einfach mit, wenn alle brüllten. Pong hatte mir zwar mit Händen und Füßen erklärt, was nach den Regeln zulässig war, und mich bei einer kleinen Demonstration seiner Kampfkunst fast aus dem Gleichgewicht gebracht, doch mir kam es vor, als sei alles erlaubt, was wehtut. Würfe, der Einsatz von Knien und Schläge mit dem Faustrücken.

Nach zwei Stunden Geschrei und ein paar Bieren war ich vollkommen erledigt. Ich sagte Pong, dass ich gehen müsse, doch er bestand darauf, mich zum Taxi zu begleiten. Wir nahmen einen Hinterausgang und einen schmalen Weg in Richtung Nachtmarkt, vorbei an einer Baustelle, die mit ein paar morschen Latten vernagelt war. Pong winkte ein Taxi heran und verabschiedete sich mit einem höflichen *Wai*, der landestypischen Verbeugung. Als ich mich aus dem Wagen noch einmal umdrehte, sah ich, wie er einfach aus dem Stand das Bein hob. Eine Latte zerbarst in tausend Stücke.

Pop

Nebel wabert, ein Gitarrenakkord ertönt, dann setzt das Keyboard ein: quietschig und mit dem Sound einer Hammondorgel aus den Sechzigerjahren. Dazu gesellen sich elektronisches Schlagzeug und ein undefinierbares Bambus-Blasinstrument, das klingt wie eine traurige Mischung aus Dudelsack und Mundharmonika.

Den Blick auf die Bühne gerichtet, schüttet mir die Kellnerin eine weitere Ladung Eiswürfel ins Glas und darauf aus einer Literkaraffe Bier. Nun tänzelt eine Sängerin in buntem Glitzerkostüm aus der Kulisse und stimmt eine gesungene Klage an.

Beim Refrain zieht der Rhythmus plötzlich an, wird schnell und treibend, und eine Gruppe Showgirls in Las-Vegas-Kostümen entert die Bühne. Jetzt hält die Leute nichts mehr auf ihren Stühlen. Begeistert springen sie auf, singen mit und schütteln wie entfesselt ihren Oberkörper. Kein Zweifel: Wir sind im »Tawan Deang«, Bangkoks beliebtester Mor-Lam-/Luug-Thung-Kneipe. Nirgends sonst gehen Thais so aus sich heraus.

Seinen Ursprung hat der Folklorepop in den ländlichen Regionen von Laos und dem Isaan (Nordostthailand), also bei jenen Arbeitern, die seit Jahren mit großen Träumen in die Großstadt Bangkok migrieren, um dort einer meist schlecht bezahlten Arbeit nachzugehen. Inzwischen hat sich aus der ländlichen Volksmusik, deren Inhalt sich in der Regel um große Gefühle, enttäuschte Liebe und das harte Leben der Arbeiter rankt, ein eigener musikalischer Kosmos entwickelt, der Superstars wie die »thailändische Beyoncé« Jintara Poonlarb oder Siriporn Amphipong, die eher für den großen Herzschmerz zuständig ist, hervorgebracht hat. Ihre Videos laufen den ganzen Tag auf den Musiksendern, und für Taxifahrer scheint die Musik genauso wichtig zu sein wie Treibstoff, ununterbrochen dudelt es blechern, gern von abgenutzten Kassetten, aus kaputten Lautsprechern.

Mor Lam und Luug Thung sind für Nichtthailänder nicht zu unterscheiden, da beide Stilrichtungen inzwischen mit westlichen Popelementen oder sogar amerikanischer Countrymusic versetzt sind. Mor Lam ist eher rhythmisch mit Rap-Einlagen, während Luug Thung getragene Melodien hat, die mit viel Tremolo vorgetragen werden. Gerade sind in Europa erste Sampler erschienen, und manche Kritiker sehen Mor Lam bereits als das nächste Weltmusikphänomen nach dem Kuba-Boom, den seinerzeit der Buena Vista Social Club ausgelöst hat, und dem Bollywood-Hype.

Das »Tawan Daeng«, was im Isaan-Dialekt »rote Sonne« heißt, liegt ziemlich weit außerhalb des Zentrums von Bangkok. 400 Baht verlangt der erste Taxifahrer, als er meinen ausgedruckten Lageplan sieht, dabei kommt man in Bangkok selbst bei den längsten Strecken eigentlich nie auf mehr als 200 Baht. Darauf läuft es dann auch hinaus, als wir eine halbe Stunde später endlich an einer Brückenauffahrt halten. Auf der anderen Straßenseite leuchtet ein mit Lichterketten verzierter Holzbau mit spitzen Giebeln, davor steht ein Pulk von Thais. Die Männer fachsimpeln über Motorräder, die Mädchen über High Heels. Ein paar nicken freundlich, doch anscheinend ist die Anwesenheit von *farangs* eher exotisch. Drinnen ist die Stimmung noch gemäßigt, doch das ändert sich rasch. An den Tischen wird flaschenweise der Thai-Rum Song Serm oder Johnny Walker bestellt, Bier gibt es nur literweise. Die Leute wollen Spaß haben. Ganz dringend.

Auf einer seitlichen Empore versammeln sich stark geschminkte Thais mit Kleidersäcken und Koffern, ganz offensichtlich die Akteure des Abends. Eine Vorliebe für alles, was glitzert und Federn hat, ist nicht nur in der Transvestitenszene verbreitet; auch hier kostümieren sich Sängerinnen und Tänzerinnen mit Pailletten, Tiermustern und Bonbonfarben. Die Männer interpretieren den klassischen Crooner-Look mit Smoking oder Glitzersakko neu. Allein dieser modische Overkill macht den Besuch einer Mor-Lam-Kneipe zu einem Erlebnis, aber auch die Fans sind erfrischend anders: Fabrikarbeiter, Taxifahrer, Verkäuferinnen – einfache Leute eben, die man als Tourist sonst eher selten trifft.

Jeder Auftritt dauert etwa fünfzehn Minuten, nach der Show überhäuft das Publikum die Musiker mit Geldscheinen, Blumengirlanden und bunten Bändern, die man für seine Stars am Tresen kaufen kann. Nach einer Bestellpause tritt ein neuer Interpret an. Oder auch ein Paar, das einen stimmlichen »Kampf« zwischen einem Mann und einer Frau improvisiert. Auch Comedyelemente können dabei Eingang finden: Er will etwas von ihr, sie ziert sich, und zum Schluss gibt sie natürlich nach. Die Handlung ist immer die gleiche.

Ob man als Ausländer genau versteht, was da auf der Bühne vor sich geht, ist zweitrangig. In jedem Fall ist ein Abend in einer Mor-Lam-Kneipe eine großartige Alternative, wenn man genug von durchgestylten Lounge-Bars, Cocktails und Möchtegern-Models hat. Hier ist Thailand laut, herzlich und ein bisschen rau. Spaß macht das natürlich nur, wenn man sich darauf einlässt. Und das heißt: unbedingt mittrinken! Inzwischen gibt es ein zweites »Tawan Daeng«, das sich »Thai German Beer Brewery« nennt. Es liegt zentral in der Rama III Road und bietet neben Thai-Food auch erstklassige Schweinshaxen an. Überall hängen schwarz-rot-goldene Fähnchen, und man sollte entweder sehr zeitig kommen oder dem Kellner etwas für einen Sitzplatz zustecken. Das Ganze hat etwas von Oktoberfest mit Thai-Pop-Beschallung, und man schwankt zwischen Fassungslosigkeit und Schunkelreflex. Deutsche findet man hier übrigens nur selten.

Ein weiterer Musikstil, der die thailändische Seele in Wallung bringt, kommt von der anderen Seite des Globus: Vermutlich wird in keinem Land außer Jamaika so viel Bob Marley gespielt wie in Thailand. Überall hört man seine Greatest Hits – von morgens bis abends. Bereits nach wenigen Akkorden weiß man: schon wieder »Buffalo Soldier«. Es ist zum Verrücktwerden und wird an Penetranz höchstens übertroffen von der Technoversion von »Rudolph, the Red-Nosed Reindeer«, die seit Jahren um die Weihnachtszeit, und die geht von November bis Ende Januar, in einer Dauerschleife die Shopping-Malls beschallt.

Zu Palmen, Sonnenuntergängen und Joints passt Reggae immer, könnte man jetzt vermuten, und dass man ihn flächendeckend eingeführt habe, um schluffige Hippie-Touristen anzulocken, aber neben der Musik scheint das Image des Reggae der Sehnsucht vieler Thais zu entsprechen: ein entspanntes Leben frei von gesellschaftlichen Zwängen, in Gesellschaft von Freunden, mit denen man in den Tag hineinleben kann, so stellen viele sich das vor. Nur so ist die Menge rastagelockter Thais zu erklären, die Reggae-Pubs und Reggae-Guesthouses betreiben. Auch optisch gleichen sich die Reggae-Fans den deutlich dunkelhäutigeren Jamaikanern an. Statt wie die meisten Thais die Sonne zu meiden, tragen viele einen natürlichen, dunklen Teint.

Während Mor Lam sich weitgehend an ein thailändisches Publikum richtet, können sich auf Reggae sowohl Thais als auch Ausländer einigen, nirgends sieht man sie so einträchtig vereint wie in Reggae-Pubs. Allerdings wird die Allgegenwart des Reggae seit einigen Jahren zunehmend vom Bossa nova verdrängt. Es gibt eigentlich nichts, wovon es keine Bossa-nova-Version gibt, keine Band und keinen Interpreten, die nicht dazu taugen: Guns N' Roses, Michael Jackson, Burt Bacharach, Seventies Disco, Swing Hits – alles vorgetragen, als würde Astrud Gilberto es singen. Während dieser Trend bei uns relativ kurzlebig war, gibt es hier an den CD-Ständen eigene Bossa-nova-Fächer.

Meine Theorie dazu ist, dass der fröhliche und gleichzeitig sehnsuchtsvoll-melancholische Bossa nova besser zu dem neuen Bild passt, das Thailand von sich selbst hat und das es verbreiten will. Der Musikwechsel markiert den Übergang vom tropischen Hippie-Paradies mit Bambushütte zum eleganten Beach-Club, eine glänzende Oberfläche, hinter der man auch mal traurig ist. Früher spielte man ständig Reggae, und es wurde gekifft. Heute gibt es von allem eine Bossa-nova-Version, und man trinkt Cocktails.

Auch Boy- oder Girlgroups erfreuen sich beim thailändischen Publikum großer Beliebtheit. Musikalisch entsprechen die meisten ziemlich genau ihren westlichen Vorbildern. Oder sie orientieren sich an koreanischer Popmusik, die ganz Südostasien dominiert. Künstler wie Rain, die hierzulande kein Mensch kennt, füllen hier mühelos Riesenstadien. Wie sehr die Geräuschkulisse aus überzuckerten Billig-Synthies und Mädchenstimmen zum Urlaubsgefühl gehört, merkt man spätestens dann, wenn man sie in Deutschland im Asien-Supermarkt wieder hört. Mir geht es so, dass ich dann immer ganz wehmütig werde

Neon, Plastik und Design

Bambustische, Bambusstühle und Muschellampen, die leise im Wind klimpern – so etwas finden Thailand-Besucher ursprünglich und naturverbunden, vermutlich auch ökologisch sinnvoll wegen der nachwachsenden Rohstoffe. Der Thai hingegen findet das so prickelnd wie der durchschnittliche deutsche Großstadtbewohner Kuckucksuhren oder Wohnungseinrichtungen im Gelsenkirchener Barock, die heutzutage höchstens noch in pseudohippen Cafés als ironisches Zitat existieren. Der in Thailand wohl beliebteste Stuhl ist der klassische Monobloc-Stuhl, der das Königreich in den letzten Jahrzehnten wie ein giftiger bunter Schimmelpilz bis in das hinterletzte Dorf überwuchert hat. Er ist stapelbar, wasserfest und billig, und – das lieben Thais ganz besonders – er ist aus Plastik.

Die Auswahl an Plastikprodukten ist nahezu unendlich. Asiaten sind generell große Freunde dieses praktischen Materials, das Angebot reicht von Möbeln und Wohnaccessoires, Geschirr und Küchenutensilien über Wäschekörbe bis zu kompletten Garkücheneinrichtungen sowie den beliebten transparenten Sofaüberzügen, an denen man mit nackten Beinen festklebt. Besonders auf dem Dorf, wo man eine gewisse Natürlichkeit erwartet, erfreut sich Plastik einer ungebrochenen Beliebtheit. Plastik ist billig, hygienisch und leicht zu reinigen und hat immer noch den Nimbus des Modernen wie vielleicht bei uns in den Sechzigerjahren, als die westliche Welt flächendeckend mit Tupperware versorgt wurde. Außerdem gilt: Hauptsache, alles ist schön bunt.

Dabei hat Thailand – oder Asien generell – die schönsten Materialien und Dekoelemente zu bieten: Teak, Bambus, Rattan und Seide sowie geschnitzte und vergoldete Paneele. Speziell die Thais verstehen sich auf den dezenten Stil. Sieht man sich antike Thai-Häuser an, so ist besonders bemerkenswert, dass es im Gegensatz zur Prachtentfaltung der Tempel und Paläste relativ wenige dekorative Elemente gibt. Der klassische Thai-Stil ist schlicht und bezieht seinen Reiz aus dem Zusammenspiel von Teakholz, Lack und wenigen farbigen Akzenten, meist in Form von Stoffen. Die besten Möbelstoffe bekommt man beim Traditionsunternehmen Jim Thompson. Im Sales-Outlet, das in der Sukhumvit Soi 93 (weit entfernt vom Haupthaus in der Surawong Road) liegt, übrigens zu einem Bruchteil des Originalpreises. Außerdem findet man dort oft schöne, alte Stoffe, die es offiziell schon lange nicht mehr gibt.

Die Vorliebe der Thais für Buntes lässt sich vielleicht eher durch astrologische Regeln erklären, die aus der hinduistischen Mythologie stammen und jedem Wochentag eine eigene Farbe zuordnen:

Sonntag = rot / Sonne
Montag = gelb / Mond
Dienstag = rosa / Mars
Mittwoch = grün / Merkur
Donnerstag = orange / Jupiter

Freitag = hellblau / Venus
Samstag = violett / Saturn

Zwar hält sich heute kaum noch jemand an die Wochentagsfarbe, außer am Montag, wo man zur Verehrung des Königs gern Gelb trägt. Interessanterweise spiegeln diese Farben jedoch ziemlich genau das Spektrum der Plastikgegenstände wider, die man auf den Märkten bekommt. Der klassische Thai-Stil wird wiederum gern in Hotels eingesetzt, mal mehr, mal weniger gelungen. Auch europäische und amerikanische Vintage-Möbel erfreuen sich in Bangkok großer Beliebtheit, gern auch als Fakes, die Elemente von Eames und Verner Panton in ein und demselben Möbel kombinieren. Bei neu gebauten teureren Wohnanlagen dominiert ein internationaler, cleaner Chic mit viel Weiß, Creme und Beige, wie man ihn in vielen tropischen Ländern antrifft. Die neueste Erfindung ist die Kombination des stapelbaren Plastikstuhls mit barocken Ornamenten, gewissermaßen der Monobloc Royal, der den Wunsch nach Plastik mit Gediegenheit verbindet.

Die kongeniale Ergänzung zum allgegenwärtigen bunten Plastik ist übrigens die Energiesparbirne. Schon für Neonröhren hatten die Thais eine unselige Leidenschaft, aber fast wünscht man sich diese schon wieder zurück, wenn sich die Beleuchtung einer romantischen Strandbar anfühlt, als sei man in einem billigen Supermarkt gelandet. Gerade in Gegenden, wo man noch auf einen Generator angewiesen ist, greift man gern auf die Energiesparbirne zurück, dabei ist sie gerade hier vollkommen überflüssig. Wenn der Generator läuft, verbraucht er immer gleich viel Treibstoff, ganz egal, ob er eine Glühlampe oder eine Energiesparbirne versorgt. Aber erklären Sie das mal einem thailändischen Resortbesitzer, der sein Restaurant mit den neuesten Plastikgirlanden in Neonfarben dekoriert hat.

Der leere Blick oder Warum Expats Zyniker sind

Um es einmal vorab zu sagen: Alle sind sich darüber einig, dass Thais charmant, fröhlich, gutartig und großherzig sind. Sonst würde man ja nicht nach Thailand fahren, sondern irgendwohin, wo die Kultur von großspurigen Machos geprägt wird, sagen wir nach Marokko, Mexiko oder Serbien. Touristen, die sich nur kurze und überschaubare Zeit im Land aufhalten, können es dabei belassen und dürfen jetzt weiterblättern. Aber es könnte ja sein, dass Sie länger bleiben wollen oder dass Sie an Expats geraten.

»Expat«, die Kurzform von »Expatriate«, bezeichnet »einen Ausgebürgerten, einen nicht Einheimischen, eine ständig im Ausland lebende Person«, und in Thailand ist die Schicht der Expats ziemlich breit aufgestellt. Sie umfasst Geschäftsleute, Rentner, Dauertouristen, Hotelmanager, Korrespondenten und jede Menge von auf die eine oder andere Weise gescheiterten Existenzen. Gemeinsam ist ihnen allen, dass sie in Thailand komfortabel über die Runden kommen, weil sie ihr Einkommen im Heimatland verdienen. Die meisten Expats haben sich deshalb an einen hohen Lebensstandard gewöhnt und können sich in Thailand eine Hausangestellte, einen Chauffeur, einen Pool oder eine Masseurin leisten. Insgesamt gleicht ihr Alltag einer niemals endenden Happy Hour, sozusagen Genuss zum halben Preis. Ansonsten legen die Expats genau jene Verhaltensweisen an den Tag, die man an hiesigen Gastarbeitern bemängelt. Sie haben wenig Bereitschaft, sich in ihrem Gastland zu assimilieren, sprechen die Sprache der Einheimischen nicht und leben in einer Parallelgesellschaft, in der sie meistens unter sich bleiben. Trotzdem wollen sie auf gar keinen Fall wieder nach Hause. Dort wäre nämlich Schluss mit dem bequemen Leben.

Viele Expats sind Zyniker, die Thais für ein notwendiges Übel halten. Sie sind der festen Überzeugung, dass die Thais sie genauso wenig verstehen wie sie die Thais. Ganz so, als seien beide nah verwandte Arten, die sich zwar verständigen können, aber den Sinn des Gesagten eben nur zu achtzig Prozent begreifen. Das hat noch nicht mal etwas mit westlich geprägtem Rassismus zu tun, die meisten Thais sehen das ähnlich, gerade wenn sie – durch Geburt, Erziehung oder Studium – Einblick sowohl in den westlichen Kulturkreis haben als auch in den thailändischen Kosmos. Es gibt eben Rot und Grün, Thais und *farang*. Der *farang* bleibt immer der »Fremde«, leicht zu erkennen an Hautfarbe und mangelndem Verständnis für die gern ins Spiel gebrachte »Thai-ness«. Im besten Falle begegnet man sich höflich, im schlechtesten Falle ziehen beide Seiten falsche Schlüsse: Die Thais halten dann *farangs* für grobe, unsensible Geldautomaten, denen man das Geld aus der Tasche ziehen kann, die Expats Thais für langsam, begriffsstutzig, kindisch und unzuverlässig.

Ich kann nur für die Ausländerseite sprechen, aber tatsächlich haben Thais Angewohnheiten, die einen verrückt machen können, wenn man ihnen tagtäglich ausgesetzt ist. Es sind die Kleinigkeiten, die den berüchtigten Expat-Koller auslösen: Zum Beispiel sind Thais tatsächlich langsam. Sehr langsam. Und dass man in Bangkok den Eindruck von Gewusel hat, liegt in Wahrheit nur daran, dass es so viele Menschen gibt und sie einander ständig im Weg stehen. Die provozierende Langsamkeit, mit der Thais sich bewegen, macht es einem Europäer, der es gewohnt ist, strammen Schritts etwas zu erledigen, völlig unmöglich, seinen Zeitplan einzuhalten. Dazu schlendern sie am liebsten noch zu zweit eingehakt, sodass man sie nicht überholen kann. Gern stoppen sie auch abrupt an den unmöglichsten Stellen, mitten im Gedränge oder direkt vor der Rolltreppe, um seelenruhig eine SMS zu tippen oder in ihrer Tasche etwas zu suchen. Ob man dabei den Skytrain verpasst oder die Welt untergeht, ist ihnen völlig egal. Weder wird ein Zahn zugelegt noch die Rolltreppe freigemacht. Gibt man ein Zeichen, dass man durchgelassen werden möchte, rollen die Zurechtgewiesenen entnervt mit den Augen. Eile gilt in jedem Falle als unschicklich. Hektisch werden Thais nur in Aufzügen. Wenn deren Türen sich nicht innerhalb von Sekunden schließen, hämmern sie wie besessen auf den entsprechenden Knopf ein.

Am verblüffendsten ist ein Phänomen, das eine Bekannte als den »eingebauten Sensor im Rücken« beschreibt. Dass man entgegenkommenden Leuten schwer ausweichen kann, lässt sich ja noch erklären – Thais gehen tendenziell auf der linken Seite, weil es in Thailand Linksverkehr gibt, und man selbst tendiert nach rechts. Aber wenn man dazu ansetzt, die Thais von hinten zu überholen, weichen sie genau dahin aus, wo man eine Lücke in der Menschenmenge ausgemacht hat. Man kommt nicht an ihnen vorbei. Sie stehen immer im Weg!

Schwierig ist es auch, in Thailand genau das zu bekommen, was man haben will. Häufig bekommt man nur etwas Ähnliches. Die Thais haben dafür den schönen Ausdruck »same same, but different«, der wunderbar die laxe Haltung beschreibt, etwas, das so ähnlich ist, als genauso gut wie das Gleiche anzupreisen. *Farang*, die eher zur Haarspalterei neigen als die Thais, geben sich oft damit nicht zufrieden, ebenso wenig mit der weitverbreiteten Unfähigkeit der Thais, entschieden »ja« oder »nein« zu sagen.

Verhandelt man mit einem Thai, ist es – außer wenn es um Preise geht – häufig völlig unmöglich, eine verbindliche Antwort auf eine scheinbar ganz banale Frage zu bekommen. Vielmehr murmelt das thailändische Gegenüber lächelnd vor sich hin und beantwortet dann eine Frage, die man nie gestellt hat, oder schweigt einfach und reagiert gar nicht. Warum? Man weiß es nicht und wird es nie erfahren. »Warum?« ist sowieso immer die falsche Frage, auf die man üblicherweise nur ein Achselzucken erntet. Es ist eben so, wie es ist.

Auf der anderen Seite kann man sich diese Unfähigkeit zu klaren Ansagen auch zunutze machen. Beispielsweise, wenn man etwas unbedingt haben will und der Thai durchblicken lässt, er wolle nicht verkaufen, den Bungalow nicht vermieten oder diese oder jene Dienstleistung nicht ausführen. Auf Thai heißt das natürlich nicht »Nein, will ich nicht«, sondern »Cannooot!«. »Ich kann nicht.« Damit muss man sich nicht zufriedengeben. Am besten, man spielt den Ball erst einmal zurück.

»Vielleicht morgen?« ist ein Ansatz, und wenn morgen auch nichts geht, dann »Vielleicht nächste Woche?«. Auf diese Art kommt man am Ende vielleicht sogar ans Ziel. Wichtig ist es, bei solchen Verhandlungen höflich und gleichermaßen betrübt zu wirken. Gewissermaßen hat der thailändische Verhandlungspartner es in der Hand, einen bis auf Weiteres unglücklich oder glücklich zu machen. Und wer will schon jemanden absichtlich ins Unglück stürzen? Die meisten Thais sicherlich nicht, denn das ist schlecht fürs Karma. Wenn man eine Stunde mit trauriger Miene herumsitzt oder dreimal wiederkommt, um die immergleiche Frage zu stellen, hat man den Thai oft so weit, das zu tun, was man will.

Schon weil der emotionale Stress, jemanden schon wieder zu vertrösten oder etwas abzusagen, zu groß ist.

Auf der anderen Seite kann Stressvermeidung für einen Thai bedeuten, dass er, nach einem Weg gefragt, den er nicht kennt, einen nach »dahinten rechts« schickt, nur um einen loszuwerden. Da muss man abwägen lernen.

Ein todsicheres Zeichen dafür, dass irgendwas nicht stimmt, ist »der leere Blick«. Dieser stellt sich meist dann ein, wenn ein Fahrer die Adresse nicht kennt, der Reiseagent vergessen hat, das Hotelzimmer oder die Tickets zu reservieren, aber auch, wenn es unmöglich ist, eine eisgekühlte Cola Zero mit einer Limettenscheibe oder ein ganz bestimmtes Müsli zu besorgen. Häufig verstehen einen die Leute auch einfach nicht, weil ihr Englisch nicht gut ist. Das geben sie aber ungern zu. Alle Asiaten geben ungern Fehler zu.

Wer den leeren Blick einmal erlebt hat, vergisst ihn nie. Der Blick des betroffenen Thais verschwimmt und scheint sich im Unendlichen zu verlieren, ganz so, als würde er einfach durch einen hindurch auf ein fernes Ufer blicken, an dem weniger komplizierte Kunden mit weniger sinnlosen Anliegen auf ihn warten. Wenn man ihn durch Nachfragen aus seiner Trance aufschreckt, wird er dann einfach *irgendetwas* Unverständliches sagen. Jetzt darf man auf keinen Fall lockerlassen und muss ihm Alternativen aufzeigen, die es ihm ermöglichen, sein Gesicht zu wahren, nach dem Motto: Wenn es soundso nicht geht, dann vielleicht so?

Um einigermaßen sicherzugehen, dass man bekommt, was man haben will, gilt es, alles so einfach wie möglich zu halten. Im Folgenden die Anleitung für alle Fälle. Sie sollte mit Handwerkern ebenso funktionieren wie im Supermarkt oder auf Ämtern:
– das Anliegen in englischer Sprache formulieren, möglichst nicht mehr als fünf oder sechs Worte. Mehr können sich die Leute nicht merken,

- diesen Satz gebetsmühlenartig wiederholen,
- dann lässt man den Thai den Satz wiederholen,
- mindestens einmal hinterhertelefonieren,
- in achtzig Prozent der Fälle klappt es jetzt,
- wenn es nicht klappt, freundlich eine Alternative verlangen.

Auf keinen Fall sollte man sich sichtbar aufregen, wenn etwas nicht gleich funktioniert, ein Fehler, der auf Effizienz getrimmten Ausländern immer wieder unterläuft. Dann nämlich machen die Thais dicht.

Thailand ist für Kurzzeitbesucher eben ganz einfach; wenn man dort länger arbeitet oder lebt, stellt man jedoch schnell fest, dass alles ganz anders ist, als man anfänglich denkt. Das freundliche Lächeln ist nur die oberste Schicht. Darunter liegen Aberglaube, Religion, Konventionen, die man nicht versteht und auch nie ganz verstehen wird. Selbst dann nicht, wenn man die Sprache spricht oder einen thailändischen Partner hat. Man bleibt immer Ausländer, Expat, *farang*. Die Erkenntnis, dass man im Zweifelsfall mit einem ebenso fremden Australier oder Italiener mehr gemeinsam hat als mit Thais, bringt viele Expats dazu, sich zu isolieren. Dabei ist das gar nicht nötig. Man darf nur die Neugier aufeinander nicht verlieren. Dann findet man die unbegreiflichen Eigenheiten der Thais interessant, und solange man wunderbar miteinander auskommt, ist es ja auch egal, ob man alles versteht.

Bye-bye Visa-Run

Irgendwann lassen sie dich nicht wieder rein. Das dachten jahrelang viele Ausländer, die alle vier Wochen an einen thailändischen Grenzposten pilgerten, nur um sich erst einen Aus- und dann sofort wieder einen Einreisestempel in den Pass drücken zu lassen – ein Problem, das viele Expats und Langzeiturlauber betrifft. Mit diesem durchsichtigen Manöver, das bislang alle stillschweigend akzeptierten, ist es jetzt jedoch vorbei.

Seit dem Militärputsch im Mai 2014 ist der sogenannte »Visa-Run«, zu dem man schnell über die Grenze nach Burma, Laos oder Kambodscha fuhr, endgültig verboten. Für die Wiedereinreise nach Thailand ist ab sofort ein offizielles Visum erforderlich, das man als Tourist bei jeder thailändischen Botschaft im Ausland beantragen kann. Auch eine Verlängerung dieses Visums in Thailand um weitere dreißig Tage ist möglich. Ziel dieser neuen Regelung ist es einerseits, Schwarzarbeit einzudämmen, andererseits lässt sich so besser kontrollieren, wer sich im Land aufhält. Angeblich spielt dabei auch das mysteriöse Verschwinden des Malaysia-Airlines-

Flugzeugs eine Rolle, das 2014 über dem Indischen Ozean verschollen ist und auf dessen Passagierliste mehrere Fluggäste mit in Thailand gestohlenen Papieren waren. Hauptsächlich trifft der sogenannte »Visa-Crackdown« jedoch Hunderttausende Schwarzarbeiter aus Kambodscha und Myanmar sowie westliche Ausländer, die sich längere Zeit in Thailand aufhalten und dort offiziell als Sprachlehrer, Touristenführer oder Tauchlehrer arbeiten, in Wahrheit aber ganz andere Jobs verrichten. Da sich die Bestimmungen, Prozeduren und Fristen für Visa jederzeit ändern können, ist es ratsam, sich vorab genau zu informieren (www.immigration.go.th).

Eigentlich ist die Einreise nach Thailand kein Problem. Deutsche Staatsangehörige bekommen automatisch bei der Einreise ein Vier-Wochen-Visum, das angeblich sogar auf sechzig Tage verlängert werden soll, doch kann man schon auf dem Heimatflughafen Probleme bekommen, wenn man keinen Rück- oder Weiterflug vorweisen kann. Angestellte mancher Fluggesellschaften behaupten gern, ohne diesen dürften sie Reisende nicht befördern. Ich selbst habe mir wegen dieser Frage schon mehrfach mit renitentem Schalterpersonal Wortgefechte geliefert. Besser ist es, Ruhe zu bewahren und nach dem Vorgesetzten zu verlangen. Das Ganze ist nämlich reine Auslegungssache.

Zwar kann die Einreise nach Thailand verweigert werden, praktisch passiert ist das jedoch so gut wie nie. Schließlich kann man sich ja auch spontan entschließen, von Thailand in ein anderes Land auszureisen, per Flugzeug oder auf dem Landweg. Und kein Angestellter einer deutschen Fluggesellschaft kann Sie zwingen, Ihre Urlaubsplanung monatelang im Voraus abzuschließen. Im Endeffekt konnte ich meinen Flug immer antreten, und die Thais haben mich immer reingelassen.

Auch ein Visum für sechzig Tage ist problemlos zu bekommen, allerdings muss dies bei einer Botschaft oder einem

Konsulat im Ausland beantragt werden, und hier wird auch tatsächlich nach dem Rück- oder Weiterflug gefragt. Wenn Sie sich da nicht festlegen wollen, buchen Sie einfach irgendeinen Billigflug, den Sie getrost verfallen lassen können.

Viele Urlauber, die Südostasien länger als vier Wochen bereisen wollen, verlassen sich darauf, dass man eben nach vier Wochen aus Thailand ausreist, schließlich gibt es genug in den Nachbarländern zu sehen. Ärgerlicherweise läuft das Visum immer gerade dann aus, wenn man partout keine Lust hat, woanders hinzugehen. Für eine kurzfristige Überziehung der Aufenthaltsgenehmigung um ein paar Tage gab es bislang die Möglichkeit des »Overstay«. Dabei war es damit getan, dass man sein Vergehen vor der Ausreise anzeigte und unbürokratisch pro Tag eine Geldstrafe von umgerechnet etwa dreizehn Euro entrichtete. Auch das ist jetzt deutlich schwieriger. Ab einer Terminüberschreitung von neunzig Tagen und mehr wird ein Einreiseverbot verhängt, das manchmal sogar lebenslang Gültigkeit haben kann. Auch wird der »Overstay« im Pass vermerkt und kann zu Problemen bei der Erteilung eines neuen Visums führen. Richtig unangenehm wird es, wenn man zufällig von der Polizei kontrolliert wird und diese feststellt, dass man sich illegal im Land aufhält. Im schlimmsten Falle wird man festgenommen, abgeschoben und darf nicht mehr nach Thailand einreisen.

Man kann aber einfach auch den Aufenthalt in Thailand unterbrechen und beispielsweise für zwei Wochen nach Myanmar fliegen, für das man als Deutscher sogar online ein Visum beantragen kann (http://evisa.moip.gov.mm); und von dort kehrt man dann wieder nach Bangkok zurück. Mit Billigfliegern lässt sich auf diese Weise wunderbar ganz Südostasien kennenlernen – von Saigon bis Rangoon.

Allerdings hatte ich bei einer solchen »Zwangsreise« vor Jahren ein ziemlich traumatisches Erlebnis: Ich war nach Kambodscha gefahren und stellte nach der Besichtigung der großartigen Tempel von Angkor Wat fest, dass meine Kreditkarte aus unerfindlichen Gründen nicht funktionierte. Da ich noch keinen Rückflug gebucht und nur zwanzig Dollar Bargeld dabeihatte, war ich gezwungen, mir umgehend für sechzehn Dollar ein Busticket zurück nach Bangkok zu kaufen. Von den restlichen vier Dollar besorgte ich mir zwei Flaschen Wasser und Beruhigungstabletten für die achtstündige Busfahrt. Der Zustand der Strecke galt damals als katastrophal, und die Busse wurden immer wieder von marodierenden ehemaligen Khmer Rouge überfallen. Zumindest behauptete man das in den Kneipen von Siem Reap.

In wohligem Dämmerschlaf überlebte ich dann die Buckelpiste, und hätte tatsächlich jemand eine Kalaschnikow auf mich gerichtet, ich hätte vermutlich ungerührt weitergegrinst. Schließlich besaß ich nichts, was man mir hätte rauben können. Seitdem achte ich allerdings immer darauf, genügend Bargeld bei mir zu haben, was Sie übrigens auch tun sollten. In ganz Südostasien gibt es an jeder Ecke Geldautomaten und Kreditkartenlesegeräte. Wenn man sie allerdings dringend braucht, sind sie mit Sicherheit gerade kaputt.

Natürlich gibt es auch für andere Zwecke Visa: Ein Arbeitsvisum bedarf der Genehmigung des Arbeitgebers und muss auch von diesem beantragt werden. Für ein einjähriges Business-Visum benötigt man die offizielle Einladung einer thailändischen Firma, die eine längere oder mehrfache Anwesenheit vor Ort begründen muss; hilfreich ist außerdem die Bescheinigung einer deutschen Firma, dass sie bereit ist, für etwaige Unkosten aufzukommen. Am einfachsten ist es, wenn man fünfzig Jahre oder älter ist. Für ein Rentner-Visum reicht es, regelmäßige Einkünfte oder einmal im Jahr einen entsprechenden Geldbetrag auf einem thailändischen Konto nachzuweisen, der dort allerdings länger als drei Monate liegen muss. Weniger begüterte Pensionäre überweisen sich das Geld für die Bescheinigung der Bank einfach reihum.

Politik – Der König ist tot, es lebe der König!

Der 13. Oktober 2016 bedeutete für Thailand eine Zäsur. Schon zu Lebzeiten wirkte die fast religiös anmutende Verehrung des Monarchen wie aus der Zeit gefallen, und noch im Tod zeigte sich, welche Bedeutung König Bhumibol Adulyadej wirklich für sein Volk hatte. Über 70 Jahre stand er als Rama IX. an der Spitze des Staats, und kaum ein Thai kann sich an eine Zeit ohne ihn erinnern. Bhumibol wurde 1946 zum König gekrönt und war damit das am längsten amtierende Staatsoberhaupt der Welt, seine Untertanen verehrten ihn als »königlichen Vater«. Riesige Poster mit seinem Konterfei hingen am Flughafen, auf meterhohen Fotos blickt er von Wolkenkratzern auf sein Volk hinab, und an Straßenecken stehen tausende Podeste mit seinem Abbild. Kaum eine Shoppingmall, die auch drei Monate nach dem Tod des Monarchen ohne altararige Kondolenzlisten mit üppigem Blumenschmuck auskommt. Über Nacht verwandelte sich Bangkok in eine Stadt in Schwarz-Weiß, die Farben der Trauer.

Hysterische Trauer-Szenen, wie man sie eigentlich nur vom Tod des geliebten nordkoreanischen Führers Kim Jong Il kannte, dominierten monatelang die Nachrichten, und statt Werbung zeigten die Monitore im Skytrain ausschließlich den König. Auf dem Sanam Luang, dem riesigen Veranstaltungsplatz am Palastgelände treffen sich immer noch jeden Tag Abertausende von Thais, um des Verstorbenen zu gedenken. Ein knappes Jahr dauerte es, bis jener riesige, verzierte, hölzerne Komplex errichtet war, der den mythischen Berg Meru aus der buddhistischen Kosmologie darstellen sollte. In diesem Krematorium, das über fünfzig Millionen Dollar gekostet haben soll, wurde der Leichnam des Königs letztlich eingeäschert. Gerüchte, dass die ganze Konstruktion dabei verbrannt wurde, erwiesen sich jedoch als unwahr – auch wenn man sich das durchaus hätte vorstellen können.

Junta-Führer und Regierungschef Prayut Chan-o-cha ordnete bis dahin ein Jahr Staatstrauer an, sicher auch, um die politische Lage unter Kontrolle zu halten. Erst danach wird Bumibols Nachfolger offiziell gekrönt, auch wenn er schon einen Monat nach dem Tod seines Vaters überraschend geräuschlos zum König ernannt wurde. Der 64-jährige Kronprinz Maha Vajiralongkorn – sein Name bedeutet »geschmückt mit Juwelen oder Donnerkeilen« – hatte erst einmal um Zeit für die Trauer um seinen Vater gebeten, was zu allerlei Spekulationen Anlass gab, die hier nicht erörtert werden dürfen, will man dieses Buch auch in Thailand lesen. Schließlich hat Thailand ein strenges Gesetz gegen Majestätsbeleidigung und schon eine falsche Bemerkung über des Königs Pudel kann eine Verhaftung nach sich ziehen, ein Facebook-User wurde zu einer mehrjährigen Haftstrafe verurteilt, nur weil er einen despektierlichen Post geliket hatte. Mangelnde Respektbezeugung gegenüber der Königsfamilie ist in Thailand wahrscheinlich der schlimmste Fehler, der einem unachtsamen Touristen unterlaufen kann. Das betrifft selbst die Missachtung eines Königs-Bildnisses auf Geldscheinen. Eine in diesem Zusammenhang immer wieder gern erzählte Geschichte ist die des Touristen, der sich um sein Wechselgeld betrogen fühlte, einen Schein zusammenknüllte und darauf herumtrampelte. Der Mann wurde umgehend verhaftet. Zunehmend wird der Straftatbestand der Majestätsbeleidigung auch im politischen Alltag als Waffe eingesetzt. Missliebige Parteien und Kontrahenten werden gern beschuldigt, sich negativ über das Königshaus geäußert zu haben.

Anzunehmen ist, dass der König auch weiterhin eine tragende Rolle in der aktuellen Politik spielen wird. Die eigentliche Macht im Land hat nach einem Putsch im Jahr 2014 das Militär – für Thailand nichts Ungewöhnliches. Seit der Abschaffung der absoluten Monarchie in Jahr 1932 gibt es im Land durchschnittlich alle sechs Jahre einen Staatsstreich.

Der neue König jedoch wird weit weniger Integrationsfigur sein als sein Vater, dessen Rolle parteiübergreifend akzeptiert wurde.

König Bumibol wurde in den USA geboren und wuchs in der Schweiz auf. Nach dem nie ganz zweifelsfrei geklärten gewaltsamen Tod seines Bruders wurde er zum König ernannt. Seine Beliebtheit verdankt er seinem unermüdlichen Einsatz zum Wohle des Volkes, der sich auch im Motto seiner Regentschaft widerspiegelt: »Ich werde das Land einzig zum Vorteil seiner Menschen regieren.«

Der König startete zahlreiche Hilfsprojekte, die bei den Problemen des ländlichen Thailands helfen sollen – von der Einführung neuer Nutzpflanzen über Alternativen zum Opiumanbau, von der Trockenlegung von Sümpfen bis zur Erhaltung der letzten Regenwälder. Die größte Herausforderung für den König waren wohl die Unruhen von 1992, als Hunderte von Demonstranten vom Militär erschossen wurden. In dieser kritischen Situation ließ König Bhumibol die Tore zum Park seines Palastes öffnen, sodass die Demonstranten sich retten konnten. Anschließend beorderte der König die Kontrahenten zu einer Audienz. Vor laufender Kamera mussten die Militärs dem König versprechen, den Konflikt auf friedliche Weise zu lösen.

Nicht ohne ihren eigenen Vorteil zu sehen, man schätzt ihr Vermögen auf 30 Milliarden US-Dollar, haben Thailands Könige seit Jahrhunderten ihre Macht auch zum Wohl ihrer Untertanen genutzt. Seit Mitte des 19. Jahrhunderts haben nicht nur Kinder elitärer Familien Zugang zu den Universitäten, sondern auch das einfache Volk. Der hochverehrte König Chulakorn orientierte sich bei der Reform des Bildungs- und Verwaltungssystems ab dem späten 19. Jahrhundert an westlichen Vorbildern. In den Zwanzigerjahren wurde unter Rama VI. die Schulpflicht eingeführt. Heute sind 95 Prozent der Bevölkerung alphabetisiert.

Schon vor dem Putsch im Mai 2014 war Thailand nicht unbedingt eine Demokratie im westlichen Sinne und der Einfluss des Militärs übergroß. Die regelmäßig stattfindenden Staatsstreiche haben beinahe etwas Rituelles, und das Für und Wider wird vorher meist ausführlich in den Medien diskutiert. So waren sich 2006 alle einig, das Militär müsse etwas gegen den korrupten Premierminister Thaksin unternehmen, und immer wieder wurde spekuliert, ob nicht die Generäle vorübergehend die Macht übernehmen sollten, wenn bei der nächsten Wahl die falsche Partei gewinnen würde.

Die falsche Partei, das sind in den Augen der städtischen, privilegierten, königstreuen Elite, die sich mit der Farbe Gelb kennzeichnet, die »Rothemden«. 2001 hatte der milliardenschwere Geschäftsmann Thaksin Shinawatra einen Erdrutschsieg errungen – mit großzügigen finanziellen Versprechungen für die bislang vernachlässigte Landbevölkerung und mit polemischer Stimmungsmache gegen Ausländer und die muslimische Minderheit. Der Abstieg des Telekommunikations- und Medienunternehmers begann, als er Teile seines Imperiums unter Umgehung von Steuerzahlungen an die Singapurer Staats-Holding Temasek verkaufte. Nach der Wahl

2006, bei der es zu massiven Stimmenkäufen gekommen sein soll, wurde er gestürzt und entzog sich einer zweijährigen Gefängnisstrafe durch Flucht ins Ausland.

Auch die Unruhen im Jahre 2010 sollen auf sein Konto gehen. Glaubt man den »Gelbhemden« handelte es sich bei den Demonstranten, die das Geschäftsviertel um den Siam Square monatelang lahmlegten, um arme Bauern aus dem Norden, denen jeden Tag Geld vom Thaksin-Clan gezahlt wurde. Für den entsprechenden Betrag hätten sie sich auch auf ein Feld gesetzt. Selbst das Eingreifen des Militärs bei den blutigen Unruhen wurde von vielen Bangkokern begrüßt.

Als politische Marionette ihres Bruders – so behaupten zumindest ihre Gegner und auch er selbst bezeichnete sie einmal als seinen »politischen Klon« – agierte seit den Wahlen von 2011 Thaksins Schwester Yingluck Shinawatra. Ihr Stern begann zu sinken, als im Herbst 2013 ein Amnestie-Gesetz verabschiedet werden sollte, das auch ihrem Bruder eine straffreie Rückkehr ins Land ermöglicht hätte. Die Opposition besetzte daraufhin zahlreiche Regierungsgebäude, und obwohl Yingluck einen Rückzieher machte, waren ihre Tage im Amt gezählt. Allerdings blieb sie weiterhin Ministerpräsidentin. Politisch befand sich Thailand fortan in einer Pattsituation. Weder konnte man Yingluck dazu zwingen, ihren Posten zu räumen, noch wollte die Opposition das Ergebnis von Neuwahlen akzeptieren, da absehbar war, dass ohne vorherige Reformen die Thaksin-nahe Puay-Thai-Partei wieder gewinnen würde.

Was den Demonstranten nicht gelungen war, entschied schließlich das Verfassungsgericht: Es enthob Yingluck wegen Amtsmissbrauchs ihres Postens als Ministerpräsidentin. Das Militär zeigte anfangs wenig Neigung für einen Putsch, signalisierte jedoch, dass es im Notfall bereitstünde, sollten die politischen Lager sich nicht einigen können. Schließlich erklärte man die Regierung für abgesetzt, ein spektakuläres Ende fand die Affäre durch die bis heute nicht geklärte Flucht Yinglucks vor einer drohenden Verurteilung ins Ausland. Insider vermuten einen Deal, da eine Verhaftung der Symbolfigur Yingluck sicher Unruhen ausgelöst hätte. An der Rückkehr hindert sie eine in Abwesenheit ausgesprochene Gefängnisstrafe wegen Veruntreuung von Staatsgeldern. Seit 2014 übt General Prayuth Chan-ocha die Regierungsgewalt aus – ein bis dato unauffälliger Herr, der zum Zeitpunkt des Staatsstreichs kurz vor der Pensionierung stand und gern weiße Uniformen mit vielen Orden trägt. An seiner neuen Position als Chef der Militärjunta scheint er Gefallen zu finden. Die ursprünglich einmal für den Herbst 2015 geplanten Neuwahlen sollen jetzt im Februar 2019 stattfinden. Laut einer neuen Verfassung bleibt dem Militär jedoch, ähnlich wie im benachbarten Myanmar, eine Art Sperrminorität und man mutmaßt, dass der General, halb scherzhaft auch »Geliebter Führer« genannt, eine zivile Karriere als Ministerpräsident anstreben könnte. Generell zeichnet sich die Junta bei der Kommunikation ihrer manchmal sogar gut gemeinten Ideen durch eine gewisse Ungeschicklichkeit aus. Eines ihrer großen Themen ist die Korruption, und so sollten beispielsweise auf der Ferieninsel Phuket die Strände renaturiert werden, da die Snackverkäufer, Jetski- und Sonnenliegen-Vermieter meist illegal und mit Deckung bestochener Beamter agieren. Als den Urlaubern nur noch gestattet war, Handtücher mitzubringen, protestierten die Händler und beschuldigten die Regierung, das Tourismusgeschäft zu zerstören. Inzwischen gibt es Liegezonen, aber das ganze Vorgehen scheint irgendwie typisch: Zwei Schritte vor, einer zurück.

Das gewalttätige Szenario, das westliche Medien von den Unruhen vor dem Putsch zeichneten, war jedoch übertrieben. Selbst als diverse Kreuzungen in Bangkoks Innenstadt über Monate besetzt waren, blieben die Shopping-Malls geöffnet. Entweder vermied man die Demo-Camps, deren

Orte jeder kannte, oder man benutzte einfach den Skytrain und gelangte über Überführungen ans Ziel. Trotzdem muss vor dem Aufenthalt in demonstrierenden Menschenmengen gewarnt werden. Inzwischen gibt es keine politischen Demonstrationen mehr, weil diese aktuell verboten sind, und auch eine Einschränkung der Meinungsfreiheit wird beklagt. Als Tourist bekommt man davon allerdings nichts mit.

In dieser unübersichtlichen und zersplitterten politischen Arena war der verstorbene König seit Langem das Symbol der Einheit, ein vertrauenswürdiger Vermittler, wenn Konflikte außer Kontrolle zu geraten drohen. Viele fragten sich, was nach dem Tod des geliebten Monarchen passieren und ob die instabile Demokratie ihn überleben würde.

König Vajiralongkorn hatte bislang einen unglücklichen Ruf als exzentrischer Playboy, der seinen skandalträchtigen Lebenswandel vorwiegend auf zwei Anwesen in Bayern ausübte. Er ist bekannt als Liebhaber von schnellen Autos und schönen Frauen, was ihm zumindest große Teile der thailändischen High Society nicht verübeln dürften. Aktuell versucht der Palast, das Image des neuen Königs aufzupolieren, bislang mit mäßigem Erfolg. Aber ein König, der wenig Interesse an der aktuellen Politik zeigt, ist gut für die Machtstellung des Militärs. Viele Thais bedauern immer noch, dass nicht seine hingebungsvoll verehrte Schwester, Prinzessin Maha Sirindhorn, den Thron übernommen hat und es wird gern – aber nur im privaten Kreis – darüber spekuliert, was im Palast wirklich vor sich geht.

»Der Hof ist ein schwarzes Loch«, heißt es in Thailand. »Man redet besser nicht darüber.«

Mutmaßungen und Gerüchte hier zu erörtern käme zweifellos dem Tatbestand der Majestätsbeleidigung gleich, und ich möchte auch weiterhin eine schöne Zeit in Thailand verbringen.

Bleibt nur zu hoffen: »Lang lebe der König.«

Massage

Die blonde Frau neben mir stöhnt kurz auf, wie in einer Mischung aus Schmerz und Lust, und ich riskiere aus halb geschlossenen Lidern einen Blick auf den Nachbarstuhl. Ein junger Mann bohrt einen hölzernen Stab in ihre Fußsohle, und offenbar weiß er genau, was er da tut: Die Frau stöhnt schon wieder, dabei bekommt sie nur eine Fußmassage verabreicht. Es ist früher Abend. Im Halbdunkel steht eine ganze Reihe Liegestühle, davon viele besetzt. Auf den Hockern davor die Masseure: junge Männer und Frauen mit weinroten Shirts, viele von ihnen kommen aus Burma. Vermutlich ist es deshalb so günstig. Eine Stunde Fußmassage kostet 100 Baht, in den Touristenvierteln zahlt man meist das Dreifache. Hier sind viele Kunden Thais und Chinesen, manche schreiben SMS, einer schnarcht, doch die meisten genießen stumm. Der Begriff Fußmassage ist übrigens sehr weit gefasst und beinhaltet neben allen Extremitäten auch den Schultergürtel, den Nacken und den Kopf.

Das Besondere an einer guten Massage ist, dass sie nichts mit Sex zu tun hat, wohl aber mit Lust. Es ist, als ob man seinen Körper neu entdeckt. Der rhythmische Druck von Daumen, Ellenbogen und Knien und die gezielte Stimulation von Energielinien sollen den Stoffwechsel und die Entspannung fördern, Dehn- und Streckübungen sind wie eine Art passives Yoga. Dabei ist eine Massage durchaus eine intime Angelegenheit. Selbst wenn man dabei meistens mit einer Art dünnem Pyjama bekleidet ist, wird an dem Körper gearbeitet, man wird von einem anderen Menschen berührt. Von daher lehne ich es grundsätzlich ab, mich von Leuten massieren zu lassen, die ich nicht mag. Dabei verlasse ich mich ganz auf mein Gefühl, denn wenn man jemanden unsympathisch findet, kann man sich nicht entspannen. Und das ist das Allerwichtigste.

Ich persönlich stehe auf alte Frauen. Die beherrschen meist ihr Handwerk und lenken nicht durch unnötige Attraktivität ab. Ich kann mich ausschließlich darauf konzentrieren, was mit meinem Körper geschieht. Welche Muskelfasern weich gewalkt werden, welche Sehnen gedehnt und welche Gelenke gedreht werden. Auch Männer sind nicht übel, generell sind sie kräftiger und arbeiten mit mehr Druck. Manchmal mag ich es ein bisschen härter, dann suche ich mir einen Mann aus. Dabei ist eine klassische Thai-Massage bei Weitem nicht nur Entspannung. Sie kann sogar ganz schön anstrengend sein. Insbesondere die Stretching-Übungen geben mir manchmal das Gefühl, dass ich schon ziemlich eingerostet bin.

Für jede Situation gibt es eine andere Massage: Ölmassagen, Kräuterkompressen, Tiefengewebemassage oder auch gemischt mit westlichen Techniken oder Shiatsu. Natürlich existiert auch die »Body Massage« mit »Happy Ending«. Wenn stark geschminkte junge Frauen einem Mann »Massaahh, Massaaah!« hinterherrufen, kann man davon ausgehen, dass sie dabei nicht an Ayurveda denken. Auf der anderen Seite ist ein offenes Schaufenster zur Straße hin immer ein Zeichen, dass das Angebot ganz seriös gemeint ist.

Ihren Ursprung hat die Thai-Massage bei Shiuago Komparaj, einem Arzt und Gefährten Buddhas, vor etwa 2500 Jahren. Sie bezieht sich auf das indische System der Energielinien, auf denen die Energiepunkte liegen, durch die der Mensch mit Lebensenergie versorgt werden soll. In der Thai-Massage korrespondiert der Druck auf diese Energiepunkte und Linien mit der Linderung aller möglichen Beschwerden, die von Kopfschmerzen über Verstopfung und Rückenschmerzen bis hin zu Schlafstörungen reichen.

1832 ließ König Rama III. alle noch vorhandenen Texte zur Massagepraxis in Stein meißeln und im Wat Pho, Bangkoks ältestem Tempel, unterbringen. Im Wat Pho leben noch heute 300 Mönche. Hier können auch Touristen lernen, wie die Massagetechnik funktioniert. Ein Anfängerkurs ist in fünf Tagen à sechs Stunden zu absolvieren. Aber auch, wenn Sie sich lediglich massieren lassen wollen, ist das Wat Pho eine gute Adresse. Die Atmosphäre ist einfach und die Massageschule in einem verhältnismäßig kleinen Bereich untergebracht, doch die Massagen sind perfekt. Zudem stellt die Tempelanlage mit ihrem liegenden Buddha eine der bekanntesten Sehenswürdigkeiten Bangkoks dar.

Thai-Massage gilt als einer der zahlreichen Wege zu den »vier göttlichen Bewusstseinszuständen« des Buddhismus, und diese sollte der Behandelnde stets verinnerlichen: »Metta« ist der Wunsch, andere glücklich zu machen, »Karuna« ist das Mitleiden und der Wunsch, allen Leidenden zu helfen, »Mudita« die Fähigkeit, sich mit anderen zu freuen und keinen Neid zu kennen, und »Upekkha« heißt, jemanden ohne Vorurteile anzuerkennen.

Häufig wird die Massage auch mit heißen Kräuterkompressen unterstützt, die auf die Energiepunkte oder auf schmerzende Stellen gedrückt werden. Sie werden vor allem bei Rückenschmerzen eingesetzt und um Muskelverspannungen zu lösen. Ihre Hauptbestandteile sind *phlai,* eine Art Ingwer, der wegen seiner entzündungshemmenden Wirkung geschätzt wird, das antiseptisch wirkende Kurkuma, schmerzstillender Kampfer, intensiv duftende Kaffir-Limetten-Blätter und Zitronengras, das eine Art natürliches Antimykotikum ist. Diese Kompressen kann man übrigens auch fertig gemischt kaufen und mehrfach zur Selbstbehandlung verwenden. Über Dampf aktiviert wirken sie bei Verspannungen manchmal wahre Wunder.

Massagen werden in Thailand überall angeboten, in den Städten ebenso wie am Strand und in Hotels. Gerade die Luxushotels machen oft einen richtigen Kult um ihre Spas – und das sogar zu Recht. Wenn man einen halben Tag für einen Spa-Aufenthalt übrig hat, sollte man das nutzen. Gerade wenn man nur einen kurzen Zwischenaufenthalt in Bangkok einlegt oder noch vom Jetlag geplagt ist, sollte man es ruhig angehen lassen. Ein Wellness-Tag ist dafür perfekt. Die wohl besten Spas gehören zum »Oriental« und zum »Peninsula«, großzügige Wellness-Tempel mit Blick auf den Fluss, bei denen man wirklich den Unterschied zu einer einfachen Straßenmassage merkt.

Für mich ist das Nonplusultra die mehrhändige Shrirodhara-Massage mit Ölguss im »Oriental«. Dabei wird ein warmes, duftendes Öl auf die Stirn geträufelt, während zwei oder drei Therapeutinnen gleichzeitig massieren. Man fühlt am eigenen Leib, wie wichtig ein eingespieltes Team und eine gute Ausbildung sind. Die Kunst ist, dass alle Hände den gleichen Druck ausüben und das gleiche Bewegungstempo haben. Dabei müssen immer mehrere Hände Körperkontakt haben, und spätestens nach zehn Minuten ist man ins Nirwana massiert.

Das »Peninsula« bietet eine Spa-Reise an, bei der man auch noch etwas lernt. Nach einer ausführlichen Anamnese bringt man sich durch gemeinsame Yoga- und Atemübungen auf ein Level mit der Therapeutin, die zuerst die Grundlagen der Thai-Massage und die Bedeutung der Chakren (Energiezentren) erklärt, um dann gemeinsam mit dem Kunden eine für ihn passende Behandlung auszuwählen. Nach der Massage wird ein leichter Lunch serviert, anschließend stehen der Pool und die Fitnesseinrichtungen des Hotels den Patienten zur Verfügung. Sehr zu empfehlen ist auch das »Anti Ageing Enzyme Peel Facial«. Selbst wenn die Produkte nicht wirken sollten, wäre die Gesichtsmassage jeden Baht wert.

Wie Sie sicher schon bemerkt haben, bin ich ein Massage-Junkie und liebe es, mich zwei- oder dreimal die Woche durchkneten zu lassen. Außerdem bin ich fürchterlich faul und frage mich immer: Warum soll ich meine Zeit mit der Durchführung von Stretching-Übungen verbringen, wenn andere mich stretchen können? Ähnlich ist es mit noch nervigeren Kapiteln der Körperpflege wie dem Schneiden der Fingernägel, der Pediküre oder der Entfernung von Körperhaaren. Gott sei Dank ist das alles in Thailand so günstig zu bekommen, dass man es nicht selbst machen muss. Geradezu paradiesisch war für mich von daher ein Aufenthalt auf der Insel Koh Mak, wo ich die Inhaberin einer Massageschule kennenlernte. Nachdem wir uns ein bisschen angefreundet und ausgetauscht hatten, fragte sie mich, ob ich nicht Lust hätte, als Massagemodel für ihre Schüler zu arbeiten und diese zu bewerten. Das ließ ich mir nicht zweimal sagen. In der folgenden Woche wurde ich jeden Tag drei Stunden lang massiert, mit frischen Kräuterpackungen gepeelt oder gestretcht, mein Lymphfluss wurde stimuliert und meine Gesichtskontur durch Spezialmassagen gefestigt.

Von daher kommt vermutlich auch meine Vorliebe für hässliche Masseurinnen. Während die hübschen Mädchen Angst hatten, danebenzugreifen oder etwas falsch zu machen und ständig schüchtern ihre Augen niederschlugen, war eine kleine Frau mit einem Buckel, die mir gerade bis zur Hüfte ging, völlig unbefangen. Ich hatte anfangs Zweifel, ob sie überhaupt kräftig genug sei, doch diese kleine Person war eine Offenbarung. Sie kletterte auf mir herum, versetzte mir Schläge und bohrte mir ihre spitzen Knie so in den Rücken, dass ich gar nicht wusste, wie mir geschah.

Als ich ihr später übersetzen ließ, wie sehr ich ihre Behandlung genossen hatte, lächelte sie und deutete auf ihren verwachsenen Körper. »Ich habe schon viele Schmerzen erleiden müssen«, meinte sie, »deshalb kann ich alles mitfühlen. Ich weiß genau, wo die Muskeln und Knochen hingehören.«

Buddhismus

Sie sind überall und nicht zu übersehen: Buddhistische Mönche erkennt man sofort an ihren orange- und ockerfarbenen Roben und kahl rasierten Köpfen. In Thailand erblickt man sie auf dem Chatuchak-Markt ebenso wie auf eigens für sie reservierten Plätzen in Flugzeugen oder Bussen. Dabei wirken sie, obwohl der Besitzlosigkeit verpflichtet, oft nicht sonderlich weltabgewandt, manchmal sieht man sie sogar mit Mobiltelefonen oder Geld hantieren, was sie eigentlich gar nicht besitzen dürfen. Der Verzicht auf Geld sei nicht mehr zeitgemäß, wird argumentiert, und es kommt immer wieder zu Skandalen, wenn wohlhabende Äbte einen sehr säkularen Lebensstil pflegen oder mit teuren Autos ertappt werden.

Auch manche der kindlichen Novizen, die meist aus armen Familien stammen und in den Klöstern eine Art Grundschulausbildung erhalten, sieht man nicht nur beim Meditieren, sondern auch beim Spielen, und ein Fernseher ist in manchen Klöstern nichts Ungewöhnliches. Diese recht weltlich wirkende Lebensweise liegt nicht zuletzt daran, dass es verschiedene Stufen der Ordination gibt und Kinder sich nur an einige der 227 Verhaltensregeln zu halten haben, die ein vollwertiger Mönch zu befolgen hat. Dazu gehören neben dem Zölibat der Verzicht auf Eigentum, weltliche Vergnügungen wie Singen und Tanzen und das Schlafen in bequemen Betten. Das schwierigste ist vielleicht das Essensgelübde. Mönche dürfen nur einmal am Tag bis um elf Uhr morgens essen. Meist stehen die Dorfbewohner mit den Tempelglocken oder Lautsprechern, aus denen schon frühmorgens laute Gebete und Gesänge erschallen, auf, um Reis und andere Essensspenden zu kochen. Im Morgengrauen ziehen die Mönche dann durch das Dorf, um die Spenden in Empfang zu nehmen. Die Gabe wird mit beiden Händen überreicht, und mit Dank ist dabei nicht zu rechnen. Vielmehr müssen die Spender dankbar sein, dass ihre Gaben angenommen werden. Diese Speisung der Mönche ist in großen Klöstern auch ein gern gesehenes Spektakel für Touristen, die bei der Essensausgabe auch selbst Hand anlegen dürfen.

In Großstädten werden die milden Gaben häufig nicht mehr selbst zubereitet, hier gibt es Devotionaliengeschäfte, in denen man nicht nur kleine Altäre, Kerzen, Räucherstäbchen und Roben kaufen kann, sondern auch konfektionierte Spendenpakete in safrangelben Schüsseln oder Plastikeimern. Ihr Inhalt reicht, je nach Größe, von Zahnpasta und Seife bis zu getrockneten Nahrungsmitteln oder neuen Roben. Selbst Supermärkte bieten die in Zellophan verpackten Päckchen mittlerweile an, denn Thais sind begeisterte Spender. Ganz selbstlos ist diese Freigiebigkeit jedoch nicht. Wohltätigkeit ist eine Einzahlung auf das Karma-Konto. Wer sich in diesem Leben großzügig zeigt, erhält im nächsten Leben etwas zurück.

Bei vielen Mönchen handelt es sich nur um Mönche auf Zeit. Von jedem männlichen Thai wird erwartet, dass er zwei bis drei Monate seines Lebens im Kloster verbringt, um dort das Meditieren zu erlernen. Dies geschieht traditionell in der Regenzeit, aber auch Aufenthalte von bis zu zwei Jahren sind nicht selten. Bindend ist ein Eintritt in ein Kloster jedoch nicht. Ein Mönch kann sein Klosterleben unterbrechen und später wieder zurückkehren. Mönchsein ist einfach ein begrenzter Teil des Lebens, der als Vorbildung für zahlreiche innerhalb der dörflichen Hierarchie geschätzte Führungspositionen wie Geisterbeschwörer, Astrologen und Wahrsager gilt.

In Thailand ist der Theravada-Buddhismus, der sich an den überlieferten Pali-Schriften orientiert, eine Art Staatsreligion. Frauen sind bei dieser konservativen Auslegung des Buddhismus als anerkannte Nonnen übrigens nicht zugelassen. Ihnen ist nur ein Leben als eine der sogenannten »weißen Nonnen« möglich, das sie jedoch nicht zu einem Teil des Klerus macht, sondern lediglich zu frommen Laien-Frauen, die sich unter anderem dem Zölibat verpflichten.

Von großer Bedeutung sind Mönche bei Trauerfeierlichkeiten. Sie kommen eine ganze Woche lang jeden Abend zum gemeinsamen Beten mit den Angehörigen, zum einen, um der Seele des Toten zu helfen, den Weg in die nächste Reinkarnation zu finden, zum anderen, um die Lebenden vor bösen Geistern zu schützen, die sich beim Tode eines Menschen im Haus einfinden können. Mönche werden aber auch gebraucht, um ein Paar zu trauen oder ein neu in den Dienst gestelltes Flugzeug beziehungsweise ein neu gekauftes Auto zu segnen.

Berühmte Mönche stehen zudem im Ruf, über Wunderkräfte zu verfügen, mit denen sie ihre Anhänger auch aus dem Jenseits vor Ungemach zu schützen vermögen. Als Pendant zu christlichen Heiligenbildchen schmücken sie häufig die Sonnenblenden von Autos.

In Bezug auf religiöse Befindlichkeiten sind verschiedene Regeln zu beachten:

1. Während Schuhe auf dem Tempelgelände noch erlaubt sind, so tragen Sie bitte keine Schuhe innerhalb eines Tempelgebäudes, in dem sich Buddhastatuen oder -bildnisse befinden. Ziehen Sie sie ebenfalls aus, bevor Sie private Häuser oder Wohnungen betreten.
2. Der Kopf ist ein heiliger Körperteil. Deshalb sollte man Thais nie an den Kopf fassen.
3. Füße sind die niedrigsten Körperteile und sollten daher niemals verwendet werden, um etwas zu zeigen oder sie jemandem entgegenzustrecken. Das gilt besonders für Buddhastatuen. Achten Sie daher darauf, dass Sie Ihre Beine nach hinten abwinkeln, wenn Sie sich vor einer Buddhastatue auf den Boden setzen.
4. Korrekte Kleidung ist in einem Wat ein Muss. Das heißt: bedeckte Schultern und Röcke oder Shorts, die mehr als knielang sind.
5. Verhalten Sie sich nicht auffällig oder laut.
6. Frauen dürfen Mönche nicht berühren, sich nicht neben sie setzen oder mit ihnen fotografieren lassen.
7. Respektloses Verhalten gegenüber einem Buddhabildnis ist ein Verbrechen. Dazu gehört das Klettern auf Statuen ebenso, wie sich über eine religiöse Abbildung lustig zu machen.
8. Offiziell ist der Kauf von Buddhabildnissen und ihre Ausfuhr für Nicht-Buddhisten verboten. Inoffiziell wird selten dagegen eingeschritten, solange die Statuen oder Bilder ordentlich behandelt werden. Sicherheitshalber sollte man sich aber lieber eine Genehmigung des Fine Arts Department besorgen. Da der Handel mit Antiquitäten generell verboten ist, bedeutet eine Ausfuhrgenehmigung jedoch lediglich eins: dass das Stück weder alt noch von herausragendem künstlerischem Wert sein kann. Das ist übrigens auch der Grund, wieso die meisten Geschäfte, die scheinbar mit Antiquitäten handeln, sich verschämt »Art

Gallery« oder ähnlich nennen. Meistens handeln sie nämlich mit gut gemachten Kopien.

Touristen, die sich näher mit dem Buddhismus und Meditation befassen wollen, stehen zahlreiche Klöster in Thailand offen. Die Angebote reichen dabei von eher kommerziellen Einführungen in den Buddhismus über Rundreisen mit Übernachtungen in verschiedenen Tempeln bis hin zu klassischen »Mönch für einen Monat«-Programmen, die auch bei Thailändern beliebt sind. Meistens sind zehntägige Einsteigerkurse das Minimum für einen Aufenthalt. Der Tagesablauf ist dabei mit verschiedenen Meditationen streng durchstrukturiert und beginnt in der Regel morgens um halb vier. Nähere Informationen zu geeigneten Klöstern und Kursen findet man bei http://www.sawadee.com/thailand/meditation oder www.buddhanet.net.

Aberglaube und Amulette

Wenn Sie in Thailand etwas nicht verstehen, hat es im Zweifel immer etwas mit Aberglauben zu tun. Praktisch alles kann Glück oder Unglück bringen, und so ist der Alltag förmlich durchdrungen von der Idee, übersinnliche Mächte wohlwollend zu stimmen.

»Gleich kommen sie«, sagt die ältere Dame mit dem Sonnenhut und kauft noch schnell einen mit Goldfarbe angesprühten Ziegelstein. »Sie müssen sich in die Reihe stellen, wenn die Mönche kommen.«

Es ist morgens um sechs am Temple of the Golden Horse auf einem Berg nördlich von Chiang Rai, und gerade ist die Sonne aufgegangen. Der Tempel ist berühmt für seine reitenden Mönche, die im unwegsamen Grenzgebiet von Burma, Thailand und Laos die Kinder der Bergstämme unterrichten und von Drogen fernhalten wollen.

Auch wenn der Schrein auf die Zeit Buddhas zurückgehen soll, welcher der Legende nach hier einen heiligen Fußabdruck hinterließ, wurde er durch einen Thai-Boxer bekannt. Samerchai verlor in seiner fünfzehnjährigen Profilaufbahn nur drei Kämpfe, war aber schon während seiner Karriere glühender Anhänger des Buddhismus, der ihm geholfen haben soll, ein besserer Boxer zu werden. Durch das Boxen habe er gelernt, seine Emotionen zu kontrollieren, und Schönheit und Ruhe findet er im Boxen ebenso wie im Buddhismus.

Das ehemalige Boxidol siedelte nach seiner Karriere in eine Höhle in Mae Sai um und widmete sich fortan der Meditation. Aufgrund einer Vision entschloss Samerchai sich dann, den lange verlassenen und angeblich verfluchten Tempel des goldenen Pferdes wiederzubeleben. Die riesigen, goldfarben angesprühten Betonstatuen von Ratten, Hunden und Schlangen, also den chinesischen Tierkreiszeichen, sind allerdings so unproportioniert, dass man unschwer glauben mag, die Tiere seien verflucht. Besonders die Verheißung einer Verwandlung in eine hässliche Chimäre aus Mensch und Pferd, wie sie in der Mitte des Hügels thront, möchte man durch Meditation nicht wirklich erreichen. Angeblich sei das möglich, beteuert die ältere Dame, aber vielleicht habe ich da etwas falsch verstanden. Begnadete Bildhauer sind die Unterstützer der reitenden Mönche jedenfalls nicht.

Auch ich stecke rasch 200 Baht in den Glaskasten, schreibe mit einem wasserfesten Filzstift meinen Namen auf einen der goldenen Steine und lege ihn auf einen Haufen. Für einen Tempel reicht das noch nicht, aber das kann ja noch werden. Schließlich gelang es Mönchen aus der Provinz Sisaket, einen kompletten Tempel aus mehr als einer Million leerer Flaschen zu erbauen, der inzwischen eine veritable Touristenattraktion ist. Sogar das Krematorium des Tempels besteht aus leeren Bierflaschen.

Ungefähr zwanzig Touristen sind zu dieser frühen Stunde an den Tempel des goldenen Pferdes gepilgert, eine Gruppe Thais aus Bangkok und ein norwegisches Pärchen. Sie haben ihre Gaben auf einem Holztisch aufgebaut: Reis, Schokoriegel, Milchtüten und auch Obst und Zahnpasta. Mir hat das umsichtige Personal des »Four Seasons« gleich einen ganzen Haufen hübscher, in Folie verpackter Präsentkörbe zusammengestellt. Man kennt das. Die Ausländer wollen gern etwas Gutes tun, wissen aber nicht, was.

Mit leichter Verspätung erscheint auf einem Pony ein Teenager, dem die rostrote Robe der Mönche hervorragend steht. Routiniert nimmt der Junge die Spenden in seiner Schüssel entgegen und reicht sie einem Begleiter weiter, der sie in einen Sack steckt. So groß ist seine Reisschüssel nicht, dass es für all die milden Gaben reichen würde. Als sie an der Reihe ist, bittet mich die ältere Dame, dem Mönch ihr Päckchen weiterzureichen, und verneigt sich mit einem tiefen Wai. Einem Mönch ist der körperliche Kontakt zu Frauen streng untersagt, selbst wenn diese seine Mutter oder seine Verlobte ist. Daran sollten auch Touristinnen denken, wenn sie auf der Straße oder im Bus in die Nähe von Mönchen kommen. Speziell die letzte Sitzreihe ist immer für Mönche reserviert, weshalb Frauen hier grundsätzlich nicht Platz nehmen. Berührt ein Mönch aus Versehen eine Frau, muss er sich einem langen Reinigungsritual unterziehen.

Nachdem sein Sack gefüllt ist, stellt sich der Junge vor die Statuen und lässt sich mit den Thai-Touristen fotografieren. Ich frage mich gerade, ob das schon alles war, doch dann kommt eine ganze Horde berittener Mönche den Hügel hochgepresscht, abenteuerliche, muskulöse Gestalten, die aussehen wie einem Martial-Arts-Film entsprungen und die man sich unschwer im Krieg gegen den Drogenzaren Khun Sa vorstellen kann. Die Legende sagt, dass Tempelgründer Samerchai sich mit den Soldaten des burmesischen Warlords anlegte, der Opium nach Thailand schmuggelte, doch selbst der riskierte es nicht, einen möglicherweise heiligen Mann zu töten. Stattdessen gab er angeblich den Drogenschmuggel in diesem Gebiet auf, da Samerchai zu viel öffentliche Aufmerksamkeit auf die Gegend lenkte.

Jemand, der über solch außergewöhnliche spirituelle Kräfte verfügt, kann diese natürlich auch weitergeben, zum Beispiel durch Amulette und Talismane. Nachdem die Mönche nach einer kurzen Zeremonie wieder davonreiten, möchte auch ich daran teilhaben. Schließlich entscheide ich mich für ein Amulett mit einer kleinen, vielköpfigen Buddhafigur aus Messing, die Glück und Wohlstand bringen soll. Ein paar Hundert Baht sind dafür nicht zu viel verlangt, doch der interessanteste Glücksbringer ist ein 20-Baht-Schein, der mit Schriftzeichen bemalt ist, die auch die hilfsbereite ältere Dame nicht entziffern kann. Khmer, vermutet sie, denn jeder weiß schließlich, wie mächtig die Magie der Khmer ist. Auch der Geldschein verheißt, im Portemonnaie getragen, Wohlstand und kostet 200 Baht. Eine wundersame Geldvermehrung für das Kloster stellt er außerdem dar, denn wo sonst kann man schon so einfach sein Geld verzehnfachen? Offiziell bleiben Amulette und Talismane übrigens im Besitz des ausgebenden Klosters, man kann sie nicht kaufen, sondern sie werden nur permanent ausgeliehen.

Glücksbringer sind ein Teil eines großen Geschäfts mit dem Übersinnlichen, das in Thailand wie in den meisten Ländern Asiens weite Kreise zieht. Das Forschungszentrum der Kasikorn-Bank schätzt den jährlichen Umsatz der Branche auf zweieinhalb Milliarden Baht.

Amulette, die aus völlig wertlosem Ton bestehen, können bis zu 50 000 Euro wert sein, und am ehesten lässt sich diese Leidenschaft der Thais wohl mit dem Sammeln von Briefmarken bei den Deutschen vergleichen. Wenn man einmal darauf achtet, sieht man auf jedem Markt eine Ecke, an der sich Einheimische mit Lupen um einen Amulettstand drängen.

Der größte Glücksbringer-Markt des Landes befindet sich in Bangkok unweit der Anlegestelle Ta Chang, aber auch um die Skytrain-Station Saphan Kwai kann man am Wochenende Verkäufer mit kleinen Klapptischchen sehen, die Talismane aller Art anbieten. Für den Laien sind wertvolle Stücke nicht von jener Ware zu unterscheiden, die man für fünfzig Baht bekommt, was ein guter Grund ist, alte Amulette zu fälschen. Viele Thais hoffen auf den großen Fund und sind förmlich besessen von Glücksbringern, die sie gern massenweise um den Hals tragen. Es gibt Fachzeitschriften und dicke Bildbände zu diesem Thema, aber richtige Gewissheit über den Wert solch eines Schmuckstücks kann nur das Gutachten eines Experten verschaffen.

Ich war einmal bei Ti Lau, dem Vorsteher ebenjenes Marktes, dessen Expertise natürlich landesweit das größte Gewicht hat. Taucher hatten ein Amulett im Fluss gefunden und vermuteten, dass es 10 000 Euro wert war. Ti Lau bestätigte nach längeren Untersuchungen die Echtheit und schätzte das Alter des Amuletts auf etwa 800 Jahre. Ebenso genau konnte er Herkunft und Material, eine Mischung aus Blütenblättern und Ton, bestimmen. Preislich taxierte er das Stück jedoch nur auf 300 Euro. Sein Kaufangebot lehnte der Eigentümer höflich ab. Beschädigte Amulette kann man nämlich restaurieren, was ihren Wert wieder vervielfacht, und das wollte er lieber selber machen lassen.

Ein wichtiges Detail verriet der Experte für diejenigen, die mit Amuletten spekulieren wollen: Lassen Sie das Amulett aus ein paar Zentimetern Höhe auf eine gläserne Unterlage fallen. Ist es alt, klingt es wie Glas. Neuere haben einen eher dumpfen Klang.

Buddhismus ist im thailändischen Alltag nicht nur eine Weltanschauung, deren Ziel es ist, irgendwann ins Nirwana einzugehen, sondern ein praktischer Kuhhandel, bei dem die Kräfte des Jenseits, die aus diversen Hindu-Gottheiten und einer schier unüberschaubaren Geisterwelt bestehen, durch allerlei Gaben und Rituale beeinflussbar sind. Thais sind praktisch dauernd dabei, das Schicksal zu bestechen, denn alles

Handeln wirkt sich auf das Karma aus und somit auch auf die nächste Inkarnation.

Von daher ist es nur logisch, wenn berüchtigte Generäle und Politiker schon immer als großzügige Spender und Erbauer von Tempeln von sich reden machten. Denn was liegt näher, als dass es in der Welt des Übernatürlichen ähnlich korrupt zugeht wie in unserer sichtbaren? Als General Chavalit 1996 Premierminister wurde, ging seine Gattin nie ohne einen Spielzeugelefanten aus, der ein Brautkleid und Diamantohrringe trug. Zu ihrem bizarren Begleiter befragt, erklärte sie, dass ihr spiritueller Berater ihr dazu geraten habe, um ihren Mann gegen böse Mächte zu schützen.

Sicher hängt der Glaube an Astrologie und Wahrsager auch damit zusammen, dass die Deutung der Zukunft und der Sterne lange Zeit ein Privileg des königlichen Hofes war. Noch heute ist die Königin Schirmherrin der astrologischen Gesellschaft.

In Bangkok kann man am Erawan-Schrein live beobachten, wie man Gottheiten besticht. Der Schrein, der an der Kreuzung vor dem »Grand Hyatt Hotel« steht, ist eher unauffällig, und man könnte ihn glatt übersehen, wären da nicht die unzähligen Opferkerzen, Blumengirlanden und betenden Gläubigen. Zwar entstammt der Gott Brahma, dessen Statue im Inneren des Schreins mit vier Gesichtern in alle Himmelsrichtungen blickt, der Götterwelt der Hindus, doch das hält weder Buddhisten noch Christen oder Moslems davon ab, ihm einen Handel anzubieten.

Natürlich erwartet der Gott für die Wunscherfüllung eine entsprechende Gegenleistung, und je existenzieller der Wunsch ist, desto größer sollte auch das Opfer sein. Praktischerweise sind Opferkerzen, Räucherstäbchen und Auftritte einer klassischen thailändischen Tanztruppe direkt vor Ort erhältlich, um sich spirituelles Gehör zu verschaffen. Der größere Teil des Honorars ist ohnehin erst bei Erfolg fällig, fast wie im richtigen Leben auch. Der Schrein wurde 1956 errichtet, um die ansässigen Geister zu besänftigen und so eine geheimnisvolle Unfallserie beim Bau des benachbarten Hotels zu beenden. Seine Popularität verdankt er dem Umstand, dass danach nie wieder etwas passierte.

Somit steht der Schrein in der Tradition der Geisterhäuschen, die in Thailand praktisch vor jedem Gebäude zu finden sind und aussehen wie Miniaturtempel. Sie sind dem Erdgeist *phra phum* geweiht, der beim Bau der Gebäude vertrieben wurde.

Um einen Geist zu besänftigen und gütig zu stimmen, reicht man ihm kleine oder größere Opfergaben wie Speisen, Getränke oder Räucherstäbchen, manchmal auch ein ganzes Huhn. Die Speisen dürfen allerdings nach ein paar Stunden gegessen werden, nie jedoch von dem Spender. Besonders scharf sind die Geister angeblich auf rote Fanta und Süßigkeiten.

Auch die Geister haben es gern bequem und verfügen über Personal und Sklaven in Form kleiner Figuren. Damit sollen sie davon abgehalten werden, ihr Haus wieder zu verlassen, denn das Ausweichquartier muss attraktiver sein als die ursprüngliche Behausung.

Neben den vergleichsweise harmlosen Erdgeistern gibt es noch zahlreiche andere Typen von Geistern, die sich häufig unvorhersehbar oder auch bösartig betätigen. So können sie dafür verantwortlich sein, dass man bei der Beförderung übergangen wird, dass man eine Magenverstimmung hat oder dass das hübsche Mädchen von nebenan sich so gar nicht für einen interessiert. Hier kann wiederum ein Geisterexperte zurate gezogen werden.

Den Gefahren des Alltags in besonderer Weise ausgesetzt sind natürlicherweise Taxifahrer, die jeden Tag das Schicksal im Verkehr von Bangkok herausfordern. Deshalb sind manche Armaturenbretter dermaßen mit Talismanen, Buddhafiguren und Königsporträts zugepflastert, dass es wirklich an ein Wunder grenzt, wenn den Fahrern nichts passiert. Blumengirlanden am Rückspiegel sind eine Gabe an Mae Janang, die Göttin des Reisens, Bilder heiliger Männer an der Windschutzscheibe schränken das Blickfeld noch mehr ein.

Hinzu kommen magische Tätowierungen, genannt Sak Yant. Ausgeführt und aktiviert werden sie von Mönchen oder speziell ausgebildeten Tattoo-Meistern. Besonders eindrucksvoll lässt sich das beim alljährlichen Festival in Wat Bang Phra in der Provinz Nakhon Pathom beobachten, bei dem die Gläubigen reihum in Trance fallen. Die Amulette, von denen jeder Thai zumindest eines um den Hals trägt, sind meist aus Eisen, Messing oder Ton gefertigte Anhänger mit dem eingeprägten Bild Buddhas, Glück bringender Tiere oder auch einer Hindu-Gottheit. Verschiedene Amulette haben unterschiedliche Kräfte. Einige schützen gegen Unfälle, andere machen den Träger attraktiv für Frauen. Vor allem aber verleihen sie allgemeines Wohlbefinden und halten böse Geister fern.

Wertvolle und geweihte Amulette sind jedoch schon wegen ihres Preises meist thailändischen Sammlern vorbehalten, die sich genauestens mit der Herkunft und Wirkung auskennen, wie etwa bei uns die Briefmarkensammler. Allerdings kann man auch als Laie und Ausländer in das Geschäft mit dem Übernatürlichen einsteigen. Auf Anfrage geben Verkäufer gerne Rat und Auskunft, welches Amulett wogegen hilft.

Schaden kann eine übersinnliche Versicherung jedenfalls nicht. Ich persönlich trage seit dem Besuch des Temple of the Golden Horse ständig den zusammengefalteten 20-Baht-Schein mit den geheimnisvollen Khmer-Schriftzeichen bei mir, der dafür sorgen soll, dass ich immer genug Geld im Portemonnaie habe. Ich fürchte, es würde mich ganz verrückt machen, wenn ich ihn jemals verlieren sollte.

Gebote und Empfehlungen:
- Mittwoch ist ein Unglückstag, an ihm werden keine Reisen oder Umzüge begonnen – das bringt großes Unglück. Auch den Friseurbesuch sollte man vermeiden.
- Sitzt eine Schwangere auf einer Türschwelle, wird sie eine schwere Geburt haben.
- Bezeichnet eine Schwangere andere Kinder als hässlich, so wird sie selbst ein hässliches Kind bekommen.
- Isst eine Schwangere Früchte, die zusammengewachsen sind, so wird sie Zwillinge bekommen.
- Schlangen beißen niemals Schwangere.
- Kriecht eine Schwangere unter dem Bauch eines Elefanten hindurch, so wird sie eine leichte Geburt haben. Selbst in Bangkok zahlen Schwangere den Mahouts, den Elefantentreibern (ihre Funktion wird im Schlusskapitel näher beschrieben), Geld dafür, dass sie unter einem Elefanten durchkriechen dürfen.
- Beim Kochen sollte die Tochter des Hauses niemals singen, sie bekommt sonst einen alten Mann.
- Beim Essen sollte nicht gesagt werden, dass es gut schmeckt, denn wenn das die Geister hören, könnten sie einen mit Bauchschmerzen bestrafen.
- Kinder sollten immer als hässlich bezeichnet werden, damit die Geister nicht aufmerksam auf sie werden und sie mit ihrem Neid peinigen.
- Bei Mahlzeiten mit der Familie sollte man nicht gleichzeitig aufhören zu essen, da man sonst zusammen sterben wird.
- Hört man beim Verlassen des Hauses den Gecko rufen, sollte man seine Pläne verschieben, es könnte etwas Schlimmes passieren.
- Sieht man unterwegs tote Tiere, sollte man keine Bemerkung darüber machen, sonst könnte einem ein Unheil widerfahren.

- Wird beim Hochzeitsessen das Essen für die Mönche ausgegeben, so fassen Braut und Bräutigam den Schöpflöffel beide zur selben Zeit. Wer am dichtesten zur Schöpfstelle greift, wird in der Ehe das Sagen haben.
- Am Tag der Vermählung wird das Hochzeitspaar von alten Frauen, die eine lange Ehe geführt haben, mit einer Matte oder einem kleinen Teppich geschlagen. Daraufhin wird es eine lange und glückliche Ehe haben.
- In der Hochzeitsnacht versuchen beide Ehepartner, als Letzter einzuschlafen, da der, der zuletzt einschläft, auch als Letzter stirbt.
- Wer seine Finger- oder Fußnägel abends oder nachts schneidet, wird sich in einen bösen Menschen verwandeln.
- Fegt man nachts die Wohnung oder das Haus, darf der Schmutz niemals gleich aus dem Haus geworfen werden, sondern erst am nächsten Morgen, da sonst Geld niemals lange im Haus bleiben wird.
- In der Dämmerung beginnen Geister die Erde heimzusuchen, deshalb sollte man nie beim Übergang vom Tag zur Nacht einschlafen, andernfalls könnte es sein, dass die Geister in den Schlafenden eindringen.
- Unterschreibe niemals ein Dokument mit einem roten Stift. Es bedeutet sonst dein eigenes Todesurteil. Rot ist die Farbe des Blutes. Auch Briefe sollten weder in Rot geschrieben noch adressiert werden. Die Bestatter schreiben den Namen des Verstorbenen in Rot auf den Sarg.
- Leichen wird eine Geldmünze in den Mund gelegt, damit sie bei der Seelenwanderung nicht ganz ohne Bargeld dastehen. Nach der Verbrennung des Leichnams versuchen die Angehörigen, die Münze in der Asche zu finden, sie bringt großes Glück.
- Erscheint in einem Haus ein kleiner Sand- oder Ameisenhaufen, bringt das Glück.

- Man sollte nie auf die Schwelle eines Hauses treten, sondern immer darüber hinweg, um die guten Geister im Haus nicht zu verstören, die unter der Schwelle leben.
- Ein Kind kann bei einer schlimmen Erkrankung von einem Mönch adoptiert werden, was es sicher heilen wird.
- Wird ein Kind immer wieder krank, nachdem ihm die Haare geschnitten wurden, so möchten die Geister nicht, dass das Kind kurze Haare trägt. Müssen die Haare aber später beispielsweise beim Schulanfang gekürzt werden, so werden die Geister mit Ritualen beschwichtigt, dazu werden ihnen Spielfilme vorgespielt.
- Ist ein Kind regelmäßig krank, so schert man ihm den Kopf bis auf einen Zopf am Oberkopf.
- Große Ameisenhaufen und Bäume sind Wohnorte von Geistern.

Die Golfküste

Wie alle Großstädte hat auch Bangkok eine Sommerfrische, Urlaubsorte, in die alltagsgestresste Bewohner an langen Wochenenden oder Feiertagen fliehen, um zu feiern und sich zu erholen. Sie reichen von den östlichen Inseln an der kambodschanischen Grenze bis nach Pranburi und zum Sam Roi Yot Nationalpark südlich von Hua Hin und umfassen alles, was man innerhalb von drei, vier Stunden mit dem Auto erreichen kann. Während Leute, die es sich leisten können, häufig auch nach Singapur oder Hongkong fliegen, bleiben viele nicht ganz so wohlhabende Familien in der Nähe von Bangkok.

Als Tourist begegnet man ihnen eher am Rande, da das Urlaubsverhalten von Asiaten und Europäern in vielen Fällen recht konträr ist. Thais lieben es laut und voll, wie man unschwer an jenen Stränden feststellen kann, die in erster Linie von Thais besucht werden. Hier gilt: Hauptsache, man ist nicht allein. Man verbringt seine Zeit im Kreise der Großfamilie beim Picknick, mit knallbunten Limonaden und Wassereis oder mit gewöhnungsbedürftigen Snacks wie in Öl gebratenen Käfern. Diese finden sich zahlreich in freier Wildbahn und fliegen einem ähnlich wie die Tauben im Schlaraffenland direkt in den Mund. Ich kann mich an einen Abend in Cha Am, einem Badeort nördlich von Hua Hin, erinnern, an dem Thais derart helle Lichter in den Bäumen angebracht hatten, dass alle anwesenden Europäer sofort wegen akuter Ungemütlichkeit flohen. Außerdem lockten die Lampen hässliche, plumpe Insekten an, die aussahen wie eine Mischung aus Riesenkakerlaken und Mistkäfern.

Die Käfer flogen gegen die Lampen oder Äste, um dann auf den Tisch oder in das Essen zu fallen oder, schlimmer noch, auf dem Kopf zu landen, wo sie sich im Haar verhedderten. Außer mir schien das niemanden zu stören. Begeisterte Kinder liefen herum, um die Käfer in leeren aufgeschnittenen Plastikflaschen zu sammeln. Richtig eklig wurde es, als ich fragte, was sie damit machten. Man führte mich zu einer Frau, die vor einem Korb saß. Als sie den Deckel hob, sah ich Hunderte von Käfern herumwuseln, denen man die Flügel ausgerissen hatte. Die harten Chitinteile sind nämlich ungenießbar, wenn man die Käfer frittiert.

Um der schädlichen und vor allem bräunenden Sonneneinstrahlung zu entgehen, sitzen Thais unter ihren Sonnenschirmen gern in Badeoutfits, die eine gewisse Ähnlichkeit mit jenen Ganzkörperbadeanzügen haben, die man aus Stummfilmen kennt. Auf jeden Fall gehören mindestens ein T-Shirt und knielange Shorts dazu, selbstverständlich auch im Wasser. Zusätzlich tragen viele, wenn sie jemals den Bereich des Knietiefen verlassen, Schwimmflügel oder Schwimmwesten. Die Kunst des Schwimmens ist hier bei Weitem nicht so verbreitet wie in Europa, selbst Fischer können häufig nicht richtig schwimmen. Da sich immer mehr Erwachsene dieses Mankos bewusst werden, sieht man häufig in Hotels mit Pool, die von Thais besucht werden, Schwimmkurse für Erwachsene, die mit großem Ernst besucht werden.

Thailands ältestes Seebad ist das knapp 200 Kilometer von Bangkok entfernte Hua Hin, das schon seit 1926 bei der thailändischen High Society beliebt ist. Damals ließ sich König Rama VII. hier einen Sommerpalast erbauen, und noch immer verbringt die thailändische Königsfamilie hier die heißesten Monate. Diese Atmosphäre der Zwanzigerjahre hat sich Hua Hin an manchen Stellen bewahrt, etwa mit dem ehemaligen »Railway Hotel«, das alle paar Jahre den Besitzer wechselt und aktuell »Centara Grand« heißt.

Das imposante Gebäude im viktorianischen Kolonialstil wurde Anfang 1922 von dem Königssohn Prinz Puchatra, damals Direktor der Eisenbahn, errichtet und diente als Zwischenstopp auf der beschwerlichen Reise nach Singapur. Nur Beschäftigte der thailändischen Staatsbahn und die Fahrgäste hatten zu der Zeit Zutritt. Schon damals gab es hier Tennisanlagen und ab 1924 den ersten Golfplatz in Thailand. Nachdem die Ausstattung nicht mehr zeitgemäß war, erlebte das Hotel eine lange Phase des Niedergangs und diente schließlich als Kulisse für Filmproduktionen wie »The Killing Fields«, der sich mit der Schreckensherrschaft der Roten Khmer in Kambodscha beschäftigt.

Heute fühlt man sich eher wie in einer prächtig ausgestatteten Agatha-Christie-Verfilmung. Mit seinen schattigen Galerien, luftigen Veranden und unter der Decke kreisenden Holzventilatoren ist das »Centara« wieder ein Hotel, das den Vergleich mit dem »Strand Hotel« in Rangoon oder dem »Raffles« in Singapur nicht zu scheuen braucht. Wer historische Hotels liebt, kommt hier voll auf seine Kosten. In der offenen Lobby, die mit Antiquitäten dekoriert ist – sicher der beste Platz, um die zahlreich ausliegenden internationalen Zeitschriften zu lesen –, spielt jeden Nachmittag zum High Tea und zur Happy Hour ein Pianist. Die luxuriösen, komplett in Teak gehaltenen Zimmer haben Balkone mit Blick auf das Meer. Herrlich exzentrisch sind auch die bis zu fünf Meter hohen, zu Tierskulpturen geschnittenen Buchsbäume in den Gartenanlagen. »Edward mit den Scherenhänden« lässt grüßen.

Unmittelbar hinter dem Park liegt der breite, etwa drei Kilometer lange Strand mit vielen Hotels und Wassersportmöglichkeiten, auch reiten kann man hier. Von einem Hügel mit buddhistischem Tempel am südlichsten Punkt des Strandes hat man vor allem morgens einen schönen Blick auf die Küstenlinie und das Seebad. Der Ort selbst bietet zahlreiche Restaurants am Wasser und entlang der Hauptstraße sowie einen Nachtmarkt. Das alles ist nett, aber auch nicht unbedingt spektakulär. Die beste Zeit hat man in Hua Hin mit einem netten Hotel mit Wellnessangebot, das man im Zweifelsfall nicht verlassen muss. Äußerst beliebt ist Hua Hin bei Golfspielern. Das Preis-Leistungs-Verhältnis der Plätze ist hervorragend. Der Royal Hua Hin Golf Course in der Nähe des Bahnhofs ist der älteste Golfplatz Thailands und eigentlich ein Muss für jeden golfenden Besucher. Auch die Green-Fees und die Dienste der Caddies sind in Thailand im Vergleich zu den meisten anderen Destinationen weltweit sehr günstig.

Knapp eineinhalb Stunden südöstlich von Bangkok liegt ein Badeort, den böswillige Menschen als die »Kloake Südostasiens« bezeichnen, andere schwärmen von seinen Villen und einem internationalen Publikum. Wie so oft in Thailand teilen sich auch hier das Hässliche und der Luxus das Terrain. Das Gemeine an Vorurteilen ist ja, dass immer ein Funken Wahrheit daran ist. Im Falle von Pattaya sind alle Vorurteile wahr.

Stellen Sie sich einen Ort vor, der haargenau so aussieht wie eine reißerische RTL2-Reportage: Pattaya hat kein Rotlichtviertel, Pattaya ist ein Rotlichtviertel, und alle Versuche der Stadtverwaltung, das Image der Stadt mit Golfplätzen, einer neuen Kläranlage und Designhotels aufzumöbeln, sind auf tragische Weise zum Scheitern verurteilt. Niemand kommt wegen eleganter Cocktailbars hierher, und die Kellner stehen sich die Beine in den Bauch, während die Tabledance-Schuppen in der Walking Street, Pattayas inoffizieller Hauptstraße, jeden Abend gut besucht sind. Was soll man auch von einem Ort erwarten, dessen größte Attraktion, die nichts mit Sex zu tun hat, eine Dependance von Ripley's-Believe-It-Or-Not-Museum ist, in dem schlechte Repliken von Kuriositäten aus aller Welt gezeigt werden? Falsche Schrumpfköpfe oder Rekordversuche wie jener der Skorpion-Königin, einer jungen Frau, die 32 Tage mit 3000 Skorpionen in einem Glaskäfig hauste, beschreiben eindrucksvoll das Niveau des Etablissements, das sich insofern harmonisch in seine Umgebung einfügt.

Die Grundlage für die rasante Entwicklung und den Ruf des ehemaligen Fischerdorfes als größtes Bordell Asiens waren die R&R (Rest and Recreation)-Aufenthalte der amerikanischen GIs während des Vietnamkrieges. Vom nahen Stützpunkt U Tapao fuhren sie an die Küste, und über Nacht schossen Clubs, Bars und Hotels wie Pilze aus dem Boden. Und von überall kamen Mädchen, um an dem Kuchen mitzuverdienen. Nach dem Abzug der Amerikaner landeten in den Siebzigerjahren die Bumsbomber, gefüllt mit Lustgreisen aus Europa. Pattaya war den Thais immer peinlich, aber das Geschäft brummte.

Eine Geisterbahn gibt es übrigens auch. Hier hat man reelle Chancen, auf die wenigen weißen Frauen zu treffen, die es nach Pattaya verschlägt und die keine russischen Prostituierten sind. Dafür sehen sie so aus, als würden sie alle ihre Sachen beim Shopping-Kanal kaufen, inklusive der Schlankstütz-Kollektion. Kein Wunder, dass sich die Männer anderweitig umsehen.

»Der Großteil der Einwohner Pattayas ist 1,50 m groß, schlank, hat schwarze, lange glatte Haare und einen kleinen Po mit etwas Stoff darüber, trägt High Heels und viel

Make-up. Nach einigen Tagen hat man sich an das Straßenbild gewöhnt und findet es auch nicht mehr gewöhnungsbedürftig.« So beschreibt es eine frustrierte deutsche Touristin in ihrem Blog »Leckerbisschen«.

Dem ist eigentlich nichts hinzuzufügen. Die Girls staksen auf hohen Absätzen, auf denen sie nicht richtig gehen können, durch die Straßen oder verlassen gar nicht erst ihren Platz auf einem Barhocker. Etwas somnambul und mit schlecht gespielter Begeisterung rufen sie jedem vorbeigehenden Mann ein »Come In!« oder »Massaaah!« hinterher. Ihr Ziel ist es, eine Bekanntschaft für den Abend oder auch gleich für ein paar Wochen zu machen, so lange der Urlaub des neuen Freundes eben dauert. Der Jackpot ist es, einen festen Freund zu finden, der womöglich regelmäßig Geld schickt und nur ein-, zweimal im Jahr vorbeikommt. Dann kann man nämlich mehrere Freunde gleichzeitig haben. Auch Heirat ist ein erstrebenswertes Ziel, kann doch der Gatte ein Restaurant, ein Haus oder einen Massagesalon finanzieren. Und wenn möglich auch die ganze umfangreiche Verwandtschaft. Typisch ist allerdings, dass ehemalige Bargirls nach der Hochzeit krankhaft eifersüchtig werden. Schließlich wissen sie, wie sie ihren Mann bekommen haben. Und deshalb trauen sie ihm nicht.

Über 12 000 deutsche Männer haben sich ganzjährig in Pattaya niedergelassen, wohlhabende Unternehmer ebenso wie Rentner mit kleinen Bezügen, die hier als vermögend gelten. Dass ihre Beziehung zu attraktiven, dreißig Jahre jüngeren Frauen einen gewissen Warencharakter hat, ist vielen bewusst und auch ziemlich egal. Andere lügen sich in die eigene Tasche, dass Thais ältere Leute ehren. Dass damit nicht unbedingt schmerbäuchige, viagra-gedopte Senioren gemeint sind, verdrängen sie gern.

Immerhin hat man inzwischen eine neue Bestimmung für die hässlichen Riesenhotels gefunden, die einst für amerikanische Soldaten gebaut wurden und irgendwo im Niemandsland am Meer stehen. Diese werden inzwischen vorwiegend von den bei Thais nicht sonderlich beliebten Russen bevölkert, der am stärksten wachsenden Gruppe der Pattaya-Besucher.

Wahrscheinlich ist es aber auch einfach überheblich, Menschen wegen eines zweifelhaften Glückes zu verurteilen, das sie sich in Europa nicht erlauben können. Pattaya ist der erfüllte Traum aller unterprivilegierten Senioren. Hier muss man nicht schön sein, nicht jung und auch nicht reich. Hier sind wirklich alle Menschen gleich. Allerdings braucht man schon ein starkes Faible für Trash, um Pattaya zu mögen.

Von Pattaya oder Bangkok mit Auto oder Minibus einfach zu erreichen ist Koh Samet. In der Hochsaison verkehren stündlich Boote vom Küstenort Ban Phe. Vor ein paar Jahren war Koh Samet noch eine Insel mit wenigen Travellern, inzwischen sind die Resorts an der Ostküste dicht gedrängt. Das Dorf im Nordosten hat heute viele Clubs und Restaurants, die Strände sind nach den Wochenenden häufig zugemüllt, und in der Hauptsaison merkt man deutlich, dass die Infrastruktur hier an ihre Grenzen kommt. Gelegentlich wird das Süßwasser knapp, und aus dem Wasserhahn kommt nur ein brackiges Gerinnsel.

Am schönsten ist es wieder mal in der Peripherie. Die Inseln um Koh Chang Marine National Park an der Grenze zu Kambodscha sind ausnahmslos empfehlenswert, vergleichsweise unberührt und alle unterschiedlich.

Der Flug von Bangkok nach Trat dauert nur eine knappe Stunde, manchmal kann ein Taxi einfacher und billiger sein. Wenn man die Anfahrt zum Flughafen und die diversen Wartezeiten einrechnet, ist man mit vier Stunden Autofahrt genauso schnell. Außerdem kann man so einen Abstecher in die hübsche, wenngleich etwas langweilige Provinzstadt Trat machen, von der man sonst nur den Pier sieht.

Koh Chang wird von mehreren Autofähren angefahren, und vor den zahlreichen Feiertagen empfiehlt es sich, im Voraus zu reservieren. Auch die Preise schnellen zu diesen Anlässen förmlich in die Höhe. Mit dem Speedboat ist man schneller und unabhängiger als mit dem Auto und kann bequem zu den kleineren Inseln weiterreisen.

Sehr charmant ist die winzige Koralleninsel Koh Wai, die das Speedboat vom Laem Ngop Pier mit Zwischenstopp in Koh Chang in nur dreißig Minuten anfährt. Außer ein paar Bungalows und Schnorchelplätzen mit glasklarem Wasser gibt es hier nichts, nur die Boote mit den Tagesausflüglern stören manchmal die Ruhe.

Während Koh Chang hohe Berge hat und man auch auf Koh Kood, das im Inneren mit Regenwald bedeckt ist, ein Moped oder Boot braucht, um zu den verschiedenen malerischen Buchten und Stränden zu gelangen, kann man das flache Koh Mak wunderbar mit dem Fahrrad erkunden. Obwohl es nur wenige Autos gibt, ist das Straßennetz gut ausgebaut, und es gibt kaum eine Ecke der Insel, die man nicht innerhalb einer halben Stunde erreicht. Kokospalmen und Kautschukplantagen prägen das Bild von Koh Mak, die Atmosphäre ist angenehm familiär. Die meisten Resorts liegen an der Südwestseite, wo eine sichelförmige Bucht mit Sandstrand zu langen Spaziergängen einlädt.

Koh Kood ist die viertgrößte Insel Thailands und war trotz Traumstränden und unberührter Natur bis vor wenigen Jahren touristisch kaum erschlossen. Neben einigen Luxusresorts wie dem »Soneva Kiri«, das sogar über einen eigenen Flugplatz verfügt, gibt es in den malerischen Buchten von Koh Kood auch genügend Resorts für den kleineren Geldbeutel. Das Inselinnere ist von Regenwald mit einigen faszinierenden Baumriesen bedeckt und hat mehrere sehenswerte Wasserfälle. Mit dem Moped lässt sich die Insel gut erkunden.

Auch die Inseln um Koh Chang gehören zu einem Nationalpark und sind inzwischen die ursprünglichere Alternative zu den Inseln um Samui. Mit kleinem Gepäck kann man hier ganz spontan sein und jeden Morgen neu entscheiden, ob man zu einer anderen Insel oder einem anderen Schnorchelplatz weiterzieht. Der Massentourismus ist hier noch ein paar Jahre entfernt – wenn er denn überhaupt kommt. Wahrscheinlicher scheint hier, dass es irgendwann teuer wird. Noch aber kann man wunderbar und auch für kleines Geld die romantischen Strände, Mangroven und ausgedehnten Urwälder des Archipels erkunden.

Ein durchaus lohnender Abstecher auf der Reise von und nach Bangkok ist Chantaburi, die Stadt der Rubine. Auch wenn man es ihr nicht ansieht, so ist diese hübsche Provinzstadt mit ihrer am Fluss gelegenen Altstadt und der französischen Kathedrale der größte Umschlagplatz für Rubine weltweit. Von Donnerstag bis Sonntag verwandelt sich das Stadtzentrum in einen einzigen Edelsteinmarkt. Die Händler mieten in den Läden und Einkaufszentren einen Stellplatz für ihre Plastiktischchen, und praktisch hat jeder, der als Erkennungszeichen eine kleine Umhängetasche trägt, etwas zu verkaufen. Bewerten lassen kann man die Steine bei internationalen Experten, die meist im ersten Stock der Gebäude sitzen. Trotz der enormen Werte, die hier gehandelt werden, gibt es kaum Sicherheitsvorkehrungen. Auf die Frage, ob man keine Angst vor Diebstählen habe, verriet mir ein Händler, dass die ganze Stadt videoüberwacht werde. Sollte jemand auf die dumme Idee eines Überfalls kommen, lasse sich die Innenstadt innerhalb von Minuten abriegeln.

Da die thailändischen und burmesischen Rubin- und Saphirminen weitgehend erschöpft sind, bekommt man hier Ware aus der ganzen Welt, derzeit viel aus Mosambik. Neben afrikanischen Händlern, die mit ihrer Ware hierherkommen, fahren Thais zunehmend und oft gegen den Willen ihrer zutiefst besorgten Gattinnen nach Afrika. Dort verbringen sie ihre Zeit meist in schwer gesicherten Häusern und lassen sich die Ware vorbeibringen. Schließlich weiß jeder, dass die Thais Koffer voller Geld dabeihaben.

Phuket und Phang Nga

Die Erwartungen der meisten Thailandurlauber kann man auf zwei Worte reduzieren: Strand und Meer. Das ist alles, was sie wollen, und Thailand hat genau das im Übermaß zu bieten. Stellt man sich den Umriss Thailands wie einen Elefantenkopf vor, so liegen die meisten Traumstrände am Rüssel, jenem Teil der malaiischen Halbinsel, der an seiner dünnsten Stelle gerade mal 64 Kilometer breit ist. Hier muss man sich entscheiden: Ost oder West, Golfküste oder Andamanensee, Samui oder Phuket.

Die Andamanensee ist mit ihren Inseln die wohl spektakulärste Landschaft Thailands. Schroffe Kalksteinfelsen erheben sich in der Bucht von Phang Nga oder bei Krabi aus den türkisfarbenen Wellen und prägen das Bild vom ultimativen Tropenparadies mit von Palmen gesäumten Stränden.

Am einfachsten zu erreichen ist dank eines internationalen Flughafens Phuket. Thailands größte Insel verdankte ihren Wohlstand ursprünglich Kopra, Kautschukplantagen und Zinnvorkommen, seit den Achtzigerjahren boomt der Tourismus. Phuket nennt sich selbstbewusst die »Perle der

Andamanensee«, doch dieses Image ist an vielen Stellen angekratzt. Ein anderes Etikett, das des »Mallorca Asiens«, trifft es da schon eher. Wie die spanische Ferieninsel ist Phuket fest in der Hand der Pauschaltouristen, nur dass es am Ballermann nicht so viele Prostituierte gibt wie am Patong Beach. In der drei Kilometer langen Bucht reihen sich Liegestühle, Sonnenschirme und krebsrote, eingeölte Leiber aneinander, eine Hölle aus betrunkenen Europäern, Jet-Skiern und aufdringlichen Verkäufern. Allerdings ist es das laute und schrille Nachtleben wert, mindestens einmal hier durchzuschlendern.

Besonders die Drag-Shows im »Simon Cabaret« oder der »Boat Bar« sind sehr unterhaltsam. »Chicks with dicks« und »boys with hooters« kann man kaum irgendwo so unterhaltsam erleben wie in Patong. Während die Transvestitenshows in Europa und Amerika immer mehr Teil von »arty«-Club-Inszenierungen sind, schwelgt man hier noch hemmungslos in Pailletten, Drama, Make-up und Playback. Herrlich altmodisch!

Wer etwas anderes sehen will, meidet Patong weiträumig und kann das Phuket der ruhigen Buchten und luxuriösen Villen entdecken. Natürlich gibt es auf Phuket auch jede Menge durchgestylter Restaurants, Lounges, Clubs, Bars und Golfplätze. Abseits des Massentourismus ist Phuket entweder sehr einfach oder, häufiger noch, sehr teuer. Beides hat seinen Reiz. Nicht nur auf Phuket, sondern auch auf Koh Samui sind an den schönsten Standorten der Inseln Beach-Clubs wie der »Catch Beach Club« oder »Nikki Beach« entstanden, in denen man schick in Strandsofas und Daybeds entspannen kann. Ein DJ, frische Handtücher, Strandbars mit perfekt geschultem Personal und tropische Cocktails gehören dazu. Mitglied muss man dafür nicht extra werden.

Jedenfalls wusste ich nicht, was mich erwartete, als ich vor Jahren auf Einladung des amerikanischen Theaterregisseurs Robert Wilson mit einem Freund auf einem verstaubten Moped im »Amanpuri«, dem wohl immer noch besten Resort der Insel, erschien. Nachdem man sich vergewissert hatte, dass man uns tatsächlich erwartete, wurde unser Moped irgendwo geparkt (oder auch versteckt, damit niemand das schäbige Ding sah), und wir wurden in einen elektrischen Golfwagen umgeladen, dessen Fahrer uns ansah, als hätte er uns am liebsten unter die Dusche gesteckt. Hinter den perfekt manikürten Hecken konnte man den einen oder anderen Blick auf die großzügigen Villen erhaschen, die in jenem heute so beliebten Stil gehalten sind, der Teakholz, modernes Design und Antiquitäten mischt. Hier wurde er erfunden.

Der Regisseur bewohnte eine feudale Poolvilla mit mehreren Pavillons, von denen aus man einen spektakulären Blick über die Bucht hatte, und auch wenn man dieses Anwesen im Prinzip überhaupt nicht hätte verlassen müssen, war es enorm spannend, sich am Strand oder im Restaurant herumzudrücken. Es war kurz vor Silvester, und ich hatte noch nie so viele Prominente gesehen, außer vielleicht bei Fernsehübertragungen der Oscar-Verleihung. Im dunkelblau gekachelten Hotelpool planschte Martina Navratilova mit ihrer Freundin, beim Schnorcheln sprang neben mir das Model Helena Christensen in einem Mikro-Bikini auf einen Ponton, und in den Villen nebenan wohnten Jon Bon Jovi und Jean Claude Van Damme mit ihrer Entourage. Letzterer hatte dann auf der Silvesterparty einen heftigen Flirt mit Naomi Campbell und knutschte mit ihr unter einem Tisch. Ständig wurden Champagnerpartys gefeiert, bei denen alle möglichen Filmschauspieler oder berühmten Maler sich ganz privat gaben, und das Personal streute einem überall Orchideen hinterher, aufs Bett, im Bad, beim Essen.

Klar, dass ich nach ein paar Tagen im »Amanpuri« völlig verdorben war und meine Abreise mir vorkam wie eine Vertreibung aus dem Paradies. Alles, was es sonst noch auf Phuket gab, erschien mir wie ein schäbiger Abklatsch. Das

Einzige, was mir übrig blieb, war weiterzureisen. Das kann man von Phuket besonders einfach, denn zu den umliegenden Inseln und Stränden gibt es gute Speedboat- und Fährverbindungen, doch lohnt es sich, auch Phuket eine Chance zu geben. Der Charme der Insel erschließt sich nicht sofort, aber es gibt mehr zu sehen als Patong und hollywoodreife Sonnenuntergänge.

Da die Tuktuk- und Taxi-Mafia völlig überhöhte Preise aufruft, mietet man am besten selbst ein Moped oder Auto und geht auf Entdeckungsreise um die Insel. Ein Highlight ist Phuket Town, das mit etwa 100 000 Einwohnern überraschend groß und kosmopolitisch ist. Auch wenn Thais den Großteil der Bevölkerung stellen, so spürt man deutlich den malaiischen und chinesischen Einfluss.

Die Altstadt umfasst zwar nur ein paar Straßen, ist jedoch architektonisch besonders reizvoll und neben Malakka und Georgetown ein Zentrum der sino-portugiesischen Architektur. Ein Spaziergang durch das Viertel um die Thalang, Dibuk, Phang Nga und Romanee Road zeigt den Einfluss europäischer Bauweise und vermittelt den kolonialen Charme des 19. Jahrhunderts. Wenn man nicht unbedingt auf Strand fixiert ist, kann man wunderbar ein paar ruhige Tage hier verbringen. Viele Coffeeshops öffnen schon morgens um halb neun, und auch die meisten Restaurants liegen hier. Das Viertel ist so pittoresk, dass sich am Wochenende immer wieder Hochzeitspaare vor dieser Kulisse fotografieren lassen. Allerdings haben bislang nur wenige Touristen Phukets Hauptstadt für sich entdeckt. Neben den großen Herrenhäusern (in einem besonders prachtvollen ist das Restaurant »Blue Elephant« untergebracht) sind besonders die Shophouses sehenswert. Ihr verspielter Baustil springt sofort ins Auge.

In einem dieser Ladenhäuser lebte früher meist eine ganze Familie im Obergeschoss, während unten und auf der Straße davor Geschäfte gemacht wurden. Ein Arkadengang bietet

Schutz vor Regen und vor allem vor der Sonne, denn in Phuket kann es im April bis zu 38 Grad heiß werden. Heute findet man in den renovierten Häusern in erster Linie Shops, Cafés und Restaurants.

Ein Beispiel für eine gelungene Renovierung ist Phukets ältestes Hotel, das »Memory at On On Hotel«, das in dem Film »The Beach« mit Leonardo DiCaprio die Rolle einer Absteige in Bangkok übernahm. Das lange heruntergekommene Gebäude aus den Zwanzigerjahren mit den Torbögen und der stimmungsvollen Lobby verkörpert mit seinen hölzernen Deckenventilatoren das nostalgische Bild eines fernöstlichen Hotels und ist heute ein geschmackvolles und immer noch preiswertes Schmuckstück mit äußerst hilfreichem Personal und einem kleinen Reisecounter, an dem man Tickets buchen kann. Gleich gegenüber gibt es kleine Galerien und in einem historischen chinesischen Gebäude die Restaurant-Lounge »Indigo«, die Cocktails und chinesische sowie Thai-Küche anbietet.

Ein netter Ausflug ist der Besuch des neuen Yachthafens »Royal Phuket Marina«, der auf der Ostseite der Insel liegt. Über 300 schneeweiße Luxusyachten dümpeln hier träge vor sich hin, während man in schicken Hafenlokalen brunchen und dinieren kann. Phuket ist ein beliebtes Segelrevier, und das hochkarätigste Turnier ist der King's Cup, im November ein fester Termin im internationalen Regatta-Kalender. Das Rennen und vor allem die flankierenden Partys locken alljährlich eine Mischung aus Seglern und schillernden Society-Größen an.

Das skurrilste Fest auf Phuket ist das Vegetarische Festival, das im September oder Oktober stattfindet. Bekannt ist es weniger für den Verzicht auf Sex, Fleisch und Alkohol, der Körper und Geist reinigen soll, sondern für seine Piercing-Rituale. Während der letzten Festivaltage gibt es Straßenprozessionen, bei denen sich Gläubige in Trance die verschiedensten Körperteile mit Nadeln, eisernen Spießen oder sogar mit meterlangen Lanzen durchstechen.

Der Ausflug in die Phang-Nga-Bucht ist wegen der Touristenmassen etwas zweischneidig – es sei denn, man hat das Geld, ein privates Boot oder gar eine Dschunke zu chartern, mit der man in den Sonnenuntergang segeln kann. Dann ist es wunderschön, andernfalls wird man erst stundenlang mit dem Bus herumgekarrt und muss danach in ein unbequemes Boot umsteigen. Es gibt bizarre, steil aus dem Wasser ragende Felsinseln, Tropfsteinhöhlen und Mangrovenwälder zu sehen, doch die sind tagsüber so von Touristen und Souvenirverkäufern überlaufen, dass man kaum dazu kommt, die etwa zwanzig Meter hohe Felsnadel zu knipsen, welche einst die Kulisse für den James-Bond-Film »Der Mann mit dem goldenen Colt« abgab und seitdem James-Bond-Island genannt wird.

Eine traumhafte Kulisse bieten auch die Phi Phi Islands, eine Inselgruppe aus sechs kleinen Inseln nordöstlich von Phuket. Die Hauptinsel Koh Phi Phi Don besteht aus zwei mit Dschungel bewachsenen Felsmassiven, die durch einen schmalen Strand verbunden sind. Auch hier war Hollywood unterwegs. Doch die Dreharbeiten zum Kultfilm »The Beach« wurden für die Insel eher zum Fluch als zum Segen. Seitdem wimmelt es hier nämlich von Tagestouristen, die erst abends wieder abreisen und die Insel dann den Partyurlaubern überlassen. In den Bars des Dorfs Ton Sai mischen sich dann harmonisch Backpacker, Pauschalreisende und Althippies bis in die späte Nacht bei Cocktails, Chang-Bier und Song-Sam-Rum.

Tauchen und Schnorcheln bilden immer noch die Hauptattraktion von Phi Phi, auch wenn viele Korallenriffe bereits zerstört sind. Auch wandern, klettern, kanufahren oder hochseeangeln kann man hier. Trotz der totalen Vermarktung hat die Insel ihren Zauber behalten. Mit seinen puderartigen Stränden und dem kristallklaren Wasser, in dem man die Korallenbänke schon vom Ufer aus sehen kann, entspricht Phi Phi dem Bild eines Südseeparadieses. Und wenn man es positiv ausdrücken will, könnte man sagen, die Insel ist touristisch gesättigt.

Nur im Norden ist es ruhiger. Phi Phi als Kurztrip lohnt sich aber auf jeden Fall, wenn man sich unter die gern geschmähten Tagestouristen mischt. Morgens um sieben lässt man sich in Phuket abholen, ist um zehn Uhr auf Phi Phi und fährt umgehend weiter zur Schnorcheltour. So kann man bequem um ein Uhr mittags mit dem nächsten Boot nach Krabi fahren – wenn man ein bisschen Zeit hat, zweifellos die bessere Alternative zum Minibus.

Die Provinz Krabi beeindruckt durch bizarre Felsformationen und ihre mehr als hundert Inseln. Die Halbinsel Railay Beach, die von Ao Nang und nur mit dem Boot zu erreichen ist, ist ein Paradies für Kletterer und Kajakfahrer und umgeben von bizarren Kalksteinfelsen. Ausgangspunkt für die verschiedenen Strände ist das ehemalige Fischerdorf Ao Nang, das sich in den letzten zwanzig Jahren mit seinem zwei Kilometer langen Sandstrand vom Geheimtipp für Backpacker zu einem Touristenort beträchtlicher Größe entwickelt hat. Eine hilfreiche Agentur für nachhaltige und Aktivreisen nicht nur in Krabi ist Ancient Thai Travel; sie wird von dem Deutschen Peter Kaudelka und seiner thailändischen Frau Nan geführt.

Die etwa zwanzig Kilometer entfernte Provinzhauptstadt Krabi ist von majestätischen Felsen und Mangroven umgeben und hat eine lebendige Innenstadt mit einem großen Nachtmarkt. Die meisten Reisenden nutzen sie nur als Drehkreuz zur Weiterreise. Unter den zahlreichen Guesthouses und Hotels sticht wohltuend das »Dee Andaman Hotel« hervor, ein nettes, modernes Haus mit Dachrestaurant und Pool. Hier kann man bequem ein, zwei Tage überbrücken, wenn man keine Lust hat, an die weiter entfernten Strände zu fahren.

Einsamer geht es da schon auf Koh Yao Noi und Koh Yao Yai zu, die ebenfalls beide in einer knappen Stunde von Phuket aus zu erreichen sind. Auch hier existiert das Einfache neben dem Teuren. Das »Six Senses Hideaway« markiert da die obere Spitze und ist ein luxuriöses Refugium mit hölzernen Villen, die unter dichtem Laubwerk gelegen sind. Mit den mit Palmstroh gedeckten Dächern und Open-Air-Bädern setzt man hier auf Ökochic und lokale Materialien. Man fühlt sich wie ein Robinson de luxe, auch an der Bar, die in einer zum Meer offenen Höhle liegt.

Es gibt auch einige günstigere Resorts, gerade auf der Nachbarinsel Koh Yao Yak hat man den Strand manchmal ganz für sich allein, wie in der unbebauten Ao-Son-Bucht. Man erzählt sich jedoch, dass eine Investorengruppe hier bereits alles aufgekauft habe, um weitere Resorts für gehobene Ansprüche zu errichten. Wann es so weit ist, weiß man noch nicht, Hauptsache erst mal kaufen. Grundstücksspekulation ist auf Phuket und den umliegenden Inseln wie überall in Thailand ein Thema, und Familien, die irgendwann mal ein Strandgrundstück in guter Lage besessen haben, widmen ihr Leben nach dem Verkauf gern dem Müßiggang und dem Hahnenkampf.

Fast automatisch stelle ich mir an solchen Orten die Frage, was ich selbst hier gerne sehen oder bauen würde. Ich muss zugeben, dass auch ich vom allgemein grassierenden Baufieber infiziert bin. Insgeheim träume ich natürlich auch noch von einem Strandhaus auf einer Insel. Noch ist mein Bauvorhaben allerdings theoretisch. Ausländern ist es in Thailand nämlich nicht gestattet, Grund und Boden zu erwerben. Glauben Sie also niemandem, der Ihnen erzählt, die Gesetze seien geändert worden, und einem thailändischen Geschäftspartner zu vertrauen ist oftmals riskant. Allerdings gibt es auch hier Schlupflöcher: Bei einer Wohnanlage – und deshalb sind Condos bei Ausländern so beliebt – dürfen bis zu 49 Prozent Ausländern gehören. Auch die Pacht eines Grundstücks für dreißig Jahre mit Option auf Verlängerung ist eine praktikable Lösung.

Von dem verheerenden Tsunami, der die Andamanenküste am Zweiten Weihnachtstag des Jahres 2004 heimsuchte, sieht man heute nichts mehr. Das Zentrum des Seebebens lag bei Sumatra, und die zerstörerische Welle breitete sich von dort nach Norden und nach Süden aus, wo sie auf die Küste traf. 230 000 Menschen rissen die Wassermassen damals in den Tod, davon geschätzte 8000 in Thailand. 110 000 Verletzte und über 1,7 Millionen Obdachlose war die traurige Bilanz. Die Bilder der aufgetriebenen Leichen, die an den Strand getrieben wurden, kann wohl niemand, der damals in Thailand war, je wieder vergessen.

Betroffen von dem Tsunami waren vor allem touristische Hochburgen wie Phuket, Khao Lak und Phi Phi Island. Die enormen Spenden halfen, die Zerstörungen vielerorts zu beheben und ein Tsunami-Warnsystem aufzubauen. Gern erinnert man sich nicht an das Unglück, zumindest auf Phuket, wo es keine offizielle Gedenkstätte gibt. In Khao Lak hingegen gehört der Tsunami selbst zu den Touristenattraktionen. In den Souvenirläden sind noch immer Tsunami-DVDs im Angebot, und vor den Booten, die von der Monsterwelle mehr als einen Kilometer ins Hinterland getragen wurden, lassen sich heute Urlauber fotografieren.

Ob das hastig installierte Tsunami-Warnsystem wirklich funktioniert, darf bezweifelt werden, wahrscheinlich dient es eher der Beruhigung der Gäste. Denn ob Warnsignale an der Küste in Sirenengeheul umgesetzt werden können, ist ungewiss: Die wertvollen Kupferkabel der Tsunami-Warntürme werden nämlich immer wieder gestohlen.

Koh Samui und die Inseln im Golf

Lange Zeit wollte ich Koh Samui vergessen. Etwa so, wie man alten Freunden aus dem Weg geht, weil man Angst hat, dass man sich nichts mehr zu sagen hat. Die Insel war für mich wie ein Popstar aus der Jugendzeit, dessen Poster man über dem Bett hatte und dem man nicht verzeiht, irgendwie langweilig und altmodisch geworden zu sein. Wenn jedem Anfang ein Zauber innewohnt, so war der Zauber, den Koh Samui auf mich ausübte, in den späten Achtziger- und frühen Neunzigerjahren so groß, dass ich keinerlei Ambitionen hatte, von Thailand noch etwas anderes kennenzulernen. Meine Aufenthalte bestanden grundsätzlich aus ein paar Tagen in Bangkok und mehreren Wochen in ein und demselben Resort in Maenam im Norden der Insel, das den ansprechenden Namen »Friendly Bungalows« trug. Vom Strand aus blickte man auf die noch einsamere Insel Koh Phangan, von der Hängematte aus konnte man direkt ins Meer springen, schwimmen und abtauchen – im Gegensatz zu anderen Stränden, die weit und flach abfielen. Eine nette ältere Mama (sie wollte auch so genannt werden; ich habe nie erfahren, wie sie wirklich hieß) kochte für ihre Gäste. Ich entdeckte sagenhafte Currygerichte, löffelte meine erste Tom Kha Gai, und wenn man Pizza bestellte, so holte Mama unter dem Tresen ein Beutelchen mit hervorragendem Gras hervor. Die Pizza konnte man gefahrlos rauchen, denn Mamas Gatte war bei der Polizei und sorgte dafür, dass einen niemand behelligte. Nach Chaweng fuhr man gelegentlich in eine der wenigen Bars mit dem Songtaew. Auf der Ringstraße kam alle paar Kilometer ein Dorf.

Heute ist Koh Samui ringsum bebaut, und böse Zungen behaupten, es sei ein großer Golfplatz, garniert mit teuren Hotels, Diskotheken und Nutten. Genau so kam es auch mir vor, als ich die Insel vor ein paar Jahren nach langer Zeit wieder besuchte. Billige kleine 7/11-Supermärkte standen an jeder Ecke. Statt schläfriger Hippies hatten Pauschaltouristen sie entdeckt, und statt Dschungelabenteuer gab es Spas, deutsche Restaurants, Gogo-Bars und einen winzigen Flughafen mit manikürten Beeten, durch den man mit dem Golfwagen gefahren wurde. Der Flughafen ist niedlich, doch folgt ihm bald ein größerer. Und auch die Nachbarinsel Koh Phangan wird demnächst mit dem Flieger erreichbar sein.

Dann ist es vermutlich auch da mit der relativen Ruhe vorbei. Schon heute ist Koh Phangan in erster Linie für die ziemlich entgleisten Fullmoon-Partys am Strand von Haad Rin bekannt, die allmonatlich bis zu 30 000 feierwütige Raver anziehen. Vor Schnittverletzungen durch Scherben im Sand, Taschendieben, Drogen, K.-o.-Tropfen und gewalttätigen Lady-Boys wird gewarnt. Man kann sich das unter dem Motto »Muss man mal gemacht haben« aber durchaus ansehen. Will man all das vermeiden, so findet man im Norden am Bottleneck Beach und den beiden Thong-Nai-Pan-Stränden sowohl ursprüngliche Bambushütten als auch komfortable Hotels. Im Westen und im Inland gibt es ebenfalls zahlreiche Resorts für jeden Geschmack.

Die kleinste der drei Golfinseln ist Koh Tao, lange Zeit ein etwas unwirtliches Eiland mit einfachen Hütten, das nur Tauchern ein Begriff war. Die artenreiche Unterwasserwelt und das kristallklare Wasser ziehen heute Tausende von Besuchern an, die hier ihren Tauchschein machen. Gerade der Tsunami an der Westküste hat die Besucherzahlen auf der anderen Seite Thailands explodieren lassen. Auf Restaurants und Party muss hier niemand mehr verzichten. Der Hauptort Mae Hat scheint überhaupt nur aus Tauchschulen, Restaurants und ein paar Bars zu bestehen. Viele Tauchschulen bieten auch günstige Unterkünfte an, ihr Geld machen sie allerdings mit Kursen und Tauchgängen, die sie natürlich immer zum ganz speziellen Sonderpreis anbieten. Koh Tao liegt schon lange nicht mehr abseits des Touristenpfads, hat sich jedoch noch eine gewisse Ursprünglichkeit bewahrt. Wer das alte Thailand-Feeling sucht, findet es immer noch im Norden und in den Buchten, die nur mit dem Boot erreichbar sind.

Auf Koh Samui muss man heute auf keine Annehmlichkeit verzichten und bekommt trotzdem mehr vom Leben der Einheimischen mit als auf reinen Resortinseln wie beispielsweise den Malediven. Die Infrastruktur ist ideal für Leute, die auf einen gewissen Komfort Wert legen, medizinische Versorgung vor Ort haben wollen und eine bequeme Anreise schätzen. Das zieht immer mehr Rentner an. Malerische Landschaften mit Kokospalmen, die vom Meer bis tief ins Landesinnere reichen, und mit dichtem Dschungel bedeckte Berge mit imposanten Wasserfällen machen Koh Samui zweifellos zu einer der schönsten Inseln Thailands. Hinzu kommt ein Mikroklima, das sogar während der Regenzeit für gutes Wetter sorgt. Von April bis September ist hier Sonne mit einer frischen Brise fast garantiert, während der Rest des Landes erst unter unerträglicher Hitze leidet und danach unter den Wassermassen des Monsuns. Allerdings regnet es dafür auf Koh Samui und den benachbarten Inseln ausgiebig in der

Hauptsaison von Oktober bis in den Januar hinein, was Reiseagenten gern verschweigen. Generell gilt: Wenn man sich den Urlaub etwas kosten lässt und ein gutes Hotel hat, das man nur verlassen muss, wenn man Lust darauf hat, kann man auf dieser Insel wenig verkehrt machen.

Chaweng, Koh Samuis wohl populärster Strand – das sind fünf Kilometer feinster Sand mit klarem Wasser und Wellen, in denen man Bodysurfen kann. Wer Trubel mag, gern viele Menschen um sich hat und den Abend in Strandbars und Fischrestaurants direkt am Meer verbringen möchte, der ist hier richtig. Das schönste Hotel ist das mehr oder weniger komplett in Weiß gehaltene Designhotel »The Library«, dessen Bücherstube natürlich kaum jemand nutzt. Dafür beschäftigen sich die Gäste gern damit, Selfies in dem berühmten rot gekachelten Pool zu schießen. Die sehen nämlich gerade in der Abenddämmerung so aus, als würde man in der Hölle schmoren, die sich für mich eher außerhalb des Hotelgeländes befindet. Denn Chaweng ist das ganze Jahr über vollgepackt mit Touristen, die es endlich mal krachen lassen wollen. Mit Strandhändlern und Menschen, die jeder erdenklichen Form von Wassersport nachgehen. Ähnlich sieht es in Lamai aus, und auch die Strände Choeng Mon und Big Buddha sind touristisch erschlossen. Das »Fisherman Village« in der Nähe von Bophut mit seiner Fußgängerzone ist abends einen Ausflug wert: Restaurants, Shops, Yoga, Wellness, Massagen, Botox und Kochkurse – hier findet man so ziemlich alles.

Ruhe kann man auf Koh Samui natürlich auch genießen, allerdings eher zu gepfefferten Preisen. Dem wunderschönen »Six Senses Resort« gelingt es ironischerweise, den rustikalen Bambus-Charme der frühen Jahre mit den Mitteln der Luxusgastronomie zu imitieren. Der »Jungle Club« bietet eine ähnliche Atmosphäre für den etwas kleineren Geldbeutel an; er liegt an einem Hang außerhalb des Ortes. Ich glaube, die Zukunft der Insel liegt in Luxusresorts mit erstklassigem Service, die nicht mal unbedingt am Strand liegen müssen. In den Bergen ist noch viel Platz, der Ausblick ist spektakulär, und einen Pool kann man dort auch hinstellen. Das jüngst eröffnete »Conrad Hotel« an der bis dato wenig entwickelten Südspitze der Insel ist das beste Beispiel dafür, dass man sein Resort nicht verlassen muss.

Von hier aus sieht man die weitgehend unbewohnten Inseln südlich von Koh Samui, und genau dort befindet sich die winzige Privatinsel Koh Matsum mit nur einem einzigen Resort – und tatsächlich ist »The Treasure« ein echter Schatz. Ein kleines blaues Zubringerboot für die Mitarbeiter fährt umsonst zweimal am Tag von einer versteckten Anlagestelle; viel authentischer übrigens als das Speedboot, das man auch mieten kann. Zwanzig Minuten auf dem Meer dauert die Überfahrt, und ich genieße jede Minute. Dann legt das Boot an einem Holzsteg an, und ich bin gespannt, was mich erwartet. Die Anlage ist am Ende der Insel so gelegen, dass man zu beiden Seiten vom Meer umspült wird, und die Villen im Thai-Stil fügen sich mit Materialien wie Teak, Bambus, Naturstein, Baumwolle und Thai-Seide in die üppige Vegetation ein. Im Restaurant wird abends fangfrischer Fisch serviert, die Kräuter kommen aus dem eigenen Garten. Das Ganze ist perfekt für ein paar Tage Auszeit oder für Flitterwöchner. Denn außer einem Strandspaziergang und Schnorcheln gibt es rein gar nichts zu tun. Nur wenige Meter vor dem Strand liegt ein Korallenriff mit zahlreichen Fischen; Schnorchel-Equipment wird umsonst verliehen.

Menschenleerer ist es nur noch auf den insgesamt 42 Inseln des Ang-Thong-Marine-Nationalparks, die nur für Tagesausflüge angesteuert werden. Abenteuerlustige können dort mit den Rangern, ein paar anderen Reisenden und vielen Affen auf der Insel Ko Wua Thalap ihre Zelte aufschlagen. Zwar gibt es ein paar wenige Bungalows, doch die sind meistens ausgebucht.

Solche Entdeckungen sind es, die mich trotz Trubel und Trash mit meiner alten Liebe Koh Samui versöhnt haben. Erstaunlich wenig verändert hat sich die Bucht von Maenam. In dem kleinen Ort ist es immer noch gemütlich, inzwischen sieht man aber eher Familien mit Kindern als Backpacker. Viele der alten Resorts sind durch klimatisierte Steinbungalows ersetzt worden, doch Maenam ist nach wie vor angenehm ruhig und bietet viel Platz zum Relaxen.

Auch an den Ort, wo ich anfangs auf der Insel gewohnt hatte, bin ich schließlich zurückgekehrt. Dort, wo einst meine Hängematte hing, stehen heute Ruinen aus Beton, so als hätte man angefangen, die »Friendly Bungalows« zu modernisieren und sei nie damit fertig geworden. Direkt daneben liegt das »W Retreat«, eine der exklusivsten Anlagen der Insel. Als ich mich im nahe gelegenen 7/11-Laden erkundige, ob man wisse, was aus der ehemaligen Betreiber-Familie der »Friendly Bungalows« geworden sei, erfahre ich, dass sie das Land für viel Geld verkauft hat und jetzt auf einer Kokosfarm im Inneren des Landes lebt. Allerdings sei die Großmutter von einer herabfallenden Nuss erschlagen worden.

Von der Security leicht misstrauisch beäugt, betrete ich wenig später mein Hotel von der Strandseite aus. Mein Blick schweift über den glitzernden Pool, in dem kreisrunde Sitzinseln dümpeln. Dahinter erstreckt sich der endlose Horizont mit ein paar Fischerbooten im Gegenlicht. Dann bestelle ich mir in der »Woobar« einen Sundowner. Schließlich muss ja nicht alles immer so bleiben, wie es einmal war.

Tauchen: Es muss nicht immer Walhai sein

Das Knirschen kommt von einem blaugelb leuchtenden Papageienfisch mit schnabelartigen Kauwerkzeugen, der an einer Steinkoralle nagt. Ein Paar orange-weiße Anemonenfische schwimmt mit seinen Jungen in den schützenden Tentakeln ihres Wirtstiers. Felder nelkenartiger Weichkorallen in Neonrosa erstrecken sich am Meeresboden, soweit man sehen kann, und ein blau getüpfelter Rochen gleitet in eine Höhle. Um das zu sehen, braucht man in Thailand weder einen Neoprenanzug noch Bleigewichte. Ich bin ein begeisterter Schnorchler, und eigentlich hat mich der Gedanke an Gerätetauchen nie sonderlich gereizt. Schließlich reicht es in Thailand meist, ein paar Meter vom Ufer wegzuschwimmen oder mit dem Longtailboot zu einem Felsen hinauszufahren, um nur mit Schnorchel und Taucherbrille in die bunte Welt der Korallenriffe eintauchen zu können.

Viele Tauchgründe liegen nur zwei bis vier Meter unter der Wasseroberfläche. Korallen und Schwämme, Schmetterlingsfische, Papageienfische und Anemonenfische, aber auch Muränen findet man oft in Ufernähe, und wenn man dem Verlauf eines Riffs folgt, sieht man auch kleinere Riffhaie,

Barrakudas oder Kugelfische. Von daher hatte ich nie verstanden, was die Faszination und vor allem der Unterschied zum Schnorcheln sein soll, außer dass sich alles ein paar Meter tiefer abspielt.

Das Hantieren mit Pressluftflaschen, Neoprenanzügen und Dekompressionstabellen erschien mir viel zu aufwendig und zu technisch, ganz zu schweigen von der Wartung der Ausrüstung und der Frage, ob man sich wirklich auf deren Funktionstüchtigkeit verlassen kann. Schließlich ist – man muss es erwähnen – Tauchen kein ungefährlicher Sport. Man muss vorher berechnen, wie lange der Sauerstoffvorrat reicht, welche Stopps beim Auftauchen einzuhalten sind und vor allem auch, wie viele Tauchgänge man an einem Tag machen darf, da sich Stickstoff im Blut ansammeln kann, der sich im Gewebe nur langsam wieder abbaut.

Viel Aufwand für wenig Effekt, dachte ich und war wenig begeistert von der Idee einer Freundin, gemeinsam einen Tauchkurs zu machen. Schließlich siegte meine Neugier, außerdem wurde ich in die Pflicht genommen, da sich kein anderer »Buddy« fand.

Das »Buddy«-System bezeichnet im Tauchsport den Grundsatz, Tauchgänge nie allein, sondern immer mit einem Tauchpartner, dem »Buddy«, durchzuführen. Der Tauchgang wird gemeinsam vorbereitet, und während des Tauchgangs wird laufend Kontakt zum Partner gehalten, was bei schlechter Sicht oder wenn einem der beiden der Sauerstoff ausgeht, überlebenswichtig sein kann.

Allein auf der kleinen Insel Koh Tao gibt es über fünfzig Tauchschulen, die Kurse nach den Richtlinien der »Professional Association of Diving Instructors« (PADI) anbieten. Mit Tauchbasen in 183 Ländern ist PADI der größte Tauchverband, und die standardisierten Ausbildungen werden weltweit anerkannt. Ohnehin ist die Auswahl der richtigen Schule und des richtigen Veranstalters von großer Wichtigkeit.

Manche Veranstalter überlassen ihre Kunden einfach sich selbst, nachdem sie sie irgendwo ausgesetzt haben, ganz egal, ob es Strömungen gibt oder sie gar nicht in der Lage sind, längere Strecken zu schwimmen. Auf den Similan Islands war es eine Zeit lang Usus, dass zwanzig Thais mit Schwimmwesten, Schnorchelbrillen und durch eine Leine verbunden am Anfang eines Riffes ausgesetzt wurden. Die Strömung trieb sie dann am Riff entlang, und hinterher wurden sie wieder eingesammelt – sofern das Boot rechtzeitig vor Ort war. Manchmal dauerte es auch etwas länger, und die Schnorchler waren schon auf dem besten Weg ins offene Meer.

Tauchkurse für Anfänger lassen sich bequem in einer Urlaubswoche absolvieren. Am wichtigsten ist es, die Technik so gut zu beherrschen, dass man sie vergessen kann. Für mich war der entscheidende Moment, als ich das erste Mal unter Wasser atmen konnte, ohne daran denken zu müssen, dass die Oberfläche zehn Meter über mir lag. Schnorcheln ist im Vergleich zum Tauchen eine sehr hektische Angelegenheit, und wer jemals die Schwerelosigkeit und Ruhe unter Wasser genossen hat, kommt vom Tauchen selten wieder los.

Koh Tao ist inzwischen ebenso sehr Partyinsel wie Taucherparadies. Wegen der zahlreichen Tauchschulen vor Ort wird fast jeder Tauchplatz auf Koh Tao auch täglich angefahren. Die Insel ist besonders für die Walhaie bekannt, die dort auf ihren Wanderungen meist im April und September vorbeikommen. Auch andere Tauchgebiete schmücken sich gern mit Walhaien oder Mantas, ich selbst habe noch nie einen gesehen und kenne niemanden, der je einen gesehen hat. Immerhin sind diese Unterwasserriesen Planktonfresser. Zwar sind auch Riffhaie angeblich harmlos, aber schnelle, zweieinhalb Meter lange Fische mit spitzen Zähnen sind mir tendenziell unangenehm, und ich halte mich nicht gern in ihrer Nähe auf. Mein schönstes Erlebnis auf Koh Tao war es, im sonnendurchfluteten Flachwasser über weite Felder mit rosafarbenen, nelkenartigen Weichkorallen zu gleiten, neben mir eine behäbig rudernde Karettschildkröte, die man auf Koh Tao häufig zu Gesicht bekommt. Es muss ja nicht immer Walhai sein.

Spektakuläre Unterwasserszenerien mit riesigen Granitblöcken machen auch die nördliche Andamanensee für Taucher zu einem Reiseziel der Spitzenklasse. Durch den internationalen Flughafen Phuket sind die Similan- und Surin-Inseln bequem und schnell erreichbar. Im Similan-Nationalpark gibt es eine kleine Ranger-Station mit Bungalows und Campingmöglichkeiten. Hier findet man auch den Richelieu Rock, der seinen Namen den purpurnen Korallen verdankt, die den Felsen überwuchern und an die leuchtende Purpurrobe des französischen Kardinals erinnern. Taucher können von Phuket oder auch von Khao Lak Tagestrips oder auch mehrtägige Bootstouren buchen, die sie zu Dutzenden von Tauchgründen bringen. Die unzähligen kleinen Inseln entlang der Küstenlinie bis hin zu den kaum erschlossenen Gewässern des zu Burma gehörenden Mergui-Archipels bieten alle Möglichkeiten, die Artenvielfalt der Fische und Meerestiere zu erleben. Für Taucher ein echtes Highlight. »National Geographic« zählt die Similan Islands zu den zehn besten Tauchspots der Welt. Begegnungen mit den gigantischen Walhaien oder Mantas werden von manchen Tauchschulen sogar garantiert.

Deshalb war der Schock umso größer, als die thailändische Regierung Anfang 2011 achtzehn beliebte Tauchgebiete für Touristen sperren ließ. Tatsächlich ist schon beim Schnorcheln nicht zu übersehen, dass die Korallenbleiche in der Andamanensee großen Schaden angerichtet hat, und viele Riffe gerade in flachen Gewässern sind bereits abgestorben und veralgt. Umweltschützer sprechen von alarmierenden Schäden an bis zu neunzig Prozent der Riffe.

Wissenschaftler sind sich allerdings nicht einig, inwieweit die Schäden auf Taucher zurückgehen. Die Tourismusindustrie behauptet, dass Taucher die Riffe eher vor Einheimischen schützen, die mit Gift oder Dynamit in den geschützten Gebieten fischen. Wahrscheinlich sind auch die Klimaerwärmung und eine zunehmende Schadstoffbelastung Gründe für das Korallensterben, das nicht nur in Thailand ein großes Problem darstellt. Momentan sieht es so aus, als habe die Natur sich nach einer Karenzzeit weitgehend erholt. Trotzdem empfiehlt es sich, aktuell zu erfragen, welche Tauchgebiete für Touristen geöffnet sind.

Monströse Dschungelblüte

Sir Thomas Stamford Raffles ist weithin als Gründer der britischen Kronkolonie Singapur bekannt, dem ein oder anderen Touristen wird er auch als Namensgeber des gleichnamigen Luxushotels etwas sagen. Weit weniger geläufig ist jedoch seine bahnbrechende Arbeit als Naturforscher, deren wichtigste Hinterlassenschaft die Entdeckung der größten Blüte des Pflanzenreichs sein dürfte – eines Gewächs, das den Namen seines Entdeckers als Gattungsbegriff verewigt hat: »Rafflesia«.

Die Rafflesia – in Wahrheit handelt es sich um zwanzig verschiedene Unterarten, aber bleiben wir der Einfachheit halber bei dem Oberbegriff – sieht ganz und gar künstlich aus, so als hätten Kulissenbauer sie erdacht, um einen trashigen Dschungelfilm auszustatten. Ihre fleischig-roten Blüten erinnern an Plastikschaum, sie haben gelblich-weiße Sprenkel wie ein überdimensionaler Fliegenpilz und einen gigantischen Durchmesser; bis zu einen Meter groß können sie werden. Zudem stinkt die Rafflesia penetrant, so als würde etwas verwesen.

Schon als Kind war ich von dieser Riesenblume fasziniert, denn ich verschlang mit Begeisterung Bücher und Comics, die mit Dschungelabenteuern, Schrumpfköpfen, Kannibalen, seltenen Orchideen oder fleischfressenden Riesenpflanzen zu tun hatten. Mit anderen Worten: Das Dschungelfieber hatte mich früh gepackt, und daran hat sich bis heute nichts geändert. Jedes Mal, wenn ich Carl Spitzwegs kitschiges Gemälde des »Schmetterlingsfängers« irgendwo sehe, fühle ich mich entlarvt: Genau so schrullig, mit beschlagenen Brillengläsern – und wenn auch nicht mit einem Netz, so doch mit einer Kamera bewaffnet –, stapfe ich heute noch durch den Dschungel. Ich liebe den Geruch von feuchtem Humus, die Luft, die zum Schneiden ist, und die Geräusche in den Wipfeln: das Flügelschlagen unsichtbarer Vögel, die Schreie der Affen und das Zirpen irgendwelcher Insekten. Eigentlich ein Wunder, dass ich mich nie auf die Suche nach der echten Rafflesia gemacht habe. Und Grund genug, das zu ändern.

Die Rafflesia kommt im Gebiet von Indonesien bis nach Thailand vor und ist trotz der Größe ihrer Blüte nur schwer zu finden. Das liegt daran, dass sie den Großteil ihres Daseins als amorphes Zellfadengewebe in ihrer Wirtspflanze, einer Liane, verbringt. Denn die Rafflesia ist, falls man das bei solch einer exzentrischen Pflanze überhaupt erwähnen muss, ein Parasit. Alles, was man von ihr zu Gesicht bekommt, sind die monströsen Blüten, die bis zu zehn Kilo wiegen. Und die öffnen sich mit ziemlicher Sicherheit zwischen Dezember und März im Khao-Sok-Nationalpark.

Wer diese seltene Pflanze mit eigenen Augen sehen will, braucht einen ortskundigen Guide. Unserer hört auf den Namen Mister M. und holt uns am Resort aus malerischen Baumhäusern ab. Er trägt eine Camouflage-Hose und ein Animal-Print-T-Shirt. Nach einem prüfendem Blick auf unsere Füße und die Stiefel, zieht er die »leech socks«, spezielle Blutegelsocken, unter den Knien enger zusammen, und los geht es zu einem Marsch durch matschiges Gelände. Die Tour wird als »mäßig fordernd« beschrieben, doch die Egel greifen schon nach ein paar Metern an. Von den Schuhen klettern sie in Richtung Hosenbund. Ein Lesbenpärchen ist auch mitgekommen, und die Entschlossenere der beiden, die aussieht, als könne der Dschungel ihr nichts anhaben, kreischt spitz auf und verlangt hektisch nach dem mitgebrachten Salz. Damit bestreut, fallen die Blutsauger sofort ab, nur stehen bleiben sollte man im Matsch nicht. Dann könnten die Egel womöglich die Oberhand gewinnen.

Zwar wird es anschließend trockener, doch das Dickicht aus Bambus, armdicken Lianen und Urwaldriesen wirkt nicht unbedingt wie ein Pfad, der begehbar ist. In dem brusthohen Gebüsch merkt man, wie leicht es ist, sich im Dschungel zu verirren. Hauptsache, Mister M. weiß, wo es langgeht, aber den sieht man schon nach ein paar Metern nicht mehr. Also: bloß nicht auf letzter Position zurückbleiben. Schließlich klettern wir vom Bachbett einen Hang hinauf, und plötzlich stehen wir vor ihr. Die Knospe der Rafflesia erinnert an einen übergroßen Kohlkopf und changiert in den schönsten Hämatomfarben – von Bluterguss bis zu blauem Fleck ist alles dabei. Gleich daneben hat sich eine ganz besonders prächtige Blüte entfaltet: Orangerot ist sie – und wirklich gigantisch!

Die Blütenblätter sind so groß wie Beistelltische, das Innere der Riesenblume sieht aus wie ein ausgehöhlter Kürbis. Verzückt verharren wir vor dem heiligen Gral der Hobby-Botaniker, dann werden die Kameras ausgepackt. Und es riecht muffig, ein bisschen wie alter Käse oder auch wie verfaulendes Fleisch. Schließlich nennt man die Rafflesia auch »corpse flower« (Leichenblume). Den Insekten scheint das zu gefallen, sie umschwirren begeistert den riesigen Blütenkelch. Mister M. fordert uns auf, auch einmal zu schnuppern.

»Wie Elefantenscheiße«, meint eine der beiden Frauen kennerisch, und genau so sieht Rafflesia auch nach ein paar

Tagen aus. »Die Blüte hält höchstens eine Woche«, verrät uns Mister M., »danach fällt sie in sich zusammen und verwandelt sich in eine breiige Masse.«

Frühestens in neun Monaten wird die Pflanze dann wieder blühen, so lange dauert es, bis die Knospe sich entwickelt hat. Verdreckt, aber glücklich treffen wir kurz vor Einbruch der Dunkelheit wieder im Camp ein. Aber als ich mir die Bilder ansehe, kommen mir Zweifel: Kein Mensch wird mir je glauben, dass diese Blume echt ist.

Tief im Süden

Draußen ist es noch stockdunkel, und der Tag kündigt sich mit einem Zirpen an. Dann gackern die Hühner, Außenbordmotoren rattern, und mit einem Mal ist die Hölle los. Alles summt, zwitschert, krächzt, schreit, flattert, fiept und keckert. Der Dschungel erwacht. Diese Zeit ist die lauteste in den Tropen, denn Natur pur ist alles andere als leise. Zumindest, wenn man im Tarutao-Nationalpark im tiefen Süden von Thailand aufwacht. Von meinem Bungalow aus kann ich riesige Nashornvögel, Warane, Eichhörnchen und Beos beobachten, vor mir liegt eine Bucht mit ein paar Fischerbooten. Genauso plötzlich, wie er begonnen hat, ist der Lärm wieder vorbei, nur ein Gecko ruft, als ich an den Strand hinuntergehe.

Den frühen Morgen liebe ich am meisten, jene kurze Zeitspanne, wenn es hell wird und noch bevor die Sonne am Himmel steht. Noch ist es angenehm kühl, und der warme Wind streichelt meine Haut. Ich schlappe barfuß durch den Sand, und ein Reiher fliegt auf, als ich ihm zu nahe komme. Ich springe ins Wasser, schwimme einmal quer durch die

Bucht und bemerke eine Bekannte. Sie sammelt Muscheln, Shiva-Augen heißen sie und sind ziemlich selten hier. Konzentriert sucht sie den Strand ab, man entwickelt ein Auge dafür, sagt sie. Wenn sie nur lange genug hier sind, fangen irgendwann alle Leute an, irgendetwas zu sammeln oder Burgen zu bauen, denn außer Tauchen, Essen und Spazierengehen gibt es nichts zu tun. Die Insel besticht vor allem durch völlige Ereignislosigkeit. Nirgendwo ist Nichtstun so angenehm. Das ist Thailand, wie ich es liebe.

Der Himmel: blau. Der Strand: weiß. Das Meer: türkis. Ganz einfach. Dafür muss man heute sehr weit fahren oder sehr viel Geld ausgeben. Koh Bulon Lae ist ein Traum von einer Insel und mit dem Longtailboot eine knappe Stunde vom Festland entfernt. Feinkörniger Sandstrand und ein Korallenriff ziehen sich um die Insel, und gäbe es nicht einen Felsen, der im Norden steil ins Meer abfällt, könnte man die Insel in zwei Stunden bequem zu Fuß umrunden. Palmen und Kasuarinen wachsen bis ans Wasser, und in der Inselmitte liegt, eingebettet in eine opulente tropische Natur, ein Dorf, dessen Einwohner sich ihrer Verpflichtung, malerisch zu sein, durchaus bewusst sind. Das heißt, es gibt traditionelle Holz- und Bambushäuser, wenig Wellblech und Plastik, nur die überflüssige Entdeckung des Mopeds durch die Dorfjugend stört die Ruhe. Na ja, fünf davon auf einer Insel kann man gerade noch ertragen, und immerhin können die Einheimischen auf dem Beiwagen das Eis transportieren, das sie vom Festland holen. Strom gibt es nämlich nur abends, wenn die Generatoren laufen.

Im Grunde ist die Atmosphäre genau so, wie teure Resorts sie anderswo mit viel Geld zu imitieren versuchen, nur dass sie hier noch echt ist und einen Bruchteil davon kostet. Hinzu kommt, dass man die Thais hier nicht als Bedienstete kennenlernt, sondern als Mitbewohner und Menschen. Ich weiß, wessen Großmutter gestorben ist oder wer sich hat scheiden lassen. Manchmal ärgere ich mich, wenn die Schulkinder zu laut singen. Ich besuche Leute auf ein Schwätzchen und glaube, dass sie sich nicht nur deshalb freuen, weil ich ein paar Baht auf die Inseln bringe. Und natürlich liebe ich die Inselskandale: wessen Tochter eine Affäre mit einem *farang* hat, dass der schwule Bruder einer Resortbesitzerin jetzt LadyBoys als Küchenhilfen mitgebracht hat und ob die blutjunge Frau des alten herzkranken Franzosen damals – es ist bestimmt zehn Jahre her – wirklich so unschuldig an seinem Ertrinken war. Wahrscheinlich komme ich deswegen jedes Jahr wieder: Bulon ist für mich wie ein zweites Zuhause. Auch wenn ich in Bangkok inzwischen mehr Leute kenne, kann ich mich nirgendwo so gut entspannen wie hier. In den achtzehn Jahren, in denen ich im Winter einen Monat oder auch zwei hier verbringe, hat sich kaum etwas verändert. Gut, inzwischen ist ein Mobilfunknetz vorhanden und abends, wenn der Generator läuft, auch Internet per Satellit, ansonsten sind nur ein paar Bungalows dazugekommen und ein paar neue Restaurants. Aber es gibt immer noch keine Hotels und keine Aircondition. Und vor allem gibt es keinen Pier. Wer hierherkommt, muss noch seine Tasche durch die Brandung tragen. Das hält die Leute mit den dicken Rollkoffern ab. Ich bin bestimmt kein Feind von Komfort, aber so habe ich mir tropischen Luxus immer vorgestellt: einfach, aber mit allem, was man braucht.

Dass so etwas noch möglich ist, liegt zum einen daran, dass die Insel Teil des Nationalparks ist, zum anderen gehört das Land wenigen Familien, die untereinander versippt und verschwägert sind. Und die haben keine Lust auf Massentourismus. Kriminalität ist so gut wie unbekannt, und der Inselpolizist liegt den lieben langen Tag in der Hängematte vor seiner Bambushütte, auf die in leuchtend rosa Lettern »District Police« gepinselt ist. Oder er spielt mit Urlaubsgästen Volleyball. Man muss sich um nichts kümmern und kann die Zeit wunderbar totschlagen. Es gibt nur eine Einschränkung: Koh Bulon Lae ist eine 1-A-Pärchen- und Familieninsel; Singles, die etwas erleben wollen, bekommen rasch einen Inselkoller.

Wie schnell eine Insel umschlagen kann, sieht man dreißig Kilometer weiter auf Koh Lipe, der südlichsten Insel Thailands. Dort haben die Chao Lae, die das Land von der Regierung geschenkt bekommen haben, viele ihrer Grundstücke verkauft. Die Preise ziehen an, Hotels werden gebaut, es gibt nicht mehr genügend Süßwasser, dafür jede Menge illegaler Müllkippen, aus denen beißender Rauch aufsteigt. Jeden Abend gibt es laute Partys, am Strand liegen Scherben, und schon ist es vorbei mit dem Idyll. Trotzdem haben die unbewohnten kleinen Inseln um Koh Lipe immer noch die schönsten Tauchgründe, und auch Lipe ist im Vergleich mit den typischen Touristeninseln noch recht ursprünglich.

Eigentlich ist der ganze Archipel zwischen Koh Lipe, dem Koh-Petra-Nationalpark und Koh Lanta ein Paradies. Für Taucher und Schnorchler sowieso, aber auch zum Kanufahren oder für Insel-Hopping mit dem Longtail- oder einem der Speedboote, die bis hinauf nach Phuket fahren. Über fünfzig teilweise unbewohnte Inseln gibt es hier. Viele Menschen hier sind dunkler als auf dem Festland oder im Norden. Sie gehören zum früher nomadisch lebenden Volk der Chao Lae oder Seezigeuner, die sich inzwischen fest auf den Inseln niedergelassen haben.

Sonderlich genau nimmt es hier allerdings niemand, weder mit irgendwelchen Volkszugehörigkeiten noch mit der Religion. Zwar ist die Gegend hauptsächlich muslimisch, aber ein Imam kann auch nebenbei als Masseur für Touristen tätig sein, und Alkohol ist genauso wenig ein Tabu. Im Zweifelsfalle wird er an die einheimischen Muslime eben in Teekannen ausgeschenkt. Nur wenn sie aufs Festland fahren, legen manche Frauen sich ein Kopftuch um. Damit die Leute nicht so komisch gucken.

Die größte Insel ist Koh Tarutao, auf der sich auch das Parkbüro befindet. Sie wurde früher dank der abgelegenen Lage und der Anwesenheit von Haien und Krokodilen als Gefängnis für Langzeit- und politische Gefangene benutzt. Im Zweiten Weltkrieg von der Obrigkeit vergessen, mutierten die Gefangenen und ihre Wärter dann, sich selbst überlassen, zu den berüchtigten Piraten, deren Angriffe auf Handelsschiffe in der Straße von Malakka fünf Jahre anhalten sollten. Erst nach Kriegsende schickten die Engländer im Rahmen ihrer Nachkriegsverhandlungen in Malaysia Soldaten nach Tarutao, die dem Piratenspuk ein Ende bereiteten. Das Gefangenenlager wurde geschlossen, die Piraten wurden inhaftiert oder umgesiedelt. Koh Tarutao versank in einen Dornröschenschlaf abseits des Weltgeschehens. Ein bekannter thailändischer Politiker verarbeitete diese Geschichte unter dem Pseudonym Paul Adirex zu dem Roman »Die Piraten von Tarutao«, den zu lesen unterhaltsam ist, wenn man gerade in der Gegend verweilt.

Richtig leiden mussten die Bewohner des Archipels ohnehin erst Jahrzehnte später: Tarutao diente als Dschungelcamp für eine russische Version der Show »Ich bin ein Star, holt mich hier raus«, was dazu führte, dass viele Inseln heute keine Kamerateams mehr dulden. Mittlerweile kommen lediglich einige Fischer und Bauern auf die Insel, um dort Kokospalmen zu pflanzen oder Fischerei zu betreiben. Urlauber halten es auf Tarutao selten länger aus, da dort periodisch Schwärme von Sandfliegen auftauchen. Die lästigen Insekten, die einem überall in Südostasien den Strand vergällen können, sind nur ein bis zwei Millimeter groß, hinterlassen aber extrem juckende Bisse, die sich leicht entzünden, wenn man daran kratzt. Gegen Sandfliegen hilft nur, sich mit Kokosnussöl einzureiben. Zwar riecht man dann wie ein wandelnder Wok, aber das ist besser, als auszusehen wie ein Streuselkuchen. Empfohlen wird auch, sich nur auf den feuchten Sand zu legen, nicht auf den trockenen.

Koh Adang und Koh Rawi liegen etwa vierzig Kilometer westlich von Koh Tarutao und sind bekannt für ihre schönen Strände, und sie verfügen über mehr touristische Infrastruktur als Tarutao. Weitere Inseln in der Nachbarschaft sind Koh Hin Ngam, voll von glänzenden schwarzen Kieselsteinen entlang seiner Strände, und Koh Khai, eine kleine Insel mit einem natürlichen Steinbogen. In Richtung Norden kann man sich beim Insel-Hopping über den Koh-Petra-Nationalpark, der schöne Tauch- und Schnorchelstellen, aber wenig Unterkünfte bietet, nach Koh Libong vorarbeiten. Koh Hai hat den schönsten Strand und ein Riff mit vielen Korallenfischen und Seeanemonen, auf der Insel gibt es seit einigen Jahren auch mehrere Resorts.

Die besten Ausgangspunkte für die Inseln im Süden sind die alte Hafenstadt Trang und das Städtchen Pakbara, das man in etwa eineinhalb Stunden von Hat Yai oder Trang mit dem Taxi oder dem Minibus erreicht. Von hier legen Fähren und Speedboote zu den Inseln im tiefen Süden ab, derzeit wird gerade ein großer Passagierterminal gebaut. Die etwas nördlicher gelegenen Inseln erreicht man einfacher von Trang aus.

Trotz eines Kulturmix mit malaiischen, chinesischen und europäischen Einflüssen wird Trang häufig von Touristen übersehen – völlig zu Unrecht. Die Innenstadt von Trang spiegelt die vielfältigen Einflüsse in der Architektur wider: Buddhistische Tempel und Schreine stehen neben chinesisch-portugiesischen Gebäuden und lokalen Häusern im Panja-Stil.

Auf den Märkten und an den Garküchen wird ein besonders üppiges Frühstück serviert. Dazu gehören große Mengen von Dim Sum, im chinesischen Stil gegrilltes Schweinefleisch und ein extrem starker Kaffee. Für viele Einheimische ist das Frühstück so wichtig wie Mittag- oder Abendessen, da sie auf den Kautschukplantagen der Umgebung arbeiten. Das Einritzen der Bäume und das anschließende Sammeln des Milchsafts finden in den frühen Morgenstunden statt, und danach haben die Arbeiter schon morgens Appetit auf eine große Mahlzeit.

Etwa zehn Kilometer südlich von Trang liegt der Thung Khai Peninsular Botanical Garden. In achtzehn Meter luftiger Höhe kann man sich hier auf einem Lehrpfad, der zwischen die Baumriesen gespannt ist, über das Ökosystem des immergrünen Regenwalds informieren.

Trang ist ein idealer Zwischenstopp auf dem Weg von Bangkok auf die Inseln und zudem einfach zu erreichen. Entweder man nimmt den Nachtzug, der von Bangkok etwa fünfzehn Stunden braucht, oder die Billigfluglinie Nok Air, die Trang mehrmals täglich anfliegt. Nach der Hektik in Bangkok ist die etwas schläfrige Atmosphäre der alten Hafenstadt ideal als Einstimmung auf den Urlaub.

Wer Robinson-Charme und menschenleere Strände sucht, wird in Asien kaum einen Archipel finden, der diesem Traum so nahe kommt wie die Trang Islands, zu denen neben Koh Petra, Koh Libong und Koh Hai auch Koh Muk zählt. Letztere ist vor allem wegen ihrer Smaragdgrotte bekannt, deren Eingang knapp unter der Flutlinie liegt. Wenn man darauf zufährt, sieht man nichts als eine Felswand.

Als das Longtailboot am Eingang der Höhle vor Anker geht, ist es schon ein bisschen unheimlich. Drinnen sieht man nur ein paar Meter weit dunkelgrüne Wellen, die an die Felsen schwappen, ansonsten ist es stockduster und still. Immerhin hat der Bootsführer uns eine Taschenlampe mitgegeben. In der Grotte riecht es schwefelig, an der Decke hängen ein paar Fledermäuse. Nach knapp hundert Metern öffnet sich die Höhle zu einer kleinen Lagune, deren Wasser in allen Blau- und Türkistönen schimmert. Zwanzig, dreißig Meter ragen die Felswände zu allen Seiten auf, in der Mitte des Kessels liegt ein kleiner Sandstrand mit Palmen. Jetzt weiß ich, wo Alex Garland die Inspiration für den geheimen Strand in »The Beach« herhat. Als wir zum Boot zurückschwimmen, hat gerade ein Dampfer angelegt. Ungefähr fünfzig Touristen mit orangefarbenen Schwimmwesten werden angeleint und von einem Führer in Richtung Höhleneingang dirigiert. Die Felswand verschluckt sie, und es ist wieder still.

Neben der kleinen Insel Koh Hai ist Koh Kradan die letzte Neuentdeckung. Die vielleicht schönste Insel im Nationalpark Hat Jao Mai ist bedeckt mit Kokos- und Gummiplantagen. Der Sandstrand im Südosten fällt flach ins Meer ab, und schon nach wenigen Metern kann man am Korallenriff schnorcheln. Von Koh Muk aus ist die Insel mit dem Longtailboot zu erreichen, vom Pak Meng Pier bei Trang verkehren größere Boote. Viele der kleineren Inseln sind übrigens in der Regenzeit geschlossen und werden erst im November wieder für die Touristen fein gemacht. Die Bewohner haben oft noch einen anderen Job oder eine Plantage auf dem Festland und kehren erst kurz vor der Saison auf die Inseln zurück.

Geziefer

Ich entdeckte sie am Morgen. Als ich auf einer Tauchinsel mein Schnorchel-Equipment aus dem Süßwassereimer fischte, in dem ich es über Nacht eingeweicht hatte, weil selbst das stabilste Gummi vom Salzwasser brüchig wird, sah ich sie: eine braune Schlange, etwas mehr als daumendick und etwa einen halben Meter lang. Sonderlich gefährlich sah sie nicht aus, wie sie sich davonmachte und sich in die gekachelte Ecke presste, aber man kann ja nie wissen. Vage erinnerte ich mich an Warnungen à la »Die braunen mit dem dreieckigen Kopf sind am gefährlichsten«. Was auch immer das heißen mochte: Ich selbst hatte mal eine Touristin gesehen, die zwei Wochen mit einem grotesk angeschwollenen Bein herumhumpelte, weil sie im Dunkeln auf eine Schlange getreten war.

Schlangen gibt es in Thailand überall, von tödlichen Kobras über Pythons, die Gerüchten nach sogar in der Kanalisation von Bangkok hausen und sich dort dank der Ratten prächtig vermehren, bis zu irgendwelchen harmlosen Nattern. Wenn man den Einheimischen, besonders jenen, die mit westlichen Touristen Geschäfte machen, glauben will, gibt es allerdings überhaupt keine Schlangen auf den Inseln, selbst in den Nationalparks nicht, und gefährliche schon gar nicht. »Wie sollen sie da auch hinkommen?«, heißt das Argument. »Schlangen können schließlich nicht schwimmen.«

Das gilt natürlich auch für Spinnen, Skorpione, Kakerlaken und alles mögliche andere Getier, das da kreucht und fleucht. In Wahrheit gibt es auch im Tierreich ein Yin und ein Yang. Wo riesige bunte Schmetterlinge über eine Dschungellichtung tanzen, sitzen bestimmt auch Blutegel und Asseln unter den Steinen. Das ist kein Grund zur Panik, man muss nur wissen, dass sie da sind und wie man sich ihrer erwehrt. In klimatisierten Hotels ist man dank abgedichteter Fenster und des großzügigen Versprühens diverser Gifte vor solchen Begegnungen einigermaßen sicher, weniger hingegen outdoor, upcountry oder in den klassischen Bungalows mit Moskitonetz und Wänden aus Bambusgeflecht. Das bevorzugte Habitat der meisten Kleintiere ist das Bad. Bäder sind kühl und feucht, zudem ist es überwiegend dunkel, und auf den kalten Kacheln lässt sich der heiße Tag gut überstehen, besonders wenn man ein Frosch oder ein Tausendfüßler ist.

Schließlich sind Urlauber als Fressfeinde auch eher harmlos, die meisten suchen das Weite, wenn sie in ihrem Bungalow ein Tier entdecken, das dort nicht hingehört. Selbst possierliche Bananen- und andere Hörnchen, die nachts gern auf den Dächern herumturnen, verbreiten Angst und Schrecken, weil man nicht weiß, was da lärmt und keckert, wenn man sich *in* dem Bungalow befindet. Und draußen nachsehen geht auch schlecht, das Tier könnte ja groß und gefährlich sein.

Ich selbst habe mich einmal fast zu Tode erschreckt, als ich im Halbschlaf zum ersten Mal den Ruf eines Geckos hörte. Instinktiv riss ich eine neben mir dösende Freundin hoch und hielt sie dem vermeintlichen Angreifer entgegen, nach dem Motto: Friss sie, nicht mich. In doppelter Weise peinlich, einmal wegen der zierlichen Echse, die in der Nähe einer Lampe Mücken vertilgte, zum anderen, weil ich ganz offenbar bereit war, die Freundin zu opfern.

Zurück zu meiner Schlange, die sich inzwischen ganz lang und dünn gemacht hatte, vermutlich in der Annahme, ich würde sie in der Fuge zwischen Wand und Boden nicht mehr sehen. Tatsächlich war sie schon der dritte ungebetene tierische Besucher in zwei Tagen. Es fing an mit Fröschen, die ihren Laich neben der Handwäsche im Waschbecken ablegten, das Nächste war eine handtellergroße Spinne, die zusätzlich auf dem Rücken einen Kokon trug, in dem vermutlich Hunderte von Babyspinnen darauf warteten zu schlüpfen. Ich verwarf den Gedanken, sie zu erlegen, im Gedanken an die Sauerei und das schlechte Karma, das diese Tötung nach sich ziehen könnte, und beschloss, mich mit der Spinne zu arrangieren. Schließlich saß sie ziemlich ortsfest hinter der Toilette an der Wand und machte keine Anstalten, mich anzugreifen. Am nächsten Morgen war sie verschwunden. Dafür hatte ich jetzt die Schlange.

Irgendwie tat mir die kleine Schlange leid. Würde ich dem Personal von ihrer Existenz berichten, wäre das ihr Ende, Thais sind nicht gerade zimperlich mit Tieren. Ich kann mich an den Fall einer ziemlich großen Python erinnern, die – in einem Nationalpark immerhin, wo Pythons geschützt sind – eine Katze gefressen hatte und auf einem Pfad friedlich vor sich hin verdaute, bis ein Tourist über sie stolperte. Der Besitzer des benachbarten Hotels behauptete dann, er habe sie auf einer unbewohnten Insel ausgesetzt, aber die Haut der Schlange hing ein paar Tage später hinter der Rezeption. Von mir zur Rede gestellt, zeigte er keinerlei Unrechtsbewusstsein: Ein Tier, das in der Lage wäre, eine Katze zu verschlingen, könne sich ja schließlich beim nächsten Mal über sein Baby hermachen.

Meine kleine braune Schlange drückte sich inzwischen, immer an der Wand lang, in Richtung Nachbarzimmer, wo ich sie nie wiedergefunden hätte, wenn sie womöglich unter der Kommode oder dem Bett verschwunden wäre. Ich war mir inzwischen ziemlich sicher, dass alle Tiere in meinem Bad den im Boden eingelassenen Abfluss hochgeschlängelt oder -gekrochen waren. Bewaffnet mit der Dusche, richtete ich einen scharfen Wasserstrahl auf das Reptil und trieb es in Richtung Loch. Womit ich nicht gerechnet hatte: Die Schlange konnte schwimmen und kam auf mich zu. Mit einem Satz rettete ich mich in den Nebenraum, und der Wasserstrahl hielt sie in Schach. Schließlich verschwand sie in dem Loch im Boden. Erleichtert stellte ich eine Schüssel über den Abfluss, die ich bis zu meiner Abreise nie wieder lüftete.

Meine Wirtin, der ich später von dem Biotop in meinem Bad erzählte, überhörte meinen vorwurfsvollen Unterton komplett, sie verstand ihn nicht einmal. Die Spinnen, meinte sie, seien lecker, und außerdem gäbe es da, wo Spinnen sich aufhielten, weniger Kakerlaken und Käfer, das sei wie mit den Geckos und den Moskitos. Vermutlich habe die Schlange die Spinne gefressen. Sollte mir hingegen einer der giftigen (und sehr schmerzhaft beißenden) Hundertfüßler über den Weg laufen, sollte ich versuchen, ihn mit einem Glas zu fangen, da daraus mit Alkohol eine Art Thai-Viagra herzustellen sei.

Im Prinzip ist also alles ganz harmlos, man muss nur wissen, wie man damit umgeht. Sehen Sie also in Ihre Schuhe, und besorgen Sie sich für dunkle Wege, besonders wenn Sie barfuß laufen oder Flip-Flops tragen, eine Taschenlampe. In offen gebauten Bungalows sollten Taschen immer geschlossen werden, und auch sonst schadet es nicht, nachzusehen, wo man hineinschlüpft.

Vorsicht gilt auch bei Termiten und herumliegenden Büchern und bei Ameisen, die sich speziell für Süßes interessieren und in Horden auftauchen, wenn etwas offen herumliegt, sei es ein Keks oder ein Obstrest. Am besten, man hängt alles auf, wenn kein Kühlschrank in der Nähe ist, oder verzichtet auf offene Nahrungsmittel im Zimmer.

Gegen Mücken hilft am besten ein Moskitonetz und sich in der Dämmerung einzuschmieren. Der gern gegebene Rat, lange Kleidung anzuziehen, ist ziemlich wirkungslos, da die Mücken problemlos durch den meist dünnen Stoff stechen. Die sogenannten Moskito-Coils, Räucherspiralen, die in Restaurants gern unter dem Tisch stehen, vertreiben zwar die Insekten, stinken aber fürchterlich und verursachen Kopfschmerzen. Ich möchte gar nicht wissen, was da für Chemikalien drin sind.

Unerfreuliche Tiere lauern übrigens auch in den aquamarinfarbenen Fluten der Andamanensee und des Golfs von Thailand. Glücklicherweise ist das Wasser meist so klar, dass man mögliche Gefahrenträger schon von Weitem erkennt. Ich selbst gehe nie ohne Badeschuhe ins Wasser, wenn ich den Grund nicht erkennen kann. Wer einmal auf einen Seeigel getreten ist, weiß, wie schmerzhaft das ist. Steinfische, Stachelrochen oder die Kegelschnecke mit ihrem Giftpfeil können sogar lebensbedrohlich werden.

Von dem potenziell gefährlichsten aller Tiere in Thailand spricht jedoch niemand. Dabei ertappe ich mich manchmal, wie ich am Strand einer traumhaft schönen Bucht mit Palmen und Mangrovenwäldern stehe und das Wasser nach dunklen Schatten absuche. Wo lebt das Biest, wenn nicht hier? Welches Biest?

Vergessen Sie die kleinen Riffhaie, die sind völlig harmlos! Das Leistenkrokodil hingegen wird bis zu dreizehn Meter lang und lebt sowohl im Süß- als auch im Salzwasser. Es ist allerdings so gut wie ausgestorben, und in den letzten drei Jahrzehnten hat es keinen einzigen Unfall mit einem Leistenkrokodil gegeben. Behaupten zumindest die Thais.

Der Norden

Es gibt Leute, die behaupten, der Norden Thailands sei nur dann interessant, wenn man sich dreckig machen und dabei auch noch von Blutegeln auffressen lassen will. Wer so denkt, liebt Tauchen und Strände, und ich bekenne, dass ich lange zu dieser Sorte Menschen gehörte. Das lag aber weniger an der Gegend, sondern schlicht am falschen Timing.

Kommt man aus Europa, ist die Versuchung groß, sich erst einmal ein paar Wochen an den Strand zu legen, um anschließend in ein paar Tagen durch den Norden zu hetzen, weil man ein schlechtes Gewissen hat und das unbestimmte Gefühl, man müsse auch noch etwas anderes sehen, wenn man schon eine Fernreise macht. Jeden Tag sieht man dann seine sorgsam gehegte Ganzkörperbräune schwinden, nur im Gesicht holt man sich Verbrennungen, weil man morgens, wenn der Nebel in den Tälern steht und es angenehm kühl ist, leicht vergisst, sich einzuschmieren. Völlig gestresst macht man sich dann auf die Heimreise.

Vergessen Sie diese Reihenfolge und machen Sie es umgekehrt. Nach einem Trip in den Norden sind Sie wirklich reif für die Insel, oder, besser noch, Sie machen gleich zwei Reisen daraus. Schließlich kann man sich in der herrlichen Berglandschaft nördlich von Chiang Rai wunderbar erholen, und auch das Hippie- und mittlerweile auch Hipsterstädtchen Pai ist einen Abstecher wert, selbst wenn man sich dort manchmal vorkommt wie in der Khao San Road.

Eine Reise in den Norden beginnt meistens in Chiang Mai oder Chiang Rai. Wenn Sie Zeit haben, lohnt sich die Anreise mit dem Zug und einem Zwischenstopp in der alten Hauptstadt Sukhothai, andernfalls gibt es jede Menge günstige Flugverbindungen.

Chiang Mai ist die wichtigste Stadt Nordthailands und Hauptstadt der gleichnamigen Provinz. Umgeben von bis zu 2000 Meter hohen Bergen liegt die »Rose des Nordens« in einem fruchtbaren, von Reisfeldern durchzogenen Tal am Ufer des Ping-Flusses. 1296 von König Mengrai als Hauptstadt des Königreiches Lanna gegründet, kann Chiang Mai auf eine lange, unabhängige Geschichte zurückblicken, die sich in Dialekt, Gebräuchen und kulinarischen Besonderheiten erhalten hat. Eine Vielzahl von Tempelbauten huldigt dem verspielten nordthailändischen Stil, der mit seinen unzähligen kleinen Giebeln und Schnitzereien von Burma beeinflusst ist. Dank der hier hergestellten Güter aus Seide, Wolle, Silber und Keramik ist Chiang Mai Thailands Zentrum der Handwerkskunst. An einer Ausfallstraße ein paar Kilometer vor der Stadt sind die Souvenirs deutlich billiger zu haben als im Zentrum.

Der Wat Phra That Doi Suthep ist Chiang Mais Wahrzeichen und liegt vor einer Bergkulisse hoch über der Stadt. Sein goldener Chedi aus dem 15. Jahrhundert soll mehrere Buddhareliquien enthalten. Reizvoll ist die kurvenreiche Anfahrt über Berge und Täler, die direkt am Fuß einer 290 Stufen hohen Treppe endet, welche mit Schlangenbalustraden zum Tempelkomplex hinaufführt.

Trotzdem braucht man nicht mehr als einen Tag für die Stadt selbst. Was man auf dem durchaus sehenswerten Nachtmarkt kaufen kann, bekommt man ebenso gut in Bangkok, am schönsten ist ein Abend in einem der idyllisch gelegenen Restaurants am Westufer des Ping-Flusses. Wenn die Lampions sich im Wasser spiegeln und die Band überraschend gute Chet-Baker-Coverversionen spielt, ist es wirklich sehr stimmungsvoll. In diesem Viertel gibt es auch mehrere kleine Hotels und Antiquitätenläden, die in den typischen alten, auf Stelzen stehenden Holzhäusern untergebracht sind. Chiang Rai dürfen Sie sich getrost sparen, fahren Sie besser gleich in die Berge. In den Norden reist man wegen der Natur, was auch viele Bangkoker wissen, die hier ihre Ferienhäuser haben.

Außerhalb der Städte liegen in den Provinzen Chiang Mai, Chiang Rai und Mai Hong Son einige der malerischsten Landschaften in ganz Thailand. Berge, Dschungelgebiete und Flüsse lassen sich am besten mit dem Motorrad erkunden, aber auch die Tourveranstalter haben sich auf abenteuerlustige Reisende eingestellt. Trekkingtouren, Elefantenreiten, Rafting oder Jeep-Safaris – mit seinen Wasserfällen, Höhlen, heißen Quellen und Gebirgsdörfern ist Nordthailand ein Mekka für Outdooraktivisten.

Dabei gilt: Je kleiner die Gruppe ist, der man sich anschließt, desto besser. Ein Führer kostet nicht die Welt, und je weniger Leute durcheinanderreden oder sich über Blasen und Moskitos beschweren, desto mehr sieht man von der Umgebung. Vögel oder Affen suchen sofort das Weite, wenn eine Busladung von Urlaubern über den Dschungelpfad trampelt. Nur wenn man allein ist und nicht redet, hat man die Gelegenheit, sich auf die Stimmen der Tiere und die Geräusche des Dschungels zu konzentrieren. Auch ein Besuch in einem Dorf der hier ansässigen Bergvölker hat dann weniger von einem Menschenzoo.

Speziell der Massentourismus in die Dörfer der Akha, Lisu, Hmong und Karen, von denen mindestens einer auf dem Programm jeder Pauschaltour steht, hat mich immer abgeschreckt, und deshalb erwartete ich meinen Guide mit etwas gemischten Gefühlen. Ich ließ mich in Chiang Rai von einem Guesthouse abholen, das auch Touren anbietet, und wurde mit dem Landrover in eine Dschungel-Lodge dreißig Kilometer nördlich der Stadt gebracht. Das »Akha Hill Guesthouse« lag in der Nähe eines Dorfes mitten im Wald mit einem herrlichen Ausblick. Auch mein Guide gehörte zu den Akhas und vermittelte im Dorf, das wir am Nachmittag kurz besuchten, nicht das Gefühl eines Eindringlings. Zu meiner angenehmen Überraschung wurden wir kaum beachtet.

Am nächsten Morgen begann unsere zweitägige Trekkingtour. Nach einem Aufstieg und dem Überqueren eines Bergrückens wanderten wir ein paar Stunden durch ein benachbartes Tal entlang eines kleinen Flusslaufs unter dem Bambusdach, ohne dass es besonders anstrengend wurde. Später bekam ich Gelegenheit, in einem Wasserfall zu schwimmen, und der Führer zeigte mir, wie die Einheimischen durch den Bau eines kleinen Damms in einem Dschungelbach Fische und Krebse fangen – unser Dinner. Der Reis dazu wurde in einem frischen Bambusrohr gegart. Etwas abenteuerlich war vielleicht unser selbst gebauter Unterschlupf aus Bananenblättern, dem ich nicht recht traute, da ich kein Moskitonetz dabeihatte. Der Führer meinte jedoch, darauf könnten wir verzichten, und nach der Wanderung schlief ich hervorragend. Allerdings wachte ich schon gegen fünf Uhr morgens wieder auf und konnte im Schein der Taschenlampe meinen Atem sehen. Vergessen Sie also bei einer Dschungeltour nie einen warmen Pullover. Egal wie heiß es tagsüber ist, nachts kann es besonders in den Wintermonaten sehr kalt werden. Auch auf die Jahreszeit sollte man achten. Je länger die Trockenzeit dauert, desto unansehnlicher wird die Vegetation, da viele Bäume die Blätter abwerfen und auch Staub und Rauch in der Luft die Sicht beeinträchtigen. Von daher ist November bis Februar die beste Reisezeit.

Bei meiner Tour hatte ich auch mit meinem Führer Glück. Achten Sie möglichst darauf, dass dieser mehr als nur ein paar Worte Englisch spricht, damit er Ihnen auch erzählen kann, was Sie gerade sehen. Zwar ist die Situation, dass man allein mit einem Führer unterwegs ist, eher selten, sie kann aber auch interessant sein. Wer sich für die Bergvölker interessiert und ihnen helfen will, kann als Englischlehrer an Dorfschulen volontieren. Kost und Logis sind frei, das »Akha Hill Guesthouse« zum Beispiel sponsert einen zweiwöchigen Aufenthalt.

Auch die Gegend um die kleine Provinzstadt Mae Hong Son an der burmesischen Grenze ist ein Ziel, das sich lohnt. Umgeben von Bergen, die der Morgennebel verschleiert, strahlt sie einen ganz besonderen Zauber aus. Burmesisch anmutende Tempel, ein malerischer See und ein geschäftiger morgendlicher Markt machen die Stadt zum idealen Ausgangspunkt für Ausflüge ins Umland.

Eine beliebte Tour für Motorradfahrer ist die Strecke von Pai nach Mae Hong Son. Die Straße wurde von den Japanern im Zweiten Weltkrieg durch den Dschungel geschlagen, da Mae Hong Son als Brückenkopf für eine geplante Invasion des damals britischen Burmas dienen sollte. Die ehemals nur Opiumhändlern zugängliche Region wurde relativ schnell von Touristen auf der Suche nach Trekking-Abenteuern entdeckt. Die Bevölkerung besteht zu einem Großteil aus Shan. Mae Hong Son, das in einem schmalen Tal liegt, ist mit den vielen traditionellen Teakhäusern für den Besucher generell attraktiver als Pai. Thailändische Touristen schätzen besonders die kühlen Temperaturen, die im Januar sogar bis auf den Gefrierpunkt fallen können.

Überall in dieser Gegend ist der Einfluss Myanmars zu spüren. Hunderttausende von Flüchtlingen leben hier im Grenzgebiet als Arbeiter oder auch in Lagern. So sieht man in den Straßen ein Gemisch aus Burmesen – Männer in ihren Longyis, die Frauen mit Mustern aus Thanaka-Paste im Gesicht –, Hmong- und Karenfrauen in traditioneller Kleidung sowie bärtigen indo-muslimischen Männern. Die thailändisch-burmesische Grenze steht unter ständiger Beobachtung von Militärpatrouillen, die Ausländer ohne offizielle Dokumente oder Arbeitsgenehmigungen abschieben, wenn eine »inoffizielle« Gebühr nicht gezahlt wird. Zwar hat sich die Lage in den Flüchtlingslagern seit der politischen Öffnung Myanmars entspannt, doch ist es jetzt so, dass sich viele Hilfsorganisationen nicht mehr in demselben Maße für die Flüchtlinge in Thailand interessieren. Von daher sind sie nicht unbedingt besser dran als vorher.

In Orten, wo viele Burmesen leben, sieht man häufig auch Betelkauer. Im Süden wird dieses Genussmittel weniger gern gesehen, in Bangkok ist es vielerorts verboten, da Betel den Speichelfluss anregt und ihn blutrot einfärbt. Rote Flecken auf weißen Wänden sind eben ziemlich eklig. Wenn es aussieht, als würden Menschen Blut spucken, handelt es sich also um keine todbringende Krankheit, sondern um Betel. Dass die Droge den Zähnen schadet, sieht man an den rot gefärbten Zahnstummeln, mit denen Betelkauer einen freundlich und leicht bedröhnt anlächeln.

Trotz des drohenden Zahnschadens – einmal wollte ich Betel probieren. Mit einem Messer, das aussieht wie ein übergroßer Zigarren-Cutter, wird die Nuss geviertelt, dann wird sie in ein Blatt gewickelt, das mit weißer Kalkpaste bestrichen ist. Betel und Kalk lösen, mit Speichel vermischt, eine chemische Reaktion aus, die verantwortlich ist für die rote Farbe. Der narkotische und stimulierende Effekt wirkt ähnlich wie Alkohol oder auch wie ein starker Kaffee.

Das Blatt mit den Nussstückchen hatte ich zu einem Quadrat gefaltet. Nach kurzem Zögern schob ich das weiche Blatt in den Mund und begann kräftig zu kauen, bis ich das Knirschen der Nuss zwischen den Zähnen spürte. Nach spätestens fünf Sekunden verspürte ich das dringende Bedürfnis auszuspucken, mein Mund war komplett gefüllt mit Speichel. Angeekelt ging ich in eine Seitengasse und hinterließ neben einem Lkw einen riesigen roten Fleck. Nur ein paar Sekunden später begann mein Mund sich schon wieder zu füllen. So ging es ungefähr eine Viertelstunde, dann ließ die Wirkung langsam nach. Ob ich sonst etwas gespürt habe? Keine Ahnung. Ich war viel zu beschäftigt mit dem bitteren Nachgeschmack und meinem Mundinhalt. Bis meine Zähne wieder halbwegs normal aussahen, dauerte es fast zwei Tage. Sollte ich jemals wieder zu Drogen greifen, wird es ganz bestimmt nicht Betel sein.

Der Isaan – Thailands unbekannter Nordosten

Weiße Sandstrände, glitzerndes Nachtleben oder Luxushotels hat der Isaan nicht zu bieten, ebenso wenig wie andere offensichtliche Sehenswürdigkeiten. Nur einige Tempelanlagen der Khmer, Thailands älteste Nationalparks und ganz viel Ruhe. Das Isaan-Plateau nimmt fast ein Drittel von Thailand ein und ist immer noch der ärmste Teil des Landes und von der Landwirtschaft geprägt.

Im Isaan kann man den Reis wachsen hören, sagt man in Bangkok, und das ist nicht unbedingt nett gemeint. In Bangkok wurden die Migranten aus dem Isaan lange als Hinterwäldler behandelt, doch von der Einwohnerzahl her ist die Hauptstadt längst die größte Stadt des Isaan. Schließlich kommt ein Großteil der Wanderarbeiter aus dieser Gegend, und auch viele der Bargirls in Bangkok, Phuket und Pattaya sind Mädchen vom Dorf. Viele kaufen ihrer Familie von dem in Sünde verdienten Geld ein Haus und tauchen einmal im Jahr daheim auf – mit Goldschmuck behängt, um zu zeigen, dass sie es trotz allem zu etwas gebracht haben. Insgeheim träumen sie alle von einer Rückkehr in die Heimat, was den relativ hohen Anteil an *koey farang*, an westlichen Schwiegersöhnen, erklärt, die hier zufrieden mit ihrer neuen, angeheirateten Familie leben. Denn wer braucht schon Strand oder Großstadt, wenn er mit einem Bier am Ufer des Mekong sitzt, wo das Leben so gemächlich vorüberzieht wie der mächtige Fluss?

Inzwischen ist das Etikett »Isaan« allerdings ein Qualitätsmerkmal, mit dem Kneipen und Restaurants im ganzen Land werben. Schließlich ist dort alles ein bisschen anders. Die Dörfer sind gemütlicher, die Musik ist lauter und rhythmischer, und Komiker aus dem Isaan sind bekannt für ihren derben Humor. Ganz zu Unrecht führte der Isaan bislang ein touristisches Mauerblümchen-Dasein, denn wer Entspannung abseits ausgetretener touristischer Pfade sucht, findet sie hier.

Sowohl Kultur als auch Sprache und Küche ähneln sehr der des Nachbarlandes Laos, das am anderen Ufer des Mekong liegt. Deftig ist auch die Küche des Isaan, scharf und würzig mit jeder Menge Kräutern. Klebreis wird meist mit der Hand zu mundgerechten Happen gerollt und in eine scharfe Sauce getaucht. Dazu wird ein Hauptgericht gereicht, zum Beispiel *Som Tam*, der schon erwähnte Salat aus grüner Papaya, *Nam Tok*, würziger Salat mit gegrilltem Fleisch, *Larb*, scharfer Salat mit Rinder- oder Schweinehackfleisch und frischen Kräutern, oder *Yeng Gai*, gegrilltes Huhn. Süßwasserfische findet man häufig, sowie Frösche, frittierte Insekten, Ameiseneier und Seidenraupen. Böse Zungen behaupten, im Isaan isst man alles, was sich bewegt, doch wenn ursprünglich pure Not die Speisekarte diktierte, so sind viele dieser Gerichte inzwischen beliebte Spezialitäten.

Die beste Reisezeit ist nach Ende der Regenzeit im Oktober, dann leuchten die Felder in sattem Grün. Im Januar und Februar ist es mit unter fünfzehn Grad nachts sogar so kühl, dass man Jacken und Decken braucht, die man in kleinen Hotels nicht immer findet. Ab März wird es heiß und staubig, und wenn es heiß ist, ist es richtig heiß. Bei Temperaturen um die vierzig Grad kommen auch hitzeresistente Reisende an ihre Grenzen, von daher sind die heißen Monate zu meiden.

Den Isaan erkundet man von Bangkok aus am besten mit dem Auto oder Motorrad, und je weniger man vorher plant, desto besser. Lassen Sie sich einfach ein paar Tage durch die Dörfer und Naturparks treiben. Selbst wenn Sie unterwegs kein Hotel finden, gibt es immer ein »Homestay« als Bleibe.

Auch Ubon Ratchatani eignet sich als Ausgangspunkt für eine Tour durch den Nordosten. Die nette Provinzstadt am Mun-Fluss ist durch ihren Flughafen auch ein Tor zu den Nachbarländern Laos und Kambodscha.

In dem nur zwei Fahrtstunden von Bangkok entfernten Khao-Yai-Park kommen Naturliebhaber auf ihre Kosten. Angeblich sollen hier sogar noch Tiger und einige wenige wilde Elefanten vorkommen sowie allein 216 Arten von Schmetterlingen und über 300 verschiedene Vögel, die man vorwiegend in der Nähe von Wasserfällen beobachten kann. Auch Gibbons, Makaken und Nashornvögel leben im Blätterdach. Dabei besteht nur ein Teil des Parks aus immergrünem Regenwald, in den tieferen Lagen findet man Grasland und Trockenlaubwald, der nach der Regenzeit am schönsten aussieht. Durch den Park führen rund fünfzig Kilometer Dschungelpfade unterschiedlicher Schwierigkeit, eine Karte bekommt man im Besucherzentrum. Am Wochenende scheint allerdings halb Bangkok den Park zu besuchen, sodass dann weiter entfernte Parks wie Pha Taem mit seinen Klippen hoch über dem Mekong oder der Phu-Kradung-Park mehr Abgeschiedenheit bieten. Der Phu-Luang-Park mit den kurvigen Landstraßen 2016 und 2216 ist auch bei Mountainbikern beliebt.

Besonders sehenswert sind die Relikte der Khmer-Kultur. Vor allem entlang der einstigen Königsstraße der Khmer, die von Prasat Hin Phimai nördlich von Korat direkt bis nach Angkor Wat im heutigen Kambodscha führte, liegt eine ganze

Reihe zum Teil sehr gut restaurierter Tempelanlagen oder Ruinen.

Der momentan bekannteste Tempel ist Preah Vihan aus dem 11. Jahrhundert, der immer wieder zu Grenzstreitigkeiten zwischen Thailand und Kambodscha führt. Der internationale Gerichtshof hat ihn zwar 1962 Kambodscha zugesprochen, die genaue Markierung des Areals steht aber noch aus. Beide Seiten beanspruchen die Anlage für sich, momentan ist sie vermint und nicht zu besuchen.

Die beeindruckende Tempelanlage von Prasat Hin Phimai soll sogar als Vorbild für Angkor Wat gedient haben. Identisch zu der kambodschanischen Anlage ist sie in mehrere konzentrisch angeordnete Bereiche unterteilt und wird von einer über tausend Meter langen Stadtmauer begrenzt, die von einem Graben umgeben ist. Dieser wurde neben den Teichen im inneren Teil der Tempelstadt durch den Mun-Fluss gespeist. Historiker betrachten die Ausrichtung und Anordnung der Gesamtanlage gar als Modell des Universums.

Das Goldene Dreieck

Das »Goldene Dreieck«: Dieser Name weckt Bilder von Mohnfeldern, in Nebel gehüllten Gipfeln, vom Mekong und tropischem Dschungel. Insbesondere jedoch beschwört er die Vorstellung von Opium herauf und den Geheimnissen, die den Drogenhandel umgeben: durchlässige Grenzen, Bürgerkriege, Konfrontationen zwischen Armeen, Polizei und Schmugglern, Razzien in versteckten Heroinfabriken, Eselskarawanen entlang der Handelspfade durch den Dschungel.

Tatsächlich ist der Mythos vom »Goldenen Dreieck« heute der etwas bemühte Versuch, eine touristische Attraktion zu konstruieren, die keine sein darf. Schließlich sind Opium und seine Derivate Heroin und Morphium verbotene Drogen. Auf der einen Seite behaupten Laos und Thailand stolz, sie hätten den Opiumanbau weitgehend besiegt (Burma, dem dritten am »Goldenen Dreieck« beteiligten Land, ist das ziemlich egal), indem sie die einheimischen Bauern dazu gebracht hätten, statt Mohn verträglichere Feldfrüchte wie Sojabohnen oder Kaffee anzubauen, auf der anderen Seite spielt man genau mit dem Mythos von der »Blume des Bösen«.

In der sogenannten Hall of Opium, einem sehr gut gemachten Museum etwa zehn Kilometer nördlich von Chiang Saen, wird die Geschichte des Opiums in einer sehenswerten Ausstellung gezeigt. Durch Videoprojektionen wird ein Trip simuliert, man sieht alte Opiumgewichte, Pfeifen und zahlreiche Bilder. Zeigen darf man natürlich kein echtes Opium, noch nicht mal ein Mohnfeld mit unschuldig-hübschen rosa Blüten gibt es zu sehen, nur Fotos. Also lassen sich viele Touristen etwas unbefriedigt auf einer Aussichtsplattform vor dem Schild mit der Aufschrift »Golden Triangle« fotografieren und hoffen, dass es bei einem Trekking spannender wird.

Für Trekking im Grenzgebiet gibt es zwei Gründe. Entweder man hofft auf Wandern in unberührter Natur, oder man will Abenteuer, am besten beides. Und das Abenteuer heißt nicht zuletzt Opium. Denn natürlich spekulieren viele Touristen darauf, dass sie das süße Gift irgendwo zu sehen oder gar zu probieren bekommen. Warum sollte man sich sonst auf den beschwerlichen Weg zu Stämmen machen, die unter ärmlichen Bedingungen in entlegenen Bergen hausen? Um sich das Wachstum der Sojabohnen anzusehen?

Der Kontakt mit Opium ist durchaus möglich, manche Guides, die natürlich an jeder Pfeife verdienen, legen es sogar darauf an, ihren Gästen diese Erfahrung zu ermöglichen, doch es ist dringend davon abzuraten. Zum einen reagieren viele User beim ersten Opiumgebrauch ausschließlich mit Übelkeit statt mit einem Rausch, zum anderen versteht die thailändische Polizei bei Drogen überhaupt keinen Spaß.

Tatsächlich ist das »Goldene Dreieck«, so wie es allgemein präsentiert wird, eine ziemliche Touristenfalle. Was wäre schon an einer unspektakulären Flusskreuzung zwischen dem Mekong und seinem Nebenfluss Sob Ruak bemerkenswert, wäre sie nicht so berühmt beruchtigt? Macht man mit dem Longtailboot eine Tour an die Stelle, wo die beiden Flüsse zusammenfließen, sieht die Gegend an allen Ufern gleich aus: Bambusdschungel, einfache Häuser und die schlammigen Wassermassen des Mekong, die sich träge in Richtung Delta wälzen.

Spannend, weil von einer Exotik, wie die Asiaten sie lieben, sind allerdings die Wahrzeichen, welche die beteiligten Länder dort in die Ödnis geklotzt haben. In Thailand ist es ein riesiger goldener Buddha, der auf einem grellbunten Schiff untergebracht ist, das allerdings nicht schwimmtauglich ist und demzufolge an einer Böschung steht. Man mag sich wundern, was das soll, aber irgendetwas müssen die Thais ja auf ihrer Seite der Grenze bieten, schließlich haben sie nicht die Möglichkeiten, die sich Burma und Laos bieten, da das Glücksspiel in Thailand verboten ist. Die beiden anderen Länder locken nämlich auf ihrem Gebiet mit Casinos.

In Laos ist das Casino praktischerweise im gleichen Gebäude untergebracht wie Passkontrolle und Visa-Büro, ein Bauwerk, dessen goldene Kuppel entfernt an die Hagia Sophia ohne Minarette erinnert und das schon von Weitem zu sehen ist. Nur ein paar Kilometer den Fluss hinab hat kürzlich ein weiteres Casino eröffnet, dessen Dach aus einer im Dunkeln verheißungsvoll blinkenden Krone besteht. Kein Wunder, dass die spielwütigen Thais von diesen Gambling-Tempeln angelockt werden, schließlich ist der Mekong hier nicht sehr breit und in der Trockenzeit so flach, dass man fast hindurchwaten kann.

Überhaupt ist der kleine Grenzverkehr zwischen Thailand, Laos und Burma sehr informell, für einen einfachen Grenzübertritt wird auf Visa komplett verzichtet, was für Touristen, die beweisen wollen, wie weit gereist sie sind, eine besondere Attraktion darstellt. Man kann seinen Pass an einem Tag, innerhalb weniger Stunden, in allen drei Ländern abstempeln lassen.

Natürlich hat auch Burma ein Casino. Das Personal besteht hier allerdings ausschließlich aus Thais, denn in Burma ist das

Glücksspiel ebenfalls verboten – zumindest den Burmesen. In dem zweiten laotischen Casino wiederum arbeiten nur Chinesen. Schließlich ist die chinesische Grenze nur 200 Kilometer entfernt, und auch in China darf man nur heimlich dem Glücksspiel frönen. Lediglich die Laoten können hier machen, was sie wollen.

Interessant ist übrigens die Frage, wem die Casinos gehören. Offiziell sind sie im Besitz der Chinesen, man munkelt jedoch, sie gehörten in Wahrheit den Wa. Wenn Sie sich jetzt fragen, wer oder was die Wa sind, muss ich doch an einer anderen Stelle beginnen und ein wenig in der Geschichte des Opiumhandels ausholen. Nur so viel vorab: Die Wa sind ein gefürchteter Bergstamm, der sich bis in die Sechzigerjahre des letzten Jahrhunderts als Kopfjäger betätigte.

Zwar wurde Schlafmohn im »Goldenen Dreieck« schon seit vielen Jahrhunderten angebaut, das Opium wurde allerdings eher als Schmerzmittel benutzt denn als Droge. Opium, das heute als Heroin die westliche Welt überschwemmt, war über Jahrhunderte das wichtigste Handelsgut der Kolonialmächte. Das Verbot des chinesischen Kaisers an die Briten, ihr indisches Opium in China zu verkaufen, war sogar Auslöser der Opiumkriege im 19. Jahrhundert. Die Briten fühlten ihre Handelsinteressen behindert und zwangen die Chinesen nach dem militärischen Sieg, den Import von indischem Opium zu erlauben, und die Franzosen unterhielten in Indochina noch bis in die Vierzigerjahre staatlich lizenzierte Opiumhöhlen.

Das Opium-Monopol des Staates war etwas ganz Normales, eine nie versiegende Einnahmequelle, vergleichbar mit der heutigen Tabaksteuer.

Alle Mächte benutzten Opium, um ihre Kriege zu finanzieren oder sich damit zu bereichern: die Briten, Holländer und Franzosen und in der zweiten Hälfte des 20. Jahrhunderts die Amerikaner und die Kuomintang.

Nach dem Zweiten Weltkrieg hatten sich versprengte Truppen der chinesischen Kuomintang im »Goldenen Dreieck« festgesetzt, die von hier aus ihren Kampf gegen Maos Kommunisten fortsetzten. Sie zwangen die Bauern zum Opiumanbau und hatten einen potenten Partner: die amerikanische CIA, die mit ihren Flugzeugen Truppen und Rauschgift transportierte. Nach der offiziellen Ächtung des Opiumhandels diente der Handel jetzt dazu, die geheimen Aktionen der CIA in Burma und Laos zu finanzieren.

Als Chiang Kai-Sheks Truppen schließlich einsahen, dass es keine Chance gab, China zurückzuerobern, konzentrierten sie sich völlig auf den Drogenhandel und legten so die Grundlage für Handelsrouten und Netzwerke, die nach wie vor von Chinesen dominiert werden. Und eben von dem Stamm der Wa, die im Grenzgebiet von Burma eine Art Staat im Staat unterhalten.

Der Wa-Staat gehört eigentlich nur nominell zu Burma und verfügt über eine eigene Infrastruktur und eine Armee von über 20 000 Mann. Offiziell haben die Wa seit ein paar Jahren dem Opiumhandel abgeschworen, dafür produzieren sie jetzt Amphetamine. Die sind einfacher und billiger herzustellen. Und die Wa betreiben die Casinos.

Als Besucher bekommt man von alledem wenig mit, und das ist sicher besser so. Man sieht sanfte Hügel und bambusbewachsene Bergketten und ein paar mehr oder weniger malerische Dörfer. Die meisten Bergvölker betreiben traditionell Brandrodungsanbau. Ein Feld wird in der Trockenzeit abgebrannt und nur so lange bewirtschaftet, bis der Boden ausgelaugt ist. Der Brandrodungsanbau ist heute jedoch verboten, da er neben dem Holzeinschlag für die kahlen Hänge verantwortlich ist, welche die Regierung mühsam wieder aufforsten lässt. Der Anbau von Feldfrüchten kann die Einkünfte aus dem Opiumanbau aber nur sehr bedingt ersetzen, und so sind viele Dörfer auf den Tourismus angewiesen.

Für Touristen ist ein Besuch bei den Bergvölkern eine besondere Attraktion, da Trekkingunternehmen sie gern als malerische, von der Zivilisation unberührte Eingeborene darstellen. In Wahrheit werden die typischen Trachten und der auffällige Silberschmuck meist nur noch für die Fremden angelegt. Selbst die Langhalsfrauen, jene Frauen des Palaung-Stammes, deren Hälse durch das Anlegen von Messingringen künstlich verlängert sind und die bei vielen Trekkings als Attraktion gezeigt werden, werden nur für die Ausländer in die Dörfer gebracht. Es sind sogar ganze Dörfer als »Freilichtmuseen« herausgeputzt worden.

Von den Problemen der Bergstämme erfährt der Urlauber freilich nichts. Denn die ethnischen Minderheiten werden von der Regierung nach wie vor als »Bedrohung der nationalen Sicherheit« angesehen. Es ist ihnen verboten, in Schulen die eigene Sprache zu gebrauchen, man möchte sie am liebsten zwangsintegrieren. Wenigstens liefert der Fremdenverkehr den Bergvölkern eine gewisse Geschäftsgrundlage, da sie so ihre traditionellen Handwerksarbeiten an die Touristen verkaufen können. Die kunstvoll bestickten Schürzen, Schärpen und Mäntel eignen sich hervorragend als Grundmaterial für Kissenbezüge oder Taschen, und auch die Silberohrringe und Armreifen kommen alle paar Jahre mit der Ethnomode groß raus.

Sicher liegt es auch immer an der Auswahl des Veranstalters, wie viel man als Tourist von einer solchen Trekkingtour hat. Es gibt wunderschöne und günstige Guesthouses in den Bergen nördlich von Chiang Rai wie das schon genannte »Akha Hill House«, dessen Besitzer auch Trekkings organisiert. Die hinreißende Landschaft kann man übrigens am besten mit dem Motorrad genießen, in der Trockenzeit sind die Straßen im Allgemeinen gut befahrbar. Auch eine Fahrt mit dem Floß ist, wenn man Zeit hat, eine gute Möglichkeit, Thailands Norden zu erkunden.

Generell gilt die Gegend des »Goldenen Dreiecks« immer noch als ein Paradies für abenteuerlustige Backpacker und Budget-Touristen, doch die Luxusresorts holen auf. Das wohl am häufigsten angebrachte Qualitätssiegel der besseren Hotels ist »Angelina Jolie war auch schon hier«. Will man das glauben, muss sie Jahre ihres Lebens hier verbracht haben.

Elepandas und andere Dickhäuter

Es war kurz vor Beginn der Sperrstunde, so gegen zwei Uhr nachts, als ich, leicht angeschäkert, aus einer Bar in einer Seitengasse der Silom Road trat und wie angewurzelt stehen blieb. Vor mir stand, ungefähr so groß wie ein Bus, ein rosa Elefant und reckte mir fordernd den Rüssel entgegen. Für einen Moment fragte ich mich, ob mir irgendwer etwas ins Glas getan hatte, dann sah ich, dass der Elefant angemalt war. Neben ihm stand ein ausgemergelter brauner Mann mit schlechten Zähnen, der mir Bananen verkaufen wollte. Der Elefant griff nach dem Obst, noch ehe ich bezahlt hatte, wahrscheinlich hatte er Hunger.

Tatsächlich ist es nur ein paar Jahre her, dass man in Bangkoks Amüsiervierteln selbst ausgewachsenen Elefanten begegnen konnte. Sie bettelten um Geld und Futter, tagsüber wurden die Tiere in zugemüllten Baulücken geparkt – ein trauriges Schicksal für Thailands einst so stolze Wappentiere. Inzwischen – auch nach diversen Unfällen, denn schließlich sind tonnenschwere Wildtiere nicht dazu geeignet, über Fußwege zu trotten oder in Hinterhöfen zu vegetieren – ist die

Haltung von Elefanten in Bangkok verboten, doch die bettelnden Dickhäuter werfen ein Schlaglicht auf ein Problem, das ganz Thailand mit seinen Elefanten hat: Sie sind arbeitslos. Während 18 000 Tiere Anfang des 18. Jahrhunderts allein in der königlichen Armee Dienst taten und geschätzte 150 000 in freier Wildbahn umherzogen, gibt es heute vielleicht noch 700 Tiere in den Nationalparks Khao Sok oder Kaeng Krachan. Auch wenn organisierte Touren gern damit werben, bekommt man sie dort allerdings so gut wie nie zu Gesicht. Nach der Zerstörung der Teakwälder im Norden und der Regenwälder im Süden haben Großtiere kaum noch Lebensraum, und als Arbeitstier hat der Elefant ausgedient. Beim Rangieren schwerer Baumstämme im Dschungel waren die Tiere früher unverzichtbar, kein Traktor kam dahin, wo Elefanten sich bewegen können. Doch der Holzeinschlag ist seit 1989 verboten, und die Wälder werden wieder aufgeforstet. Niemand braucht heute mehr Elefanten.

Was also anfangen mit Tausenden von Arbeitselefanten, die bis zu siebzig Jahre alt werden und am Tag bis zu 200 Kilogramm Futter benötigen? Im Monat kostet der Unterhalt eines einzigen Tieres schnell bis zu 1500 Dollar. Die Lösung: Man versucht, sie in der Tourismusindustrie unterzubringen, auch damit die jahrhundertealte Kunst des Elefanten-Trainings nicht verloren geht. In Homestay-Programmen können Touristen mit den Elefanten leben und lernen, wie man sie versorgt. Zum Beispiel im Elephantstay in Ayutthaya, Thailands alter Hauptstadt etwa eineinhalb Stunden nördlich von Bangkok. Ein perfekter Tagesausflug mit dem Zug oder Auto, bei dem man sowohl die zum Weltkulturerbe ernannten Tempelruinen besichtigen kann als auch die Dickhäuter.

Zwar sieht man die Elefantentaxis schon von Weitem durchs Stadtzentrum trotten, aber die eigentliche Attraktion findet sich etwas außerhalb auf einem großen Gelände in der Nähe des Flusses. International bekannt wurde das Elephantstay durch eine geschickte PR-Aktion. Fotos von Elefanten, die bemalt waren wie Panda-Bären, gingen um die Welt. Das Ganze hat einen verblüffenden Effekt: In dem typischen Schwarz-Weiß-Muster wirken die riesigen Tiere wie Tierbabys. Mütter dieser Idee waren die beiden resoluten Australierinnen Michelle Reedy und Ewa Narkiewicz, die sich seit Jahren um das Schicksal vernachlässigter und alter Elefanten in Thailand kümmern. Über neunzig Tiere haben sie auf ihrer Farm, ohne jede Unterstützung von offizieller Seite, wie Mr Pi Om, der Landbesitzer und Gründer des Elephantstay, betont. Als er hörte, dass die thailändische Regierung China jedes Jahr angeblich achtzehn Millionen Baht für ein geliehenes Panda-Pärchen im Zoo von Chiang Mai zahlt, nutzte das Team des Elephantstay die landesweite Hysterie über ein in Thailand geborenes Panda-Baby, um auf ihre Belange aufmerksam zu machen. Mit einer Elepanda-Parade.

»Der Elefant ist Thailands Nationaltier«, sagt Mr Pi Om, »wir haben den Elefanten alles zu verdanken. Sie haben für uns gekämpft, wir haben Thailands Häuser und Paläste mit ihrer Hilfe aufgebaut. Wie können wir sie heute als Bettler behandeln? Daran sollte die Regierung denken, bevor sie sich um Pandas sorgt, die hier überhaupt nicht vorkommen und zu denen wir traditionell keine Beziehung haben.«

Auf seiner Farm können die Elefanten mit ihren Mahouts zusammenleben und werden jeden Tag für mehrere Stunden trainiert.

»Elefanten, die den Umgang mit Menschen gewöhnt sind, langweilen sich, wenn sie nicht beschäftigt werden«, erzählt Ewa. »Sie wollen etwas zu tun haben und mögen es, wenn man sich mit ihnen beschäftigt.«

Dabei ist es den Tieren egal, ob man sie mit Farbe bemalt oder mit Schlamm bespritzt, sie mögen die Berührung, und so zeigt Ewa Fotos von Elefanten mit Tigerstreifen oder mit Blumenmustern. Für ein paar Tage kann man sich in einfachen Bungalows einmieten und alles über das Leben der Elefanten lernen. Für Touristen ist das enge Zusammenleben mit den Tieren eine besondere Erfahrung, ein Mädchen quietscht vor Vergnügen, als ein kleiner Elefant ihr zutraulich den Rüssel um die Hüfte legt. Sie darf dem Mahout anschließend beim Waschen der Tiere helfen.

Die Leichtigkeit, mit der die Pfleger ihre Elefanten dirigieren, täuscht jedoch. Die mächtigen Tiere zu beherrschen ist eine Lebensaufgabe, jeder Elefant hat seinen persönlichen Mahout, den er als Halbwüchsiger kennenlernt und dem er aufs Wort gehorcht, nicht zuletzt dank eines metallenen Hakens, mit dem der Mahout dem Tier bei Ungehorsam schon mal einen Hieb versetzt. Wie viel Kraft diese Kolosse haben, merkt man beim Training, das im Elephantstay jeden Nachmittag stattfindet.

Die rote Erde staubt, der Boden bebt, und mir wird ein bisschen mulmig, als eine Phalanx von Elefanten mit erhobenem Rüssel auf mich zutrampelt, und nur ein Zwinkern von Ewa hindert mich daran, Reißaus zu nehmen. Eins ist mir klar: In Deutschland wäre so was nicht erlaubt. Auf ein Kommando von Pi Om kommen die Riesentiere wenige Meter vor uns zum Stehen, und die sehnigen Mahouts, nur mit einem Lendenschurz bekleidet, schleudern hoch aufgerichtet auf dem Rücken der Tiere Speere auf eine Zielscheibe, eine archaische und überraschend eindrucksvolle Szene. Man kann sich gut vorstellen, dass die meist so friedlich wirkenden Thais auch eine gewalttätige Seite haben und jahrhundertelang in blutige Kriege mit ihren Nachbarn, den Burmesen und Khmer, verwickelt waren. Die thailändischen Könige waren berühmt dafür, auf Kriegselefanten selbst in die Schlacht zu ziehen, und noch heute sind weiße Elefanten automatisch Eigentum des Königs.

Nicht umsonst erinnern diese Szene und auch die Nahkampffiguren, bei denen mehrere Tiere genau geprobte Positionen einnehmen müssen, um sich oder die Mahouts nicht zu verletzen, an Monumentalfilme. Pi Om ist Herr des weltweit größten Heers von Filmelefanten. Die Schlachtszenen von Oliver Stones »Alexander« wurden ebenso in Ayutthaya gedreht wie ein Jackie-Chan-Film und diverse Historienschinken.

Nach dem Kriegsspiel sind die Elefanten wieder ganz friedlich und tragen Heuballen oder Kinder durch die Gegend. Später bemalen manche mit an den Rüssel gebundenem Pinsel T-Shirts oder Leinwände. Blumen kann man darauf erkennen, wenn man will, oder auch Elefanten. Ob das nun besonders artgerecht ist, sei dahingestellt, den Tieren jedoch scheint es Spaß zu machen, und Pi Om ist stolz darauf, dass seine Elefanten wieder eine Arbeit haben.

Noch mehr Elefanten als hier sieht man nur auf dem Surin Elephant Festival, das jedes Jahr im November stattfindet. Die verschlafene Provinzstadt in der Nähe der Grenze zu Kambodscha beherbergt dann über 200 Elefanten, die in Polomannschaften oder Schönheitswettbewerben gegeneinander antreten.

Höhepunkt des alljährlichen Spektakels ist eine nachgestellte Schlacht im Stadion, bei der sowohl Elefanten als auch Mahouts in historischen Kostümen auftreten.

Ganz anders, als einmaligen Luxustrip, inszeniert das »Four Seasons Golden Triangle« seine Elefanten. Das Resort liegt in einem unberührten Bambusdschungel direkt an der Grenze zu Burma und Laos und hat eine Stiftung, in der über dreißig Elefanten mit ihren Mahouts in einem Dorf leben.

Der Ausflug beginnt schon mit meiner Ankunft am Flughafen in Chiang Rai. Stilecht in Khaki erwartet mich ein Chauffeur mit einer schwarzen Limousine mit abgedunkelten Fenstern und eisgekühlten, nach Jasmin duftenden Erfrischungstuchern. Andere Touristen verschwinden zu sechst in schäbigen Minibussen.

Ob ich bereit sei für das »Goldene Dreieck«, möchte Tam wissen, und ja, ich bin bereit. Das nimmt der Fahrer als Aufforderung, stark zu beschleunigen, und er wechselt von der Straße auf die benachbarte Piste aus roter Erde. Sechsspurig soll die Straße hier ausgebaut werden, ein Highway quer durch Laos bis an die gerade mal 200 Kilometer entfernte Grenze von China. Bald schon werden hier vermutlich Lkw-Kolonnen entlangrollen, doch noch wirkt alles recht beschaulich. So rasen wir in Richtung Grenze. Holzhäuser auf Stelzen im typischen Baustil des Nordens fliegen vorbei, Plantagen mit Papayas, Durian, Mangos und Kaffee. Bis auf die Papayas, die aussehen wie große Hängebrüste an einem Riesenkraut, sehen alle Sträucher gleich aus.

»Alles wächst hier«, erzählt Tam stolz, der eigentlich aus Bangkok kommt, den Norden aber vorzieht, weil die Luft hier besser sei. »Reis kann man sogar mehrmals im Jahr ernten.«

Plötzlich stoppen wir, ein Checkpoint, mitten auf der Straße. Misstrauisch beäugt mich ein Uniformierter mit Maschinenpistole und winkt uns schließlich durch.

»Wegen der Drogen«, verrät Tam. »Die werden hier transportiert.«

Glück gehabt, denke ich, anscheinend sehe ich nicht aus wie ein Drogenpate, und auch sonst wirkt alles sehr friedlich, eher verschlafen als verkommen. Ich kann keine Mohnfelder entdecken. Überall nur Gemüse.

»Ich denke, das ist lange vorbei mit den Drogen«, erkundige ich mich, »gibt es das immer noch?«

»Opium nicht mehr so viel, die rosafarbenen Mohnblumen sind so auffällig. Vom Helikopter aus sind sie leicht zu erkennen. Dafür gibt es in Burma, gleich hinter der Grenze, jetzt Amphetaminfabriken. Das ist billiger und einfacher herzustellen. Gerade letzte Woche haben sie hier 10 000 Pillen beschlagnahmt. Die gehen von hier in die ganze Welt.«

Natürlich, aus Burma, ich kenne das schon. Im Zweifelsfalle sind in Thailand immer die Burmesen schuld. An den Drogen, an den illegalen Arbeitskräften und auch an der Prostitution, weil sie ihre hübschen, groß gewachsenen Mädchen aus den Bergstämmen zum Anschaffen in die Hauptstadt schicken. Jetzt gibt es noch etwas Neues, woran die Burmesen schuld sind.

»Kokain«, verrät Tam. »Die Pflanzen sehen von Weitem aus wie Kaffeesträucher.«

Schnee im »Goldenen Dreieck«. Eigentlich naheliegend, überlege ich, auch wenn ich davon noch nie gehört habe. Schließlich sind die klimatischen Bedingungen hier genauso wie in Kolumbien. Komisch, dass man da nicht früher draufgekommen ist. Eine Freundin aus Bangkok beklagt, dass man an der internationalen Schule ihrer halbwüchsigen Tochter alle Drogen dieser Welt bekommen könne, und hier kommen sie also her. Durchaus möglich, überlege ich, dass er recht hat, vielleicht will er sich aber nur wichtigmachen. Und die Gegend spannender. Denn ich sehe immer noch Papayas auf der einen Seite der Straße, im Hintergrund sanfte Hügel, den Mekong auf der anderen Seite. Auch der Fluss wirkt alles andere als wild.

Eine knappe Stunde später erreichen wir die Kleinstadt Chiang Saen, und ich werde auf ein Longtailboot umgeladen. Als wir den schmalen Flusslauf hinaufjagen, immer knapp vorbei an den Sandbänken und im Wasser liegenden Baumstämmen, stellt sich plötzlich so etwas wie Abenteuergefühl ein. Auf der einen Uferseite liegt Burma, auf der anderen Thailand. An einer Biegung badet ein Elefant im seichten Wasser, ein anderer verschwindet gerade im Gebüsch. Nach zehn Minuten erreichen wir das Camp.

Die Kulisse ist überwältigend. Eingebettet in Bambusdschungel an einem Hang mit Blick über die Flussebene stehen hier fünfzehn Luxuszelte, jedes mit eigener Terrasse, kupferner Riesenbadewanne und natürlich Aircondition. Das Camp gleicht einer Safari-Lodge, wie man sie aus alten Hollywoodfilmen kennt, nur dass hier nicht Gregory Peck um die Ecke biegt, sondern ein kanadisches Ehepaar, das jeden Winter hierherkommt.

»Wegen der Elefanten«, erzählt die Frau, »sie machen mich glücklich. Deshalb komme ich immer wieder.«

Glücklich durch Elefanten, denke ich, etwas übertrieben. Tatsächlich kann man die Tiere schon sehen, wenn man in der Bar hoch über dem Fluss einen Sundowner zu sich nimmt. Vor mir liegt ein Dschungelpanorama, unter einem einzelnen Baumriesen unten an der Flussbiegung ruhen die Elefanten. Morgen soll ich auf einem von ihnen ein Mahout-Training absolvieren. Dabei habe ich generell Angst vor Tieren, die größer sind als Katzen.

Was ihn an Elefanten am meisten fasziniert, möchte ich später von John wissen. John ist ein sommersprossiger Brite, der früher in Indien die letzten wilden Tiger in einem Nationalpark geschützt hat und jetzt der Elefantendirektor der Stiftung ist. Er hat eine erstaunliche Antwort.

»Die Elefanten sind tolle Tiere«, sagt er. »Aber am interessantesten sind die Mahouts. Sie kommen alle von einem Stamm aus Südlaos, der im Laufe der Zeit hier in den Norden gezogen ist. Sie haben eine eigene Sprache, die nur noch ein paar Leute sprechen, und eine eigene mündlich überlieferte Geschichte.«

Er erzählt von den Aufnahmen, die er mit einem Ethnologen macht, und von einem alten Mann, der in seiner Jugend noch wilde Elefanten gefangen hat, eine Zeit, die unwiederbringlich vorbei ist.

»Ich glaube, das ist die letzte Generation von Mahouts. Es ist ein gefährlicher Beruf, mit dem man kein Geld verdienen kann. Ich fürchte, das ganze Wissen, wie man die Tiere abrichtet, wird verloren gehen.«

Am nächsten Morgen lerne ich sie kennen. Ihr Name ist Thong Kam, der »goldene Schatz«, kein schlechter Name für eine Dame mit Vergangenheit. In ihrem bewegten Leben hat sie einiges hinter sich. Sie war der Star in japanischen Werbespots, und sie arbeitete als Bargirl in einer Touristenkneipe, bis sie zu groß und zu dick wurde. Jetzt hat sie ihr Auskommen bei der Stiftung.

Elefantendame Thong Kam zwinkert mir mit ihren langen Wimpern zu, und für mich ist es Liebe auf den ersten Blick.

Bei einem tonnenschweren Koloss von »niedlich« zu sprechen, ist vielleicht etwas übertrieben, aber ich mag sie. Sie mich anscheinend auch. Um sie für mich zu erwärmen, darf ich sie mit Zuckerrohrstückchen füttern, die sie zart mit ihrer Rüsselspitze aus meiner Hand nimmt. Irgendwie hat das etwas Manierliches, mehr jedenfalls, als ihr etwas ins Maul zu stopfen oder, besser gesagt, auf die riesige Zunge zu legen, die eine Art unheimliches Eigenleben zu führen scheint.

Als Erstes lerne ich, dass der Elefant ein großes Tier ist und auf geflüsterte Wünsche nicht reagiert. Man muss sich laut bemerkbar machen, damit er einen wahrnimmt. Ein Klaps auf die Seite, »Song Soom«, und der Elefant winkelt das Bein wie ein Treppchen an. Wenn man sich am Ohr festhält, kann man sich bequem daran hochziehen. Zumindest in der Theorie ist es ganz einfach, praktisch hänge ich minutenlang an Thong Kams Ohr wie ein nasser Sack, bis es mir gelingt, mich hochzuhieven. Alle erniedrigenden Fotos, die mein Guide davon gemacht hat, habe ich geflissentlich vernichtet. Die andere Methode ist auch nicht besser: Man springt dem liegenden Tier von vorne auf den Kopf und dreht sich oben um. Nach ein paar Versuchen klappt auch das.

»Unter gar keinen Umständen versuchen, vom stehenden Tier abzusteigen«, hat mir der Guide eingeschärft, aber das ist einfacher gesagt als getan. Einmal in Position, presst man die angewinkelten Beine hinter die Ohren und stützt sich am Kopf ab. Das Gefühl ist ein bisschen, als wolle man bei starkem Seegang auf einem Schiff balancieren, aber man gewöhnt sich rasch daran. Ohne Sattel auf einem Elefanten zu reiten ist ein faszinierendes Erlebnis, denn bei jeder Bewegung spürt man die Muskeln, die sich unter einem bewegen, ganz anders, als wenn man in einem Korb auf dem Rücken des Elefanten sitzt.

Thong Kam hat die Ruhe weg, und schon bald überkommt mich ein Triumphgefühl, weil das riesige Tier auf meine Kommandos hört. Brüllt man sie mit »Pai« an – untermalt von kleinen Tritten hinter die Ohren, die laut ihrem Mahout nicht wehtun, sondern für einen Elefanten wie Kraulen sind –, setzt sie sich in Bewegung, bei »Bean« ändert sie die Richtung, die ebenfalls durch einen Tritt hinter das gegenüberliegende Ohr angezeigt wird. »How« heißt Stopp, und »Soak« ist der Rückwärtsgang. Mit einem »Map Long« legt der Elefant sich hin, sodass man bequem von seinem Rücken hinabgleiten kann.

Zum Schluss darf ich mit Thong Kam im Fluss baden gehen, und zum Dank für weitere Bananen bekomme ich eine Dusche aus dem Rüssel. Dass man jedoch nicht an einem Tag zum Helden des Dschungels wird, bekomme ich am nächsten Tag zu spüren. Der Muskelkater in meinen Oberschenkeln ist so heftig, dass ich mich nur breitbeinig und mit kleinsten Schritten bewegen kann. Eine Massage bringt da eine gewisse Linderung. Aber als ich zu meinem Zelt zurückgehe, weiß ich: Dies war nicht meine letzte Begegnung mit den Elefanten. Am meisten hat mich beeindruckt, mit welcher Vorsicht diese mächtigen Tiere mit Menschen umgehen. So, als wüssten sie ganz genau, wie stark sie sind, und dennoch sind sie höflich und aufmerksam gegenüber diesen komischen kleinen Kreaturen, die ständig etwas von ihnen wollen.

Vielleicht machen Elefanten wirklich glücklich.

Reise durch das goldene Land

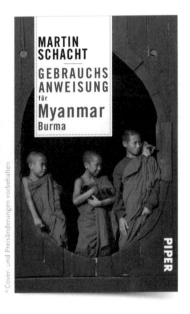

Hier reinlesen!

Martin Schacht

Gebrauchsanweisung für Myanmar · Burma

Piper Taschenbuch, 224 Seiten
€ 15,00 [D], € 15,50 [A]*
ISBN 978-3-492-27689-4

Lange Zeit geheimnisvoll und verschlossen, wurde Myanmar über Nacht zur boomenden Reiseregion. Martin Schacht streift durch das Reich der goldenen Pagoden, zu verwunschenen Stränden und durch die Millionenstadt Rangun. Er ergründet das Wesen eines Landes, in dem 135 Völker leben und in dem Bankautomaten und Shoppingmalls aus dem Boden schießen – während Ochsenkarren, Pferdekutschen und Trishaws noch immer gängige Verkehrsmittel sind.

Leseproben, E-Books und mehr unter www.piper.de

Südostasien jenseits aller Postkartenklischees.

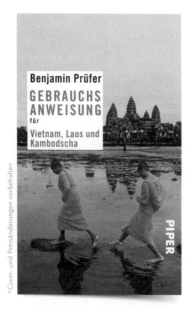

Hier reinlesen!

Benjamin Prüfer

Gebrauchsanweisung für Vietnam, Laos und Kambodscha

Piper Taschenbuch, 240 Seiten
€ 15,00 [D], € 15,50 [A]*
ISBN 978-3-492-27602-3

Zarte Frauen mit Kegelhüten und buddhistische Mönche in safranfarbenen Roben; am Straßenrand weiße Rinder und duftende Garküchen. Bizarre Felsformationen und imposante Pagoden, strohgedeckte Stelzenhütten, Villen aus der Kolonialzeit und die berühmtesten Tempelanlagen der Welt: Benjamin Prüfer erzählt von seiner neuen Heimat. Einer Region im Aufschwung, in der man Autos im Wohnzimmer parkt und Hausaltäre ebenso wichtig sind wie Klimaanlagen. Und in der das nächste Leben das Leben bestimmt.

Leseproben, E-Books und mehr unter www.piper.de